渝怀壮歌

YUHUAI
ZHUANGGE

主 编\马述林

重庆出版集团 重庆出版社

图书在版编目（CIP）数据

渝怀壮歌 / 马述林主编. —重庆：重庆出版社，2007.4

ISBN 978-7-5366-8545-1

Ⅰ. 渝… Ⅱ. 马… Ⅲ. ①铁路工程-建设-重庆市 ②铁路工程-建设-湖南省Ⅳ. F532．3

中国版本图书馆 CIP 数据核字（2007）第 031055 号

渝怀壮歌
YUHUAI ZHUANGGE

马述林　主编

出 版 人：罗小卫
责任编辑：石　洁　饶　亚
责任校对：何建云
装帧设计：曹　颖

重庆出版集团
重庆出版社　出版

重庆长江二路 205 号　邮政编码：400016　http://www.cqph.com
重庆出版集团艺术设计有限公司制版
重庆市金雅迪彩色印刷有限公司印刷
重庆出版集团图书发行有限公司发行
E-MAIL:fxchu@cqph.com　电话:023-68809452
全国新华书店经销

开本:787 mm×1 092 mm　1/16　印张:25.25　字数:418 千
2007 年 4 月第 1 版　2007 年 4 月第 1 版第 1 次印刷
印数:1～3 110 册
定价：80.00 元

如有印装质量问题,请向本集团图书发行有限公司调换:023-68809955 转 8005

版权所有　侵权必究

《渝怀壮歌》编委会

编委会主任、主编：马述林

编委会成员：蔡碧林　孙　力　王晓芹　张海荣　傅建华
　　　　　　孙力达　张　跃　张新忠　刘建平　张建军
　　　　　　余嘉勤　罗国红　应　平　王业苗　李　强
　　　　　　左永祥　张　毅　谢晓莹　刘明平　秦继无
　　　　　　唐万刚　邱绍安

渝怀伟绩　山高水长

（代序）

赵公卿

　　渝怀铁路是我国西部大开发的标志性工程之一。该路全长624.5公里，总投资198.4亿元；其中，重庆境内461.7公里，投资约150亿元。重庆境内工程和投资占渝怀全线70%以上，全线11大控制性工程全部在重庆境内。因此，渝怀铁路也是重庆市建国以来最大的基本建设工程。

　　渝怀铁路沿线地形地质复杂，工程异常艰巨。线路两跨嘉陵江、长江，三跨乌江，穿行乌江河谷和武陵山区。从涪陵到酉阳300余公里里程，几乎全是隧道桥梁。这一地带是我国著名的石灰岩溶地区，山大谷深，地质灾害严重，曾被视为铁路建设的禁区。渝怀铁路工程量浩大：路基土石方施工6 600万立方米；特大桥14座，大中桥354座，合计长度达75公里；长于1 000米的隧道57座，其中长于5 000米的隧道8座，合计长度达187公里；正线桥隧总长316公里，占全线比重50.6%，超过了以艰险闻名于世的成昆铁路。只有在综合国力和施工技术上达到新水平的今天，渝怀铁路的建设才有可能提上议事日程。

渝怀铁路是一条对沿线地区经济社会发展有强大带动作用的致富路，是一条对完善全国路网、促进国土开发有重要意义的区际干线铁路。无数仁人智士曾为之奔走呼吁，持之以恒，历久弥坚。重庆市政府联合贵州省、湖南省，长期持续地推进项目的前期准备工作。国家计委、铁道部多年关注支持，安排部署铁道第二勘测设计院及相关科研、咨询单位进行了大范围选线，方案优选以及初步勘测设计。机会钟爱有准备的人。当新世纪的曙光来临之际，伴随西部大开发的进军号角，渝怀铁路的开工炮声终于响起。

从2000年12月举行开工典礼，到2005年底竣工交验，渝怀铁路建设历时五年。铁道部组建了渝怀铁路建设总指挥部实施前线指挥，中国铁路工程总公司、中国铁道建筑总公司近十万职工英勇奋战，依靠现代化精良装备，依靠科学技术，克服常人难以想象的艰难险阻，终于按期筑成了这一条高质量高水平的钢铁大道。

渝怀铁路的建设得到了沿线人民的大力支持。各族人民像当年欢迎刘邓大军入川一样，热烈欢迎筑路大军，踊跃支援铁路建设。全线建设用地3.51万亩，拆迁房屋70.49万平方米。广大群众识大体顾大局，各级政府支援铁路机构工作人员深入基层做耐心细致工作，如期交付土地、完成拆迁，保证了建设需要。路地相互支援，结下了深厚情谊，

渝怀伟绩　山高水长

留下了无数佳话。

2006年11月1日渝怀铁路开行旅客列车，人们奔走相告，争以坐上第一列车为荣。当电气化列车风驰电掣般穿行在山岭河谷之间，在人们凭窗浏览如画美景的时候，不会忘记那些为修筑这条铁路献出智慧、汗水甚至生命的人。让我们向他们深深地鞠上一躬——光荣属于创造伟大业绩的渝怀铁路建设者！

武陵苍苍，
乌江泱泱；
渝怀伟绩，
山高水长！

2006年11月18日

渝怀壮歌

$\frac{1}{2}$

现任中共中央政治局委员、中组部部长，时任重庆市市委书记的贺国强出席大会

时任铁道部部长的傅志寰出席大会

时任重庆市市长的包叙定出席大会

湖南省政府代表阳宝华出席大会

时任重庆市人大主任的王云龙出席大会

贵州省人大副主任杨谨华出席大会

1　出席渝怀铁路开工动员大会的三省市和铁道部领导同志

2　出席渝怀铁路开工动员大会的各方面代表

贯彻"三个代表"重要思想 再创铁路改革发展新辉煌

渝怀伟绩　山高水长

2000年12月16日
渝怀铁路开工动员
大会在重庆召开

1 铁道部部长刘志军视察渝怀铁路重庆北站工地

2 2004年6月，中共重庆市委书记黄镇东（左1）、市长王鸿举（左2）视察渝怀铁路建设工地

3 2003年9月，渝怀铁路重庆端开始铺轨，怀化端铺轨开始于当年2月，2005年4月6日，渝怀铁路在黔江车站接轨

渝怀伟绩　山高水长

曙光初照山城

1 重庆市人民大礼堂

2 重庆火车北站

1/2

渝怀伟绩　山高水长

$\frac{1}{\frac{2}{3}}$

1　2006年11月1日，中共重庆市委常委、常务副市长黄奇帆在渝怀铁路客运开通典礼上

2　2005年4月，渝怀铁路开行货运，第一列车到达重庆北站

3　待发的第一列客车

	1	
2	3	4

1　大地琴弦

2　直线之壮

3　曲线之美

4　和谐和弦

渝怀伟绩　山高水长

1　苍苍武陵山
2　泱泱乌江水

$\dfrac{1}{2}$

11

渝怀铁路简介

　　渝怀铁路西起重庆枢纽襄渝铁路团结村，穿歌乐山、跨嘉陵江、经长寿越长江到涪陵，再沿乌江逆流而上经武隆、彭水，其间三次跨越乌江，然后过黔江，以圆梁山隧道穿越乌江与沅江的分水岭至酉阳、秀山，进入贵州省铜仁市，沿沅江支流锦江前行进入湖南省麻阳，在怀化枢纽湘黔铁路怀化站贵阳端接轨。

　　渝怀铁路全长 624.5 公里，总投资 198.4 亿元，跨重庆、贵州、湖南三省，其中重庆境内 461.7 公里、贵州省境内 95.5 公里、湖南省境内 67.3 公里。

　　全线控制工程有八隧、二桥、一站共计 11 个，全部集中在重庆境内。沿线地形地质复杂，桥隧工程量大，其总长占全线长度的 50.6%，其中 7 公里以上的隧道有 8 座，最长的圆梁山隧道为 11 068 米；特大桥、特殊结构大桥、站内 3 线桥及高桥（墩高 50 米以上）共计 32 座。

　　2000 年国务院批准项目建议书，国家计委下发可行性研究报告批复。土建工程的招标于 2000 年 12 月完成，施工监理招标于 2001 年 1 月完成。全线总工期 5 年。2000 年 12 月 16 日开工，2005 年建成竣工。渝怀铁路由铁道第二勘测设计院设计。其中，引入怀化枢纽部分由铁道第四勘测设计院设计。参建单位有中国铁路工程总公司、中国铁路建筑总公司所属20多个工程局（集团公司）。参与工程监理的单位有14家。

渝怀铁路的设计通过能力为：初期32对，近期36对，远期42对。设计运输能力为：初期客车13对，货运736万吨；近期客车14对，货运901万吨；远期客车17对，货运1 010万吨。全线设计时速140公里，其中越岭困难地段（彭水至黔江）设计时速120公里。

渝怀铁路是我国西部大开发首批十大建设项目之一。它的建成，将使川渝地区与东南沿海地区的客货运输途径缩短270～550公里，对于加强西南与中东部地区的经济、文化交流，促进各民族之间的团结，加速资源开发利用，推动武陵山区脱贫致富和西南地区发展都将起到极其重要的作用。

渝怀铁路简介

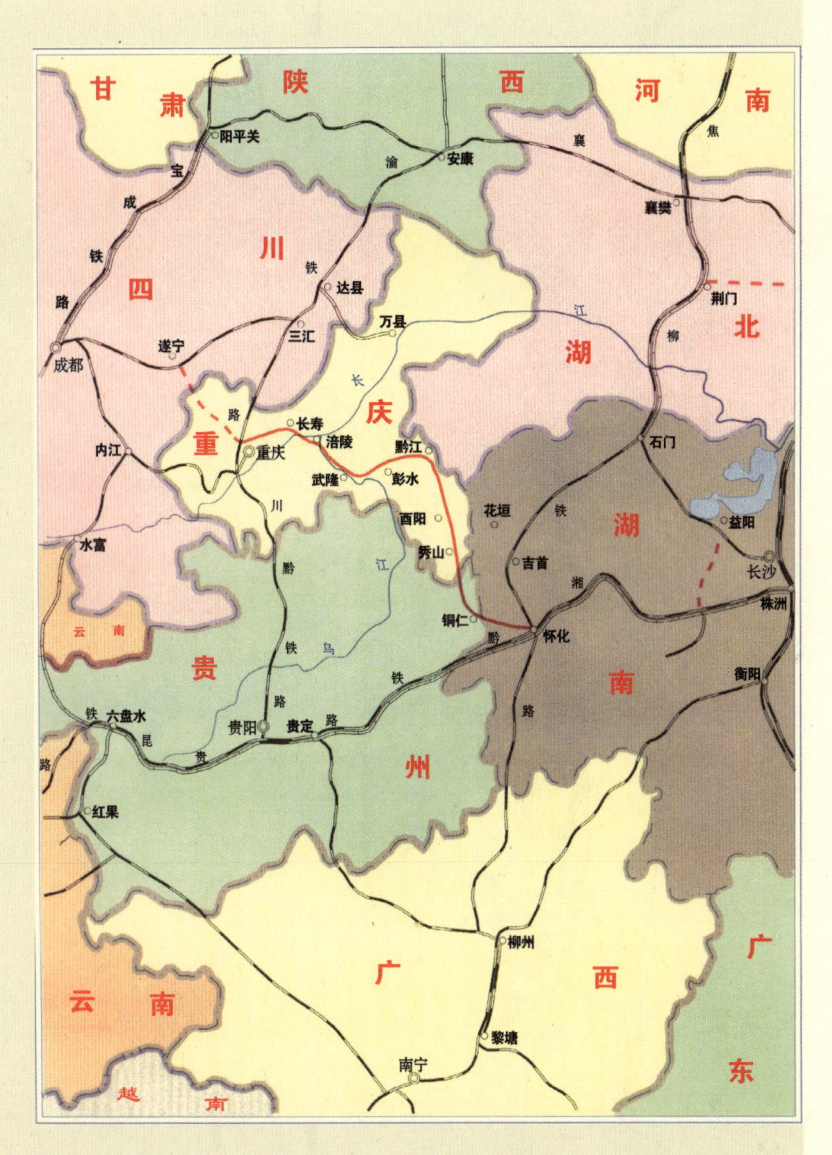

渝怀铁路
地理位置图

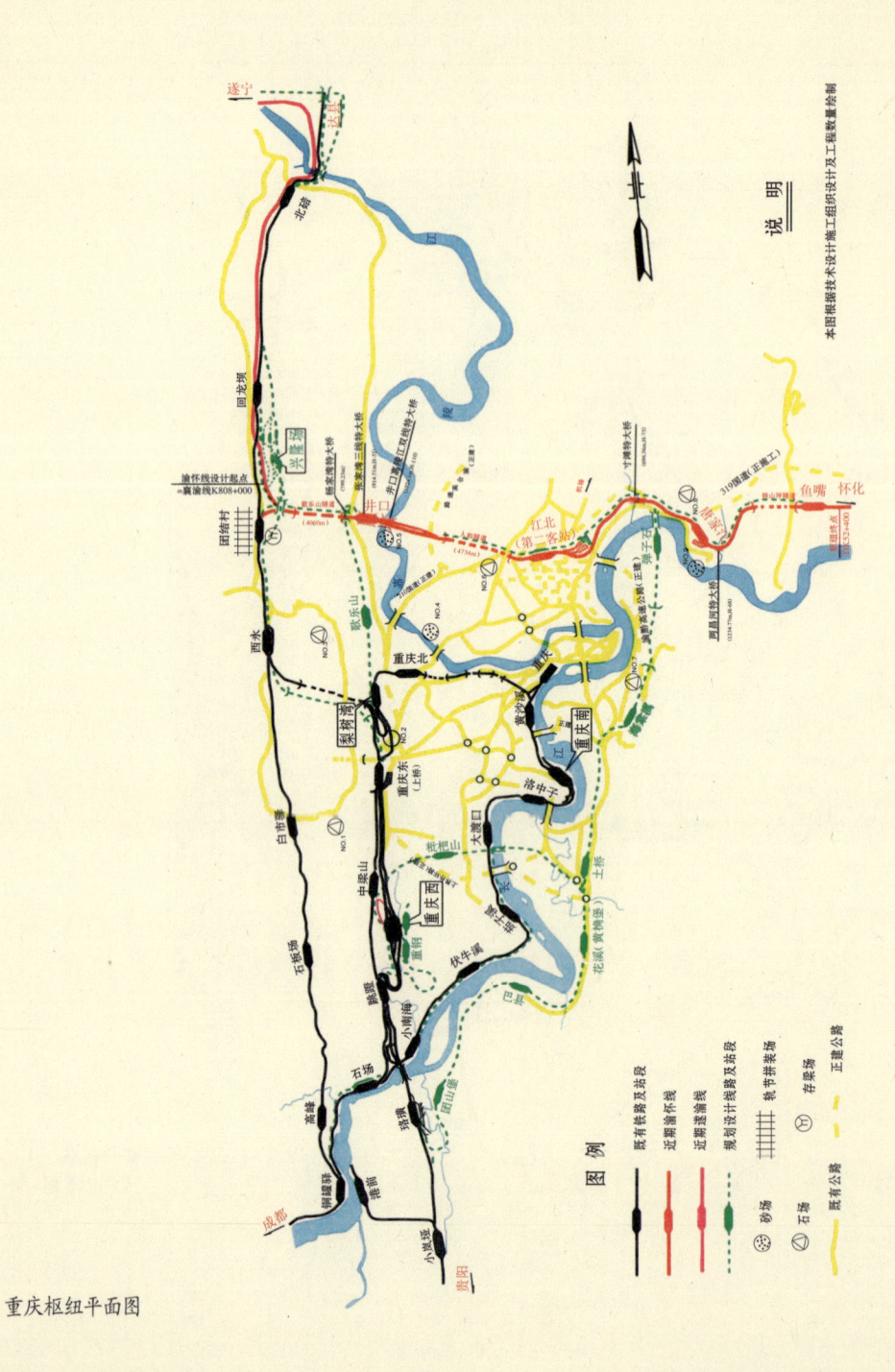

渝怀壮歌

重庆枢纽平面图

渝怀铁路走向平面图

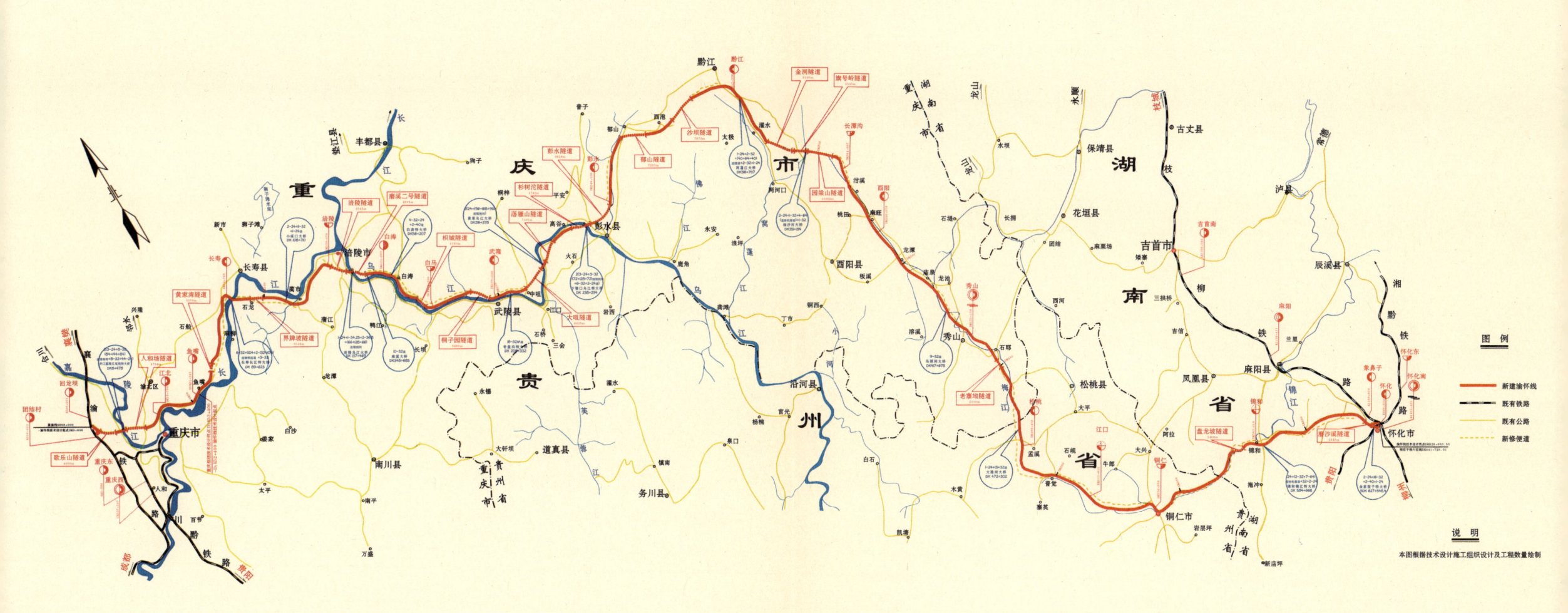

属20多个工程局(集团公司)近十万强将精兵,千里渝怀摆战场——他们唱出了令人荡气回肠的大风歌。

探索新时期山区铁路建设管理之路	何明新	(30)
歌乐山隧道堵水记	张荣文 连永章	(41)
盛世大匠造天宫	张天翔	(55)
营造流金淌银的热土	刘建平	(67)
长江劈波正青春	刘家华	(72)
建桥劲旅战乌江	陈树青 李仕兵 赵其勇	(86)
乌江峡谷大风歌	林 琅	(94)
乌江作证	王昌尧	(101)
我是山鹰路为巢	朱海燕	(113)
铁军长缨缚五龙	李佩山 马玉学	(118)
渝怀征战勇夺冠	朱 斌 杨秀权	(143)
英雄放歌武陵山	王中强	(154)
科技创造新奇迹	曹建忠	(166)
干溪沟传奇	李良苏	(171)
一路风雨一路歌	陈光登 韩晋蓉	(181)
鏖战圆梁山	雷风行 谢建蒲	(196)
渝怀竞技展雄姿	罗朝政	(209)
精品出自平凡	江耀明	(220)
东大门奏鸣曲	尹传才	(223)

目　录

渝怀伟绩　山高水长（代序）··赵公卿(1)

渝怀铁路简介···(1)

一　十年辛苦不寻常

　　一条铁路，令万千巴渝人魂牵梦绕。当开工的炮声，迎着新世纪的曙光，在酉山秀水间响起，有一群人心潮澎湃、思绪万千——他们曾经为这个日子的到来，奔忙了十年。

渝怀铁路建设的启示···陈之惠(6)
绚丽的背后总是艰辛
　　——重庆市计委争取渝怀铁路立项的前前后后
··周　舸(12)
圆梁山隧道踏勘记···李明生(17)

二　千里渝怀唱大风

　　渝怀铁路两跨嘉陵江、长江，三跨乌江，穿越武陵山区，从涪陵至酉阳段300多公里，隧道比例高达80%。可以说，这是迄今为止跨越大江大河最多、桥隧比最高的国内长大干线铁路。中国铁路工程总公司、中国铁道建筑总公司所

三　山高水长情依依

　　喜讯传遍城乡村寨，巴渝儿女像当年迎接刘邓大军一样欢迎筑路大军，踊跃支援铁路建设。筑路大军为沿线群众修桥补路、助学济贫，为青山绿水添秀色。路地连心情依依——那是一段如歌的岁月。

万水千山的记忆 ……………………………………	蔡碧林（239）
构筑和谐连心桥 ……………………………………	王业苗（262）
路地同唱建设歌 …………………………… 晏春明	张明万（266）
钢轨，在我家门前延伸 ……………………………	张　毅（275）
彭水山乡唱新歌 ……………………………………	刘明平（281）
心连心　心相印 ……………………………………	王玉忠（287）
支铁模范田秀兰 …………………………… 张纪平	赖学军（295）
金洞农民有奔头 ……………………………………	冉家祥（297）
把百姓利益挂心间 ……………… 曾素芳　陈去富	曾　棣（299）
利剑戳穿"副指挥长"的真面目	
——黔江警方侦破渝怀铁路诈骗案纪实 …………	张建国（302）

四　雨随青野上山来

　　俗语说："火车一响,黄金万两。"渝怀铁路货运、客运刚一开通,即显示出了其促进经济繁荣、改善人民生活的巨大功能。从歌乐山下的团结村,到渝黔湘交界的秀山,宛如东风吹雨,处处萌发生机。可以肯定,铁路的带动效应将长期持续下去——那是渝怀壮歌在巴渝大地上不绝的回响。

崛起的现代物流中心 …………………………… 应　平　雷　萍（315）
北部新区:高高昂起的龙头 …………………………… 万开明（320）
流光溢彩重庆北 …………………………………… 刘建平（323）
火车驮来重化城 ………………………… 晏春明　张明万（328）
崛起在乌江口的工业基地 ……………………………… 李世权（334）
火车一通　游客蜂拥 ……………………… 彭　平　汪　莉（339）
铁路承载着彭水的未来 ………………………………… 张　波（346）
渝怀拐弯　助推黔江 …………………………………… 龚节佑（352）
桃花源里新华章 ………………………………………… 俞仕伟（362）
商机无限在秀山 ………………………………………… 邱绍安（371）
铁路应当唱主角 ………………… 苗福生　童加跃　罗　晶　邓　勇（376）

后　记 ………………………………………………………………（378）

一　十年辛苦不寻常

　　一条铁路，令万千巴渝人魂牵梦绕。当开工的炮声，迎着新世纪的曙光，在酉山秀水间响起，有一群人心潮澎湃、思绪万千——他们曾经为这个日子的到来，奔忙了十年。

十年辛苦不寻常

山区人民盼铁路

1 铁道部副部长孙永福（左3）在重庆考察渝怀线，计划司黄民（左2）等参与，重庆市副市长赵公卿（右2）陪同

2 1999年8月中国国际工程咨询公司专家组在黔江调研，受到群众热情欢迎

十年辛苦不寻常

1999年10月铁道部副部长孙永福在重庆市副市长李德水陪同下实地踏勘渝怀线重点节点

渝怀铁路建设的启示

陈之惠

渝怀铁路建设项目在1992年出版的《重庆十年发展蓝图1991—2000》一书中,明确提出:争取"八五"期立项,做好前期工作,"九五"批准开工建设。这个项目终于在"九五"期间的2000年12月16日开工建设了。

渝怀铁路建设项目,从1990年4月重庆市计划委员会(以下简称重庆市计委)在国家计划委员会召开的全国"八五"及十年交通规划座谈会上提出项目建议,到2000年12月开工建设,其间经历了近11年时间。用11年时间办成一件事,可谓历经艰辛,"功德圆满"。这个建设项目的提出和实施,有许多可以总结的经验启迪后人,本文仅就该建设项目对从事实际工作的同志的启示,谈一些粗浅的看法。

一、从事实际工作的同志应多研究一些与本职工作相关的理论问题,搞一些软科学研究

重庆市计委在20世纪80年代和90年代是重庆市的软科学研究先进单位。重庆市计委的有关部门和许多同志研究的课题,曾受到市政府和市科委等单位的表彰和奖励。渝怀铁路建设项目的提出和促成其实施,就是在这样一个有浓厚理论研究和具有实际操作能力的单位完成的。

渝怀铁路建设项目的始议人是重庆市计委马述林同志,他在1988年中国科学院西南资源开发综合考察队来渝考察时,提出了建设渝怀铁路的初步想法,在考察队的综合报告中,也简列了川湘线这个项目名称。当时所谓的川湘线,按铁路规范命名应谓渝怀线。

对渝怀铁路的建设始议人,有一种说法是"早在1903年(清光绪二十九年)清政府就开始议修西起成都东至武汉的川汉铁路"。还有一种说法是"孙中山的建国方略就把

渝怀铁路建设的启示

川汉铁路列为铁路网的横向主干线"。这两种说法有一个共同点就是川汉线等于渝怀线，或者说渝怀线是川汉线的一个组成部分。而我认为川汉线和渝怀线是两个项目。因为川汉线是由成都到武汉，是东西走向，而渝怀线是由重庆到怀化，是西北东南走向。因此，渝怀线的始议人是重庆市计委的马述林同志。

马述林、孙力达、胡际权同志在1990年还将他们对渝怀铁路的理论研究撰写成《川湘铁路的建设应尽快进行》一文，公开发表在《重庆经济研究》1990年第4期上。这份研究报告获得重庆市第三次社会科学（1988—1990）优秀科研成果二等奖。

重庆市计委非常重视他们的研究成果。在1990年启动了渝怀铁路建设项目。同年7月以重计委[1990]433号文件委托铁道部第二勘测设计院编制川湘铁路初步可行性研究报告。8月将交付文件定名为预可行性研究报告。随后市计委将渝怀铁路建设项目的建议意见上报国家计委和重庆市政府，市政府以重府[1990]114号文报请四川省人民政府转报国务院。铁二院在同年9月完成了预可行性研究报告，市计委即向国家计委和铁道部作了汇报。

好事多磨，尔后就是长达十年的论证、研究、争论和反复。直到重庆直辖市成立，国家决定实施西部大开发的战略后，渝怀铁路的建设方案才取得上下比较一致的意见。国家计委在2000年，一年连发两个文件（计基础[2000]619号和2231号），批准了渝怀铁路的项目建议书和可行性研究报告，完成了渝怀铁路建设审批程序。

按照地方计委和铁道部的分工，渝怀铁路的建设应由铁道部

1994年7月四川省铁道学会、重庆市计划学会在重庆黄山召开四川铁路东通道研讨会，会议由两会负责人张同庆（右）、马述林（左）主持

7

四川铁路东通道研讨会1994年7月在重庆黄山举行，图为出席会议的专家和各地代表合影。

提出，地方计委何须操这份心思。但是重庆市计委的同志们，他们在工作中从全国经济发展的大局出发，认为从铁路路网布局，从西部大开发，从重庆大发展的需要出发，应建设这条出海大通道，而这条大通道的建设，是一步走动、全盘皆活的妙棋。所以，该项目一经提出，就得到了从上到下不少领导同志的支持。虽然由于思维方法、决策习惯、管理体制等多方面的因素干预延误，但是终究办成了此事，这是重庆市计委及马述林等同志对全国铁路路网建设和重庆市经济建设作出的一个比较突出的贡献。

二、软科学研究，应从我国和我市实现现代化的战略目标出发，选好课题并组织专家论证

　　研究理论问题，搞软科学研究，选好课题十分重要。从事社会科学研究的同志们在选题时，我认为一定要按照邓小平同志教导的"用一百年时间把我国建设成中等水平的发达国家"和江泽民同志"三个代表"的重要论述，作为选题的指导思想。因为只有发展先进生产力、弘扬先进文化、为广大人民谋利益，才能在21世纪中叶把我国建设成为中等水平的社会主义的发达国家。

　　理论要联系实际，这是马克思主义者的学风。在重庆工作的同志们，要以马克思主义、毛泽东思想、邓小平理论和江泽民"三个代表"重要思想，研究解决重庆市的实际问题。重庆市计委的同志们早在1994年出版的《四川省铁路东通道建设研究》一书中就明确提出："中国21世纪的希望在西部，而开发西部的前程在交通建设。"

渝怀铁路建设的启示

重庆市计委在1990年承办了国家计委召开的全国"八五"及十年交通规划座谈会。会后在众多的交通项目中，选定了涉及省市较多、投资金额最大的渝怀铁路作为一个重要研究课题，深入研究、调查论证其可行性。

建设渝怀铁路这个课题确定后，重庆市计划学会和四川省铁道学会于1994年7月在重庆召开了"四川铁路东通道研讨会"，邀请了国家计委、重庆市计委、铁道部、成都铁路局、重庆铁路局、四川省交通工程协会、重庆市重点建设前期工作办公室、四川省涪陵地区、湖南省计委、湘西土家族苗族自治州、西南交通大学、重庆交通学院等15个单位，共计41位专家对渝怀铁路的建设进行前期论证，共收集30篇重要论文，论述了渝怀铁路的必要性、重要性和可行性，并达成以下共识：

1. 渝怀铁路的修建，对扩大西部地区对外交流，完善西南路网布局，形成川渝地区便捷的对外运输通道，促进这一地区乃至整个西部地区经济的持续发展有着重要的战略意义。目前东通路区域的襄渝、川黔、焦柳、湘黔四条干线东西相距400公里，南北相距800公里，在面积近24万平方公里、人口1 400万的广大区域内，没有铁路干线，致使这一革命老区、少数民族集居地区长期交通不便，经济发展缓慢，至今大部分地区仍是国家的重点扶

1994年10—11月，渝怀铁路现场踏勘组沿线调研，由铁二院总经济师何光全带队，铁二院副总工程师叶祥昌等工程技术人员参加

贫区。渝怀铁路途经重庆市区、长寿、涪陵、武隆、彭水、黔江、秀山、铜仁、怀化等区、县、市，铁路修通后，沿线贫困地区和少数民族居住地会为此而逐步富裕起来，还将使重庆市至广州市的路程缩短330公里，为西部地区增加一条便捷的出海大通道。

2.对四川铁路东通道的走向，当时有两种意见。一种意见是川渝东通道的线路方向应是万枝线，这是中国第二条东西走向的"陇海线"，沿江铁路和长江水运配合，可形成重庆至上海的沿江运输大通道。另一种意见是渝怀线，它适应川渝地区东出客货运输主要流向(长江以南运量约占2/3)，路网布局合理，后方道路能力充足，能较好解决与华东、华南客货交流，缓解川黔、襄渝等线运输紧张的局面。两种意见各有利弊，最后统一的意见是从四川和西部地区经济发展看，两条铁路都该修。但从当前急需考虑，应先建渝怀线，接着建设万枝线。

3.渝怀铁路建设顺序确定后，接下来是确定线路的走向。当时有两种意见，一种意见是吉首接轨，另一种仍是当初提议的经贵州铜仁到湖南怀化接轨。权衡再三，还是原提议方案好。按此测算线路经过的区、县、市路长为644.2公里。2000年国家计委批准的渝怀线路建议方案，与原建议经过的区、县、市基本一致，路长为624公里，可见当时所提线路走向的可行性。

正是由于选题准确，工作扎实，渝怀铁路建设项目才得到了各方面的支持。

三、组织课题成果的实施，要靠各级政府及有关部门、各方面的专家和社会各界的不懈努力

研究理论、组织课题的论证，其目的是要实现课题的成果。而实现课题的成果，特别是实现项目较大、涉及方面较多的成果绝非易事。渝怀铁路建设项目的实施，就是全国和重庆有关部门、社会各界通力合作的硕果。

从政府系统来说，从1990年重庆市政府上报《关于尽快建设川湘铁路的建议》算起，其间重庆市政府主要领导四易其人，但每届市政府主要领导都向四川省政府、国家计委、铁道部和国务院的有关领导汇报请求修筑渝怀铁路，从没为线路的走向动摇过。四川省、湖南省、贵州省政府及有关地区也全力支持修建这条铁路，其间虽发生过在湖南接轨地点的不同看法，但都能服从国家的安排，促使铁路早日开工。

从铁道部门来说，虽然在国务院发展研究中心编制的《2000年的中国·交通运输卷》对2000年全国铁路网布局设想中未提及和标绘川湘线，铁道部的十年规划和"八五"计划初稿中也未标列川湘线，但他们在接到重庆市政府建设渝怀铁路的建议报告和多次聆听了重庆市政府主要领导的登门详细汇报后，表示支持将渝怀铁路纳入铁道部的"八五"项目前期工作计划，并指示铁二院、四院做好该项目的前期工作，还增拨了前期工作经费，争取"九五"开工建设。这条铁路在通往东南方向现有铁路线客车平均超员70%，货运能力严重不足的情况下开工建设，建设时间是延迟了一点，但他们和地方的密切合作，有可能争取一些失去的宝贵时间。

从社会各界来说，重庆市的全国人大代表和政协委员在全国人大代表和政协会议上，多次建议国家加快川渝东通道的建设，修建渝怀铁路。人民代表还督促国家计委和铁道部加快渝怀铁路建设的前期工作和完善审批手续。特别是第九届全国人大代表中的重庆代表孙永福同志（铁道部副部长）为渝怀铁路的加快建设做了许多促进工作，使渝怀铁路的审批进度加快。

从计划部门的工作同志来说，组织课题实施，要争取领导重视，争取主管部门支持，要多听取专家、学者的意见，不断完善项目的可行性。在遇到困难的时候，不能动摇，要千方百计克服困难，争取将这一工作办成、办好。而要做到这一点，就要不断学习马克思主义理论和业务知识，提高政治理论和业务水平，增强全局观念，树立超前意识，发扬一心扑在工作上的奋斗精神。这样的计划工作者所编制出的计划，提出的建设项目，一定是一个令国家、市的领导和全市各族人民都满意的发展蓝图。

（作者系重庆市人大常委会原副主任，
本文原载于《重庆经济》2001年第11期）

绚丽的背后总是艰辛

——重庆市计委争取渝怀铁路立项的前前后后

周 舸

伴着2000年春天的足音,一个将对重庆经济建设和社会发展产生重要影响的消息从北京传来:中国国际工程咨询公司已就渝怀铁路项目提出评估意见,前期准备工作基本就绪,此项目已报送国家计委。

在人们为此喜讯欢欣鼓舞时,为争取渝怀铁路立项而付出艰苦努力的重庆市计委的同志们,此刻才长长地舒了一口气:十年啊!正是市计委十年来坚持不懈的争取,才使得渝怀铁路项目有了今天的结果!

绚丽的背后总是艰辛。用"十年磨一剑"来形容重庆市计委为渝怀铁路项目所做的种种努力,一点也不过分。

发 端

十年前,也是一个春光明媚的日子,重庆市在编制"八五"计划和十年规划时,重点对重庆的对外交通骨架网络进行了研究和思考。在调研中他们发现,重庆已有的三条铁路分别是向西、南、北方向的,而向东的出口依然闭塞,极大地阻碍了重庆物资向东部的扩散。而打通东通道,建立重庆乃至整个西南地区的出海通道,显然对整个区域经济的发展有极大的影响和推动力。

鉴于此,市计委在马述林同志牵头下,率先提出了建设川湘铁路的主张,建议修建四川至湖南的铁路线,并在1990年第4期的《重庆经济研究》上发表了题为《川湘铁路的建设应当尽快进行》的论文。同年4月,在国家计委召开的"八五"及十年交通规划会议上,重庆市计委正式提交了《关于尽快建设川湘线的建议》,该建议很快引起了国家计委和铁道部领导的高度重视,他们原则上肯定了重庆提出川湘线项目的合理性。

受此鼓舞，重庆市计委一鼓作气，很快以《建议》为蓝本，正式上报国家计委要求立项，市政府同时上报当时的四川省政府，要求将此《建议》转报国务院。

在积极争取国家支持的同时，重庆市计委做了大量基础性工作，他们委托铁道部第二勘测设计院编制出《川湘铁路预可行性研究》，上报国家计委备决策时参考。

在重庆刚刚开始筹办川湘铁路建设项目的1991年5月，时任国务院副总理兼国家计委主任的邹家华同志来渝视察工作，市领导专题向他汇报了建设川湘铁路的想法，以及这一建设项目对重庆经济发展的重大意义。邹家华肯定了重庆的思路，并请国家计委和铁道部认真对待，争取在"八五"期间立项。于是，1991年7月，在国家计委印发的《"八五"基本建设计划》中，川湘铁路列入了全国重大基本建设研讨项目，川湘铁路的名称至此正式见诸中央政府的正式计划中，这意味着川湘铁路建设项目开始被国家认可。

发　展

铁道部门闻风而动。在川湘铁路正式列入全国重大基本建设研讨项目后，铁道部向属下的第二、第四设计院以及经济规划院下达了开展西南东通路研究的通知，要求拿出西南路网新通道的可行性方案，并提出铁路走向的预案。1991年11月18日，在铁二院赵暑生院长的带领下，由铁道部第二、第四设计院以及经济规划院组成的联合规划组抵渝，就川湘铁路建设项目首次进行实地调研。专家们在深入调查研究的基础上，在对众多线路走向进行斟酌、评估、判断后，提出了川湘铁路走向的备选方案。专家们认为，走成都—遂宁—重庆—怀化线最为科学，并进一步提出，在20世纪内应先行建设重庆至怀化铁路，这是建设西南东通道最迫切需要解决的问题。此时，川湘铁路概念更准确地表述为渝怀铁路。

曲　折

1992年国家计委在重庆召开西南、华南部分省区交通规划会议。会上，重庆再次提出修建渝怀铁路的建议。然而，就在这次会议上，有人提出，以修建沿江铁路来打通西南路网的东通道。这一构想早在孙中山先生所著的《建国方略》里就曾提及。是走沿江的正东方向，还是走东南方向？重庆市计委从重庆经济社会发展和全国路网建设的全局着眼，坚持渝怀铁路的最初设计方案。市计委拿出重庆交通运输量调查，重庆出境运量的60%经东南方向流出。这一基础数据，对确立渝怀线的走向有极强的说服力。重庆向东的货物经川黔线或襄渝线分别绕行270公里和550公里，极大地提高了运输成本和增加了运输时间。

两种意见的分歧直接影响高层的决策。在两种方案的摇摆不定中，重庆为渝怀铁路的最后立项，走上了漫长而艰苦的争取之路。

1994年7月，重庆市计委策划，由四川省铁道学会、重庆市计划学会出面，在重庆黄山召开四川铁路东通道研讨会。会议邀请铁路方面以及高等院校的专家学者参会。他们对专家们抱以极高的期望，要求到会专家必须提交研讨论文。专家们从构建西南出海通道的设想，从铁路的运量以及经济的带动力等各个方面，分析利弊、科学论证，最后拿出一致意见：力主修建渝怀铁路。

论文由特聘专家组评审，并结集出版（《四川铁路东通道建设研究》，西南交通大学出版社出版，1994年）。舆论的巨大作用影响了政府的决策。此后，由重庆牵头，成立了渝怀铁路协作会，贵

渝怀铁路踏勘组在湘西苗寨　1994年10月

州省计委、湖南省计委以及沿线的地市县参加。重庆迅速委托铁道部第二设计院作渝怀铁路的可行性研究，所需费用主要由重庆承担。

渝怀铁路协作会开展了卓有成效的工作。在1994年7月下旬协作会召开的会议上，决定委托铁二院进行沿线查勘，尽快拿出详备资料。在1995年底协作会在成都召开的第三次会议上，各成员单位一致同意，力促中央有关部门加快对渝怀铁路的立项步伐。

重庆在渝怀铁路建设项目上所做的种种努力，给予了铁道部等有关职能部门深刻影响。1996年，铁道部正式介入渝怀铁路项目，并把该项目的科研计划下达到铁二院。

重庆方面期待着能将渝怀铁路项目尽快列入国家"九五"计划，并力争早日开工。铁道部正式介入，重庆燃起了希望之光。

转 机

1997年3月重庆直辖，乘直辖东风，市计委争取渝怀铁路建设项目信心倍增。1997年6月，铁道部部长韩杼滨来渝参加重庆直辖市的挂牌典礼，重庆市抓住时机向韩部长汇报了重庆为争取渝怀铁路项目而做的种种努力。为了把基础工作做扎实，重庆在已做的各种可行性预案的基础上，拿出了渝怀铁路重庆段的初步设计。虽然这些基础性工作未得到铁道部的正式认可，但无疑为渝怀铁路项目的最后冲刺奠定了厚厚的基石。1998年重庆市第一次单独组团参加全国人代会。也许是机缘巧合，也许是老天体谅重庆这么多年来苦苦争取渝怀铁路项目未果，铁道部常务副部长孙永福作为重庆选区选出的人大代表，参加重庆团的分组讨论。

参加踏勘的重庆市计委工作人员

借人代会之机,重庆方面再次向孙副部长提出修建渝怀铁路的建议,并力陈渝怀铁路对重庆以至整个西南路网建设的重大意义。会后,孙永福同志率领铁道部考察团赴渝怀铁路沿线考察,要求铁二院进行补充可行性研究。仅1998年、1999年两年,铁道部就7次派考察组对铁路沿线进行考察。1999年初,国家计委将渝怀铁路列入开工项目进行前期工作。

2000年的春节,对重庆市计委的同志们来说,格外喜庆。因为他们十年来为渝怀铁路建设项目所做的不懈努力终于结下了丰硕的成果。大年初一,在贵州视察工作的朱镕基总理了解到渝怀铁路的准备情况后明确表示:先上渝怀铁路。

……

在期待渝怀铁路隆重的开工典礼的时候,我们向为渝怀铁路立项而付出十年艰苦努力的人们深深鞠躬!

新闻背景

铁道部投资198亿元的西部大开发重点工程项目渝怀铁路,将于2000年内全面开工,计划用6年时间建成通车。

渝怀铁路西起重庆,经贵州铜仁,东至湖南怀化,与湘黔、焦柳两条铁路干线相连,是国家拓展西南大通道,实施西部大开发的一项重大举措。渝怀铁路全长640公里,设计时速达120~140公里,是一条较高标准的铁路新线,将成为四川、重庆东向通道和沟通我国西南、中南、华东经济区的重要干线,并使沿线幅员24万平方公里没有铁路的状况成为历史。

渝怀铁路也是重庆建国以来最大的基本建设投资项目,它对重庆经济发展的影响力和拉动力是不可估量的。渝怀铁路在重庆境内长460公里,自湘入渝后途经秀山、酉阳、黔江、彭水、武隆、涪陵、长寿、渝北和江北等区县(自治县)。渝怀铁路一旦建成,将会使重庆的对外通道更加畅通,而铁路运输具有的大运量、低成本、长距离、全天候和安全系数高等特点,将给重庆各行各业带来最实惠的利益。

(原载于《当代党员》2000年第5期,收入本书时略有删节)

圆梁山隧道踏勘记

李明生

乌江水系和沅水系的分水岭——圆梁山，有如一条巨龙，呈东北—西南向横卧在酉阳、黔江和湖北来凤三县的交界地带。渝怀铁路将从其腹下穿过，整条线路中埋深最大（最大埋深825米）、线路最长（11 068米）、水文地质最复杂、施工条件最恶劣、施工工期最长的咽喉工程——圆梁山隧道，将在这里诞生。

1994年10月下旬至11月中旬，由铁二院何光全总经济师带队，叶祥昌、戴玉琦、胡新明、陈杰等工程技术人员和重庆市计委的同志组成渝怀铁路踏勘组从重庆出发到吉首，首次对线路的53

1994年11月，由沿线地市州组成的渝怀铁路协调小组在湖南湘西举行第二次会议，各地代表与铁二院部分专家合影

个重点工程进行了现场踏勘,核对、收集设计基础资料,征求沿途地方意见。首次对圆梁山隧道进口的踏勘,让我终身难忘。因为这是铁路前期工作所有现场调研中最困难、最艰苦的一次。在这次踏勘活动中,我深切地感受到了铁二院工程技术人员顽强拼搏的奉献精神。

10月24日,是对圆梁山隧道进口进行现场踏勘的日子。一大早,踏勘组一行背负干粮乘车从酉阳县城出发,沿山而上,经过近一个半小时、行驶43公里的车程,于8点40分左右到达毛坝场前面1.6公里(水平直距)的地方下车,开始步行。在当地村民的带领下,沿山间小路向山梁悬崖上一个名叫猪圈门的隘口进发。

"猪圈门"海拔1 200多米,顾名思义,在这悬崖绝壁下的地方,就像猪圈一样,四周被高山、峡谷完全封闭。只有稍显低矮的缺口,可以艰难翻越。今天,踏勘组需要步行的总里程大约22公里。具体路程是从猪圈门下到谷底,再上招财坝隧道进口(最早的隧道位置)处踏勘核对,而后沿细沙河而上,在苟家坝上山到黄家垭口,最后乘车返回酉阳县城。

从猪圈门沿小径下到谷底,垂直高差达760米,而水平直线的前行距离仅1.5公里。在门坎处的垂直陡壁段,人们只能弯身贴地而下,目不敢斜视,紧盯脚下的窝坎,紧靠岩石,紧抓路边的草木,鱼贯沿壁上的小路而下。如一失足,将跌下数百米的深谷。在这里行走,真正体会到什么是"如临深渊,如履薄冰"的感觉。在下一个台阶的立足处,仰视山民们出关的情景,虽然走得稳健而自信,但其肢体动作也比咱们好不到哪里去。

在台地稍事喘息后继续下山,突感一阵凉意,原来不知道什么时候已经下到了谷底。看看隧道进口位置就在不远处,大家非常兴奋,不由得加快步伐前行。

中午12时许,抵达圆梁山隧道进口处。各专业人员抓紧时间踏勘、记录现场。洞口位置不远处即是名叫招财坝的小村落,只有几户人家,有一所由13个学生、1名教师、1间小木屋教室组成的小学,与脚下静静流淌的细沙河一起,迎接我们这些山外人像天外来客式的造访。村民同我们热情相拥,没有了山里人与城里人、干部与农民的身份之分。长凳横陈,主客混杂,少长咸集,无拘束地交谈,大山深处的村民们道出对出山通道的无限企盼,让人心酸,使人激励。正在上课的孩子,眼神中没有机灵。从大到小,共四个年级,老师一会儿为这个学生讲课,一会儿又转而为那个学生讲课。

村民们为我们烧好了开水,冲泡了土茶。我们拿出所带干粮开始午餐。大家早已饥肠辘辘,吃得十分香甜。

  半个小时左右的午餐和短暂休息后,已近下午一点半。赶快顺道看看附近的细沙乡政府吧。县里陪同的一个同志说,他在县政府部门工作了十多年,还一次都没有到过细沙乡。乡政府是什么样子,自然是大家好奇和关心的。李家坝,是细沙乡政府所在地。房屋没有几间,乡政府民居式平房外表略显规矩一点。房前3米左右的坎下,有一块约100平方米的停车场。不过,这里实在是没有车可停。一年前,所谓上山的乡村公路,被一场暴雨冲毁了,不少地段完全没有了路基的身影。不然,我们为何不坐车来呢?乡镇府也不通电话,事先未获通知,屋里好像没有人影。因为要赶路,仅作短暂的停留观察。此时,还能说些什么呢?铁二院的老总们,一句"这条铁路简直就是救命路",无疑融进他们的无限深情和决心。

  继续沿河而上。踏勘组成员中年龄悬殊很大,体质各异。其中铁二院五位老同志,从51岁到56岁,一岁一个,酉阳自治县民委的彭主任也是五十好几;而年轻的,只有二十出头;当地向导,为年老工程技术人员背资料袋的两位村民二十七八。因此,队伍拉得很长、很分散。

  下午二点半左右,先头人员开始登山。走在队伍最前面的,自然是背资料的两位年轻村民,后面是铁二院的几位年长者,再后则是其他队员和县上的同志。我作为黔江地区这一级唯一的陪同人员,以主人身份断后。

  这是一条陡直但并不惊险的上山小路,也是细沙乡政府周边村民出山的必经大道。当我来到山脚的时候,两位年轻村民已爬高200多米。因顾及铁二院几位老同志的状况,我奋力往前赶,陆续超越踏勘组的中、青年同志。原以为铁二院几个50岁以上的老同志年事较高,如此陡峭的攀爬他们可能受不了,但眼前的情形让人感到诧异。几位长者虽然步子不快,但不紧不慢。虽然略有喘息,脸有潮汗,但呼吸均匀自然。和他们交谈,称"这种情况对我们是家常便饭,经常如此,早已习惯了。没有问题,你不用担心!"极其平凡的语言,让人肃然起敬。我们当地干部的腿脚、耐力能赶上他们吗?回头看看身后的散乱队伍,更多的是地方干部。但愿他们中的一些人能赶上来作同一梯队的成员。

持续4个小时左右的上山,终于到了黄家垭口乘车地点。从早上开始步行算起,到现在已经走了9个小时。大家坐上车,都没有了言语。在汽车马达的轰鸣声中,似乎人人都在沉思。也许铁二院的同志,正在默默回味踏勘现场的第一手资料,思索下一步如何勾画这条钢铁大动脉的蓝图,也许地方的同志正在畅想火车开进山寨的欢乐场景,想象铁路将对地方发展带来的巨大变化。其实,可能大家都太累了,累得不想开口说话。

(作者系原黔江地区计委副主任)

二　千里渝怀唱大风

渝怀铁路两跨嘉陵江、长江，三跨乌江，穿越武陵山区，从涪陵至酉阳段 300 多公里，隧道比例高达 80%。可以说，这是迄今为止跨越大江大河最多、桥隧比最高的国内长大干线铁路。中国铁路工程总公司、中国铁道建筑总公司所属 20 多个工程局（集团公司）近十万强将精兵，千里渝怀摆战场——他们唱出了令人荡气回肠的大风歌。

千里渝怀唱大风

群策群力

1　筑路工人

2　工程技术人员

1/2

千里渝怀唱大风

$\frac{1}{2}$

1　抗渗衬砌

2　钢铁臂膀

$\frac{1}{2}$

1　整装待发

2　长臂入云

千里渝怀唱大风

桥隧相连

渝怀壮歌 YUHUAI ZHUANGGE 1st.

长寿长江大桥

千里渝怀唱大风

$\frac{1}{2}$
$\frac{}{3}$

1　渝怀铁路井口嘉陵江大桥

2　渝怀铁路涪陵乌江大桥

3　巍巍青山一线牵

探索新时期山区铁路建设管理之路

何明新

渝怀铁路是铁道部全面推行铁路建设管理体制改革、基建系统与铁道部"脱钩"后开工建设的第一条长大铁路干线。

渝怀铁路建设总指挥部（简称总指）及各参建单位认真贯彻落实"快速、有序、优质、高效"的铁路建设方针，以质量为核心，以制度为保证，以创新为手段，硬化合同，履行承诺，依靠科技，强化管理，在工程进度、质量管理和投资控制上均实现了预期目标。

2000 年 12 月 16 日渝怀铁路正式开工，2005 年 12 月竣工交验，历时 5 年。在渝怀铁路 5 年建设的管理实践中，我们针对渝怀铁路特殊的地理环境、管理模式和质量、环保要求，就如何走出一条新时期山区铁路建设新路子进行了有益的探索：

一、以制度创新为手段，提升铁路建设管理新水平

全长 624.5 公里的渝怀铁路，跨越重庆、贵州、湖南三省市，是国家西部大开发基础设施建设标志性项目之一。线路两跨长江、嘉陵江，三跨乌江，其间峡谷纵横，山崖陡峭，道路崎岖，断层、溶洞、滑坡、软土、涌水、突泥、落石、塌陷、煤层、瓦斯以及泥石流、膨胀土比比皆是，其地形地貌之复杂、施工条件之艰巨、科技含量之高，充分体现出山区铁路建设的高、精、尖、艰、难、险，勘称我国建铁路施工难度最大的项目之一。由中科院和工程院院士组成的专家组深入渝怀铁路实地考察后认为，以圆梁山隧道为代表的一大批在高压岩溶水充填型溶洞地区开挖的深埋隧道，是一个国内外罕见、极具挑战性的技术难题。

渝怀铁路开工建设后，针对铁路基建系统"脱钩"和以"包工期、包投资、包质量、包投入产出"为主要标志的建设项目管理体制改革的新形势，以及渝怀铁路建设实际和工程艰巨等特点，总指在吸取以往铁路建设项目经验的基础上，充分酝酿规范建设管理的各项规章制度和实施方案，制订了一系列行之有效的管理制度和办法，建立起以

探索新时期山区铁路建设管理之路

合同管理为主线的管理运行机制。这些制度将合同双方的责任和义务进行了明确界定,具有很强的可操作性。

　　制度创新是渝怀铁路建设取得胜利的法宝。渝怀铁路是铁路基建系统与铁道部"脱钩"后开工建设的第一条铁路。为了培育和规范铁路建筑市场,铁道部在招标选择施工队伍的过程中,真正体现公正、公开、公平的原则,按合同来界定建设单位与设计、施工、监理单位的关系。建设单位根据合同,用一系列的规章制度和办法对参建单位实行严格的考核;设计、施工、监理单位认真研究合同内涵,熟悉合同条款,明确各自的权利、责任和义务,该自己办的事情绝不推诿,该自己解决的问题就认真解决。

　　制度创新使新的规则得以诞生。这个规则就是总指根据招标文件和施工合同文本,经过充分酝酿、反复讨论、广泛征求意见,制订下发的旨在进一步细化合同双方权利和义务的14个管理办法。管理办法明确建设单位必须按规则公平、公正地处理一切问

国务院西部开发办公室副主任、国家计委副主任李子彬视察渝怀铁路工地。重庆市副市长赵公卿(右1)、渝怀铁路指挥长何明新(左1)陪同

31

题，做到解决问题公开化、程序化、规范化；设计、施工、监理单位提出的任何问题，必须数据准确，实事求是，符合合同要求，用证据说话，用数据说话，使甲乙双方在处理具体问题时都能够有章可循，有法可依，减少了以往那种不负责任、相互扯皮和推诿的现象。大家心往一处想、劲往一处使，大大提高了管理效率，加快了建设步伐。

　　制度的创新孕育了新探索。综合单价承包、单项费用包干以及隧道风险包干和不渗不漏是渝怀铁路施工合同的一个崭新特点。这一特点把硬化和量化合同落到了实处，也是渝怀铁路各项管理制度制订的前提和基础。

大道通天

　　渝怀铁路建设管理和制度创新的重头戏是硬化和量化合同，其主要做法是以合同为依据，严格对施工、设计、监理单位进行考核，真正做到有法必依、执法必严。

　　对施工单位的考核重点是投标承诺兑现情况和合同规定义务的履行情况，将项目班子组成、专业技术人员配备、参建队伍的使用、机械设备配置、非法转包分包、建设资金流向、质量安全措施、环保水保工作及物资材料使用等全部纳入监督检查，确保合同规定条款落实到位。

　　对设计单位主要从六个方面进行考核：一是设计质量上，是否满足国家批准的项目可行性研究报告中规定的设计范围及主要技术指标。二是供图上,是否按照总指的施工组织设计和整体部署,按时供图。三是变更设计上,是否在确保工程质量的前提下,坚持保证功能、控制投资的原则。四是配合施工上,是否到位和常驻现场,服务是否主动,优化设计方案是否科学合理,解决问题和处理问题是否及时彻底。五是工作纪律上,是否严格按照程序和总指的规章制度办事,是否损害建设、施工和监理单位的利益。六是考核范围上,将施工图与技术图的设计量差、技术设计与实际征拆的量差纳入考核范围。

对监理单位主要从五个方面考核:一是考核监理单位人员上场名单、密度、交通工具、通信设备和试验手段是否按标书承诺兑现。二是考核所监理标段是否符合工程质量水平。三是考核在投资控制中的效率,是否切实履行施工图现场核对和优化的责任。四是考核在原材料和陷落工程检验、变更设计审核和验工计价审核上是否坚持原则。五是考核监理单位的自身建设和队伍管理,是否严格执行"回避制度",杜绝"友情监理"。

二、以工程质量为主线,把握铁路建设管理主旋律

工程质量是铁路建设管理的主旋律。总指始终牢牢抓住"质量第一"的管理主线。"开工必优,一次成优,确保部优,争创国优"和"隧道不渗不漏,桥梁内实外美,路基不塌不陷,挡护饱满稳固"是渝怀铁路建设质量的奋斗目标。围绕这个目标,总指着重抓了以下五个方面的工作:

一是树立正确的质量理念,狠抓认识到位。开工伊始,总指就通过思想发动,让全体参建人员充分认识到把渝怀铁路建成精品工程的重大意义,把心思真正放在创优质样板工程上,自觉做到从被动接受检查向争先创优转化,从质量保证向质量预防转化,从事后整改向自我约束转化。

二是健全质量措施,狠抓管理到位。总指从技术交底、施工

图优化、隐蔽工程检查和优质样板工程评比入手，明确参建各方在质量工作中的职责。施工单位按照规范和验收标准，强化过程控制，狠抓路基、隧道、桥梁以及边坡、挡护等各项工程的内在质量。设计单位切实做好技术交底和优化设计工作，及时解决施工过程中出现的设计问题，一次根治，不留后患。监理单位把工作重心放在现场，强化总监负责制，实行到站监理和巡视，做到全过程、全天候监控。

三是强化过程控制，狠抓实做到位。提倡在严格执行设计、规范、验收标准的前提下，依靠科技进步，提升整体工艺水平，克服质量通病。在管理、工艺和实作上狠下工夫，切实做到按施工规范和验收标准切实做到位、施工工序到位、施工精细到位、保证措施到位、监督检查到位。总指要求设计、施工、监理单位必须从第一条便道、第一座隧道、第一座涵洞、第一段路基开始，认真抓好工程的每一道工序，把住原材料入口关，做到全方面、全过程控制。

四是强化监督职能，狠抓监控到位。为使监理工作制度化、规范化，总指依据监理合同，制定了

1　青山依旧在

2　绿水照常流

《渝怀铁路工程监理管理细则》，硬化和量化对监理单位的考核，把项目监理班子、监理人员、检测设备、试验手段、所在标段的质量水平作为考核的重点内容，促使监理工作有计划、有重点、有步骤、有秩序地开展。为使全线工程质量始终处于可控状态，在加大监理力度的同时，总指还邀请各方面专家组成工程质量督察组，深入沿线对施工、设计和监理单位进行经常性督察，并委托有资质的检测单位对所有项目和隧道、路基、桥梁施工全过程开展无损检测，使全线工程质量始终处在可控状态。

五是应用"四新"成果，狠抓科技到位。依靠科技进步和"四新"成果是实现渝怀铁路质量目标的重要保证。在施工过程中，总指强调以基础工程的勘察设计为重点，注重岩溶、软土、滑坡和水下施工以及下部结构安全；广泛推广使用高性能新型混凝土材料搅拌和设备、隧道超前地质预报等检测设备。许多单位在砌筑材料的选用和砌筑工艺上，使用计算机预拼，统一了施工方法和施工工艺。新设备、新技术、新材料、新工艺的使用，有效地克服了由于不良的水文地质、工程地质引发的工程病害，克服了工程质量中的常见病，全面提高了工艺水平和质量水平。全线内在质量可靠，质量通病得到较好遏制，质量水平均衡；整体工程质量，尤其是桥梁隧道工程质量上了一个新台阶。

三、高标准搞好环保工程，树立铁路建设管理新形象

渝怀铁路全线占地 35 000 亩，有路基土石方 6 000 多万方，桥梁隧道近 600 座，线路大都穿行于高山峡谷和大江大河之间，生态极其脆弱，困难大，问题多，要求高，环保水保工作任务十分繁重，被国家环保总局确定为全国 13 个开展环境监理试点的重点建设项目之一。总指以党中央提出的可持续发展战略为指针，及时提出了将渝怀铁路建设成质量环保"双优线"的奋斗目标。

参建各方按照国家和铁道部的统一部署，认真贯彻落实环保

水保法律法规，坚持环保"三同时"制度，高标准、严要求，为实现总指提出的工程质量和环保工作"双优线"目标做了大量扎实有效的工作。

增强环保意识，健全组织机构。渝怀铁路开工之初，总指就在全线展开了强大的环保宣传，要求各参建单位自觉站在讲政治、讲大局的高度，以对国家负责、对子孙后代负责、对企业负责的态度，加强环保水保法律法规的学习和教育，使环保意识深入人心，成为每一个参建人员的自觉行动。总指成立了环保工作领导小组和专门工作机构，设置了专职工作人员；各参建单位层层设立由主要领导挂帅的环保组织，形成了完备、高效、有力的环保管理体系。

1　白涛特大桥

2　狗耳泉特大桥

1
—
2

加大资金投入，突出环保重点。渝怀铁路投放9.4亿元用于环保水保。在一项工程投入这样巨额的资金用于环保建设，这是以前从来没有过的。环保投资占工程投资的比重，比西方发达国家同类建设的比重高出50%。保证了环保人员、设备和措施的到位和正常运行。实施过程中,重点抓好取弃土(碴)场地、岩溶发育地段、隧道的治水涵洞、泄水冲刷农田耕地的整治以及噪声处理、边坡防护等工作,抓点带面,样板引路,整体推进。

硬化监理合同,加强环保监督。按照国家环保总局的要求,总指在原工程监理合同的基础上,以环境监理工作补充协议和补充专用条件的形式,将环保工作内容、涉及项目和具体措施予以明确。要求各监理单位按照监理合同和环境监理工作补充协议和总指有关监理管理办法,监督各施工单位建立健全环保工作组织体系和工作制度以及合同的兑现情况,扎实开展环保工程现场核对和技术交底,对环保工程实施全方位、全过程监控,切实落实监理责任。

路地齐心协力,促进环保工作。在环境保护工作中,总指及各参建单位主动与地方环保、水保部门合作,认真听取意见,自觉接受监督、检查、指导,并邀请地方环保部门领导和专家举办培训班、专题讲座和座谈,共商渝怀铁路环保大计和具体方案与措施,从而赢得了三省市环保水保部门大力支持与协作。

在渝怀铁路环保工作实践中,我们深深地体会到:一是在铁路建设中保护生态环境必须以自然为本。广泛宣传发动,深入教育培训,使全体参建人员牢固树立热爱自然、顺应自然的理念和掌握保护自然的技能,彻底改变过去施工中随挖随丢、乱弃乱放的习惯,形成铁路建设与大自然和谐共处的局面。二是在铁路建设中保护生态环境必须加大资金投入。铁路建设要舍得在环保上花钱,做到一次性资金投入到位,彻底消除铁路建设对生态环境可能造成的隐患,从而避免"先破坏,再恢复"那种亡羊补牢式的更大的投入。三是在铁路建设中保护生态环境必须以制度为保证。通过健全的组织机构、严密的制度办法和法律法规的约束,使铁路建设的环保工作自始至终处于受控状态。

四、以政治思想工作为保障，夺取精神物质文明双丰收

渝怀铁路工作十分艰巨，建设管理极其复杂，要夺取渝怀铁路建设的全面胜利，除了紧紧把握工程质量和环保工作主线、创新管理制度以外，还必须用强有力的政治思想工作做保障，适应新时期、新形势和新任务的要求，大力加强政治思想工作和精神文明建设，弘扬新时期火车头精神，全面提高职工队伍整体素质，以人为本，充分发挥和调动全体参建人员的主观能动性和工作积极性。

坚持经常性的政治思想教育。按照铁道部直属机关党委和工程管理中心的要求，总指规定了法定学习日，组织学习邓小平理论、江泽民同志"三个代表"重要思想和党的十六大精神以及中央各项方针、政策、法律、法规，并在学习中注重时间、人员、效果的落实。总指把政治思想教育、精神文明建设、队伍稳定、路地共建等纳入对参建单位的考核内容，使全体参建人员真正把思想统一到十六大精神和"三个代表"重要思想上来，统一到铁道部党组的战略部署上来，统一到落实西部大开发战略、推动西部经济发展上来。

充分发挥项目党组织的战斗堡垒作用。总指紧紧围绕渝怀铁路建设的中心任务和各参建单位的工作实际，充分发挥各级党组织的创造力、凝聚力、战斗力，在全线广泛开展建功立业、劳动竞赛和健康文明的文化活动，鼓舞人心，凝聚力量，解疑释惑，澄清是非，理顺情绪，化解矛盾。总指还会同参建单位在铁路建设中挖掘、树立和培养体现新时期火车头精神的先进典型，及时把铁路建设中各个阶段性的重大成果、先进人物、典型经验宣传报道出去，加强对先进模范人物的选拔、表彰，发挥先进典型的引导作用，鼓舞和激励全体参建人员脚踏实地，艰苦奋斗，顽强拼搏，从而在全线形成了开拓创新、创优争先的会战氛围。

切实加强党风廉政建设和勤政务实工作作风。总指认真贯彻落实中纪委和铁道部党组关于党风廉政建设的一系列规定和要求，制订了《渝怀铁路建设总指挥部廉洁勤政措施和工作人员廉洁自律守则》等规范约束内部职工的办法和措施。总指始终抓住勤政廉洁这个重点，切实落实党风廉政建设责任和领导班子廉洁自律规定，坚持重大决策集体讨论制度。总指要求班子成员及全体工作人员自觉维护党纪政纪，勤政廉洁，正确运用手中的权力，做到严守法纪，不贪赃枉法；恪尽职守，不以权谋私；艰苦奋

探索新时期山区铁路建设管理之路

寸滩特大桥

斗，不奢侈浪费。渝怀铁路开工建设以来，总指人员没有一个利用特权向合同单位强行分包工程、推销产品，没有吃、拿、卡、要，树立了建设单位良好的形象。

渝怀铁路经过五年的建设，圆满完成了党中央、国务院赋予的建设任务。全线施工进展快速，创造出年成洞128公里的铁路隧道施工新纪录。工程质量水平均衡，安全生产形势稳定，施工单位整体管理水平得到了很大提高，一大批技术和管理干部通过渝怀铁路建设管理实践的锻炼，走上了管理或技术领导岗位。从总指到各参建单位自始至终风正、气顺，精神状态好、工作干劲足，把全部心思用在抓管理和抓质量上。这些成果是党中央、国务院亲切关怀的结果，是铁道部党组、部机关各职能部门及工程管理中心周密部署和正确指挥的结果，是国家有关部门和沿线各级地方政府以及广大人民群众大力支持的结果，是广大建设者艰苦奋斗、无私奉献的结果。

（作者介绍：何明新同志，2000年12月至2004年4月任铁道部渝怀铁路建设总指挥部常务副指挥长，2004年5月至2005年12月任指挥长）

歌乐山隧道堵水记

张荣文　连永章

全长 4 050 米的歌乐山隧道,在渝怀铁路所有长大隧道中,不显山不露水。然而,中铁十一局集团公司在歌乐山隧道那场抗水、保水、治水、堵水的战斗中,留给人们的惊心动魄的画卷、我国历史上第一例隧道堵水限排技术的诞生……将永远铭记在中国铁路建设的史册上。

山与水

2001 年 10 月 27 日的山城重庆,终于告别连日来的阴霾,迎来了一个天高云淡、金风送爽的难见的好天气。担负歌乐山隧道

歌乐山隧道（4 050 米）

歌乐山堵水

出口施工任务的中铁十一局集团第五工程公司的职工们,带着像晴朗的天气那样的好心情,一大早就奔向歌乐山隧道平行导坑的掌子面,打算再创掘进新纪录,为正洞的顺利掘进探明地质,当好开路先锋。

风钻又吼起来了!掌子面上全断面掘进,立体作业!蒸腾的水雾、翻滚的沙石,像硝烟,淹没了鏖战的职工们。

这时,一个意想不到的情况发生了。

"哗啦啦——"这是危石塌落在钢拱架上的声音;

"嘎嘎嘎——"这是钢拱架受不了沉重的负荷,倾斜着、下沉着……

"呼隆隆——"随着山呼海啸、天崩地裂之声,夹杂着泥沙的洪水像一束束利箭,以每小时1 000多立方米的流量、2.2兆帕的压力从龇牙咧嘴的岩石缝隙喷薄而出,将正在掌子面指导施工的工程师邓仁清和风枪手们冲出好几米远。

险情对于这些昨日的军人们来说,就是冲锋号声。连续值班20

歌乐山隧道堵水记

多个小时的五公司副总经理兼歌乐山工程项目部经理李文俊,刚刚回到驻地端起饭碗,得知隧道里出现涌水,放下饭碗以百米冲刺的速度赶来了,集团公司指挥部指挥长谢敬平、常务副指挥长赵高启、总工李小红等指挥部领导全部赶到现场。

这时,歌乐山隧道已成为另一个"黄河壶口",奔涌的泥水如同冲破牢笼的野兽,一边发出震耳欲聋的吼叫,一边疯狂地冲出隧道漫向田野。见此情景,指挥长谢敬平等指挥部领导感到这样"水来土淹、兵来将挡",以牙还牙、硬碰硬地对着干,于事无补。他们下令正在抢险的职工赶快停下来,等拿出堵水方案再进行施工。

然而,科学"真经"不经过九九八十一难,是不会轻而易举地取到手的。在这之后的两个多月的时间里,涌水来势汹汹,人与水处于一种对峙状态,隧道掘进未能前进一步。谢敬平不得不下令,用混凝土将隧道回填30多米,才把刚刚放出"牢笼"的地下"蛟龙"重新关进山门。

在距今30亿年前的造山运动中,地壳板块构造的碰撞和挤压,造就了西南重镇重庆大地上雄奇的歌乐山。传说当年李冰父子在此地治水时,曾在大山上弹琴放歌,故此而得名。重庆解放前夕,渣滓洞、白公馆烈士的鲜血,染红了歌乐山麓的泥土,为歌乐山增添了一层神奇凛然的色彩。然而,我们解放了这片国土,却不了解它的构造!我们热爱这片国土,却不懂得它的喜怒哀乐!

歌乐山上地表有水库10座、水塘100多个、泉井上千口。山体内集滑坡、岩溶、煤层、瓦斯、采空区、高压富水于一体,特别是岩溶水十分丰富,岩溶裂隙通透性好,地下水位高,地表水与地下水相互依存、"串通一气",隧道结构承受着2.2兆帕以上的静水压力,这在国内地下工程中实属罕见。如果一旦造成地下水资源的流失,必将威胁到歌乐山上6万多村民和200多家企业事业单位正常的生产生活,也会对歌乐山森林公园的生态环境造成无法弥补的损失。巨大的社会压力让人感到喘不过气来。

渝怀壮歌

水以山存，山以水在；失去水的歌乐山，就会变为一座枯山、死山……

然而，在我国，地下隧道的堵水防漏还没有成功的先例！

这是一个新的考场！这支转战四方的铁军队伍被逼上了科学的梁山！

歌乐山隧道出现大涌水的消息，牵动着方方面面，当地人民群众、铁道部、重庆市政府对此都极为关注。能不能把水堵住？像一块千斤重石压在了十一局渝怀铁路工程指挥部领导的心头。"降伏'水魔'，必须依靠科技的力量"，一个共识产生了。经过酝酿、筹备，2002年初，集团公司指挥部组织召开了歌乐山隧道堵水防漏专家咨询会。工程院院士、隧道专家、交通大学博士生导师、教授、有关部委的技术权威，以及建设、设计、施工、监理单位的技术人员济济一堂，为歌乐山隧道把脉、问诊，各献良策。

会议一致认为，鉴于歌乐山隧道特殊的地理位置和对水资源的特殊要求，该隧道只能采取"堵水限排"的施工方法，以保护歌乐山地区的生态环境和社会稳定。而会议争论的焦点最终落脚在如何堵水、怎样堵水上。与会者各抒己见，互不相让。其原因是：我国尚没有成功的先例可以借鉴。

上个世纪50年代初，新中国成立后建设的第一条铁路——成渝铁路，原设计穿过歌乐

艰难前行

山进入重庆,但当时的技术水平无法解决隧道穿越岩溶高压富水地段的难题,只好"退避三舍,绕道而行"。就在歌乐山不远的成渝高速公路中梁山隧道施工中,也是因为对高压富水无能为力,采取了"以排为主"的施工办法。

1988年贯通的我国某一铁路长大隧道,曾对断层带进行堵水防漏,可惜没有成功。后来,大量的涌水将隧道衬砌攻破,最后不得不重新开挖引导洞,将涌水排出,致使山上村民迁徙。

1998年,某地质队在歌乐山隧道出口右侧300多米处钻温泉井,造成地下水和地表水大幅度的下降,山上部分水库干涸,引起了当地居民上访,最后不得不将温泉回填封闭……

无奈之下,在以往隧道施工中,对地下和山体内的涌水,我国都是采用堵排结合、以排为主的施工设计,对高压富水隧道的堵水至今未有成功的先例。即使目前代表世界堵水技术先进水平的日本清函隧道,堵水率也只有70%左右,至今仍有大量水被排出。

严酷的事实告诉人们:泼水难收,大自然有其自身的运行规律,高山流水各有其道,违背自然规律是要受到惩罚的。

人与水

在激烈的争论中,一种新的理念形成了。传统的施工经验应该继承,但科技发展到今天,通过帷幕注浆,我们可以不把水放出笼子而在山体中把它封住,进行限量排放,这是能够做到的。咨询会汇集了许多正确意见,十一局从中受益匪浅。实际上,歌乐山堵水防漏已远远超出隧道施工技术发展创新的范畴,而是保护环境、维系国脉、造福人类的壮举。

人物之一:铁道部副部长蔡庆华,"保护歌乐山的生态环境,就是保护人民群众的根本利益……"

就在专家咨询会召开的次日上午,驻地一部分群众打着横幅标语,高喊着"还我水源、还我生命、我们要生活"的口号,集聚在

市、区政府工作人员乘工程车进隧道考察漏水情况

歌乐山隧道出口,"迎接"前来查看现场的专家们。经劝阻,游行的群众才散去。

多次来歌乐山隧道检查指导施工的铁道部副部长蔡庆华曾板着脸问谢敬平:"你们能不能堵住涌水,就说痛快话,否则我立即换队伍。"

陪同检查的领导们一起把目光焦距对准了年轻的指挥长。谢敬平拧紧了剑眉:"我们会尽最大的努力!"

蔡庆华说:"不行,这是个活话,等于没说,我不要过程,只要结果。"这也难怪蔡副部长一再对他的属下施压,因为该地区长期缺水,而且水资源特别脆弱,已成为各级政府的一块心病。重庆市政府也曾有过规划和设想,提出控制歌乐山上的居民量并逐步向山下迁徙,同时建设嘉陵江引水上山工程,工程耗资巨大。作为主管基建的副部长能不着急吗?

或许是副部长已觉察到责任的重大，或许是体恤部属已在近乎于玩命，他缓和了一下口气，深情地对十一局职工说："如果因为建设经济动脉而影响人民群众生活的命脉，那么，也就违背了西部大开发的初衷。保护歌乐山的生态环境，就是保护人民群众的根本利益。不能堵住歌乐山隧道的涌水，我们就无法向重庆人民交代啊！"

人物之二：悲情赵建伟

就在堵水最困难的关键时刻，第五工程公司作出决定：因堵水不力，撤销赵建伟施工队队长的职务。决定一宣布，职工们纷纷为赵队长抱不平：作为一个国家、一个民族，几十年都解决不了的问题，让一个最基层的施工队队长来承担责任，这合理吗？再说赵队长就差没把身体堵进山体里去了，每天他干了第一班又干第二班，事事干在前头，一天到晚泡在泥水里，吃饭没个点，睡觉没个准，眼睛红得像血球，腿肿得一按一个坑。一次，他刚爬上作业台，突然觉得头晕目眩，顿时不由自主地从5米高的作业台摔了下来，腰上、腿上、臂上都有伤。医生给他包扎好伤口，他又爬上了作业台。像这样的队长怎么能撤职呢？不行，我们替赵队长找领导说理去。

赵建伟一听这话，赶紧对工友们说："上级领导撤销我的职务，那是对我的关照，我打心里感谢，在这个节骨眼上，再也不要给领导添乱分心了。"

堵住涌水，已成为职工心目中一项神圣的职责，对个人的一切都已置之度外！

人物之三："青年敢死队"队长向东和他的队员们

2002年3月15日晚23时，当歌乐山隧道进口掘进到1 060米处时，第四工程公司的职工按照施工程序，小心翼翼地对下一地段进行了超前钻孔和红外线探水，均证明无水。但就在拱顶中心线右侧钻孔掘进时，风枪孔突然出现一股涌水，泰山压顶般的涌水夹杂着大量的泥沙呼啸而下，整个洞内顿时被震耳欲聋的巨大水声所淹没。不到一个小时,风枪口逐渐被涌水撕裂成一个半米多的扇面,涌水冲刷着泥沙,掏空了岩层,没有了阻挡物的涌水喷射出20多米远。令人惊奇的是,涌水中竟携带着活鱼。原来,这个地方恰恰是山顶上普照寺水库漏斗底部。一时间,歌乐山隧道挖出活鱼的消息不胫而走,附近老百姓惊恐万状,各种流言鹊起,使本来就十分严峻的堵水形势,骤然加剧,紧张得让人们喘不过气来。

职工们扛起沙袋冲向涌水口,堆起沙袋垛,但在每平方米200多吨的强大水压前,上百斤的沙袋如同一片树叶被风席卷而走;指挥部领导决定采用"引水归槽技术",即:先在涌水口安装一个大口径的引水管,把大部分涌水集中起来,然后再打混凝土止浆墙,封闭掌子面。同时把一些小口径水管埋在止浆墙里,让小部分涌水顺着水管流出,在所有管口上都装上闸阀,当止浆墙打好后关闭闸阀,将涌水关闭在止浆墙内。这一切的关键,是把引水管塞进涌水口内。

第五工程队是第四工程公司从各项目部选拔出来的"青年近卫军",骁勇善战。队长向东壮实得如同一辆坦克,走起路来大步流星,虎虎生风。面对涌水的肆虐,他找理发员,把头剃光,其含义不言而喻。全队的职工上行下效,也齐呼拉地"削发为僧"。然后,还进行了有着悲壮意味的宣誓。

队长向东和他的"敢死队"队员们,二话没说抬起4米长,直径26厘米粗的钢管,就冲向涌水口。夹杂着40%泥沙的涌水,迷住了他们的眼睛;不时坠落的石块,砸伤了他们的身躯;震耳欲聋的水啸,堵塞了他们的视听。他们仅仅是凭借着一种勇气和一种灵犀,齐心协力地簇拥着水管与涌水抗击着。手麻了就用肩扛,肩痛了就用头顶,一站就是十几个小时。

青年电焊工赵发明,主要担负着掌子面孔口管的固定和法兰盘的焊接任务。在水中电焊作业,手一接触到锚杆,立刻就感到电流传遍全身。更令人难以忍受的是,在汹涌的泥水冲击下,电焊面具根本无法用上,只能凭感觉操作。因为全队只有他电焊技术最精,别人无法替代,他连续三天三夜不下火线。

向东在接受我们的采访时说:"在那种情况下能往涌水口走去,就是一种勇敢,就是一种牺牲。五队太苦了!全队百十号人,负伤感冒的达100%,从干部到职工,每个人身上都有几处伤痕,人人打过吊针,指挥部变成了急救室。全队在12个日日夜夜里,没有一个穿过干衣服。"

项目经理兼书记陈声铿,想把他们撤下来,休整一会儿。

歌乐山隧道堵水记

向东找到陈声铿说："不能撤！我们不能撤！剩一个人也要把水堵住！"

人物之四：铿锵铁汉陈声铿

当初，他父母为他起名陈声铿时，不知是因为他性格的刚强，还是勉励他今后做一个铿锵铁汉，但大家都承认他的确是人如其名。

项目经理兼党委书记陈声铿，是1968年入伍的老军人，早已到了抱孙子的年龄，但他一天到晚与年轻人比着干。他那瘦小的身躯发出异乎寻常的力量和热能，而补给却是凉开水、冷馒头。他的胃溃疡加重了，剧烈的疼痛使他浑身发软，两手颤抖，他从衣兜里摸出药片，吞下去，对着石壁喝一口山泉……

老伴惦念着他，特地从福建老家来到工地。十几个月不见，竟差点认不出他来了。只见他衣服滚得像泥猴，身子瘦得像麻秆，络腮胡子长得像蒿草，走起路来歪歪斜斜。他走到哪里，老伴就

重庆市、沙坪坝区、歌乐山镇三级政府工作人员和渝怀总指同志察看歌乐山上干涸水库

49

跟到哪里,生怕来阵风把他吹倒,站不起来!

记不清是哪位哲学家说过:科学的发展是以人类奋斗精神为基础的。马克思也曾断言:"谁有更大的勇气和更多的毅力,谁就能取得胜利。"歌乐山隧道堵水防漏的成功,再次印证着这一名言的科学性。

人物之五:指挥长谢敬平和他的指挥中心

中铁十一局集团渝怀铁路工程指挥部指挥长谢敬平,本来就有大脑供血不足的病症,在歌乐山隧道涌水巨大的压力下,常常是彻夜失眠。他睡不着,就干脆一本一本地查着资料,寻找征服涌水的科学途径。他要求指挥部各级领导干部都不断用新科学知识的"钢支撑"来构架自己的大脑,在这场史无前例的"造山运动"中,重塑一个崭新的自我。在很长一段时间里,"堵水"二字占据了谢敬平的大脑空间,"不惜经济代价把水堵住,工期一天也不能延误",是他最经典的两句语录。为了这个目标,他三次到襄樊局机关开会路过十堰家门而不回,父亲在距指挥部3公里的西南医院住院也无暇顾及。他很多时间都在隧道内度过,与职工们一起吃盒饭,同职工们一起探讨堵水办法。

在他这台高速运转"机器"的带动下,各个部位、各个环节好像突然间跨入了一个"新时速",焕发了新的活力。

从局指挥部,从指挥长、总工程师到炊事员……个个都是神色严峻,急急匆匆,看不到扯皮和推诿,看不到消沉和麻木,看不到任何的松散,神经处于高度紧张。在堵水最艰难时刻,局指作出了"歌乐山隧道堵水施工进入'紧急状态'管理的决定"。副指挥长赵高启、袁勇带工作组分头把守出口和进口,现场办公,现场督导。带着工作的疲倦,赵高启多次在小憩的梦中被"水"所惊醒,揉揉眼睛,拿着手电又快速向洞内走去。"水堵得怎么样了?"成了大家见面和电话中使用频率最高的话语,在长达一年的堵水战斗中很难看到领导们脸上的笑容。

水还山

通过对掌子面周围进行超前注浆扩散和凝结,以形成帷幕堵水防漏的原理,早已不是什么科学秘密,在许多隧道也曾试用,但都以失败而告终。是基本原理有误还是操作使用不当?是堵水防漏材料的问题还是注浆深度和角度的问题?是注浆压力不够还是浆液被高压水稀释中和后无法形成帷幕?抑或被山体内的溶洞所消弭?以及

歌乐山隧道堵水记 ━━

山谷风雷动

浆液配合比、注浆压力控制、注浆时间、注浆布孔等等。这些技术问题，就像一座座高峰，需要他们去攀登；就像有一团团迷雾，需要他们去伪存真，还其庐山真面目。

在歌乐山隧道施工现场，笔者见到面目清秀而性格腼腆的第五工程公司项目部副经理张旭东。他说：技术创新的过程，实际是一个不断失败的过程。过去，堵水防漏所用材料大都为双液浆，这种材料虽说凝胶迅速，有着较强的堵水效果，但耐久性差，注浆量难以控制；使用单液浆耐久性好，但不能迅速凝胶。找到了问题的症结，我们又设计了循环注浆设备，并根据不同地质及水量、水压的大小，采取灵活多样的注浆方式，取得了很好的注浆效果。

对堵水防漏材料的摸索，张旭东三言两语就概括了，但实际上即使这么一个看起来并不复杂的问题，他们也经过了上百次的试验。为了掌握使浆液扩散到一定范围的准确的注浆压力，科技攻关小组的同志在涌水喷溅的掌子面连续一天一夜不下火线，皮肤被浸泡得像蜡人一样。

中铁十一局集团渝铁路工程指挥部在保护歌乐山水源的同时，也开发了人力智力资源和精神资源。一项项新技术、新工艺、新设备、新材料纷至沓来。为了让读者了解他们的创新追求，笔者特将

铺架机通过歌乐山隧道

歌乐山隧道堵水记

歌乐山隧道施工主要创新技术抄录于此：

——首次采用综合超前地质预报技术。使用 TSP-202 地震波探测仪，HY-303 红外线探测仪，掌子面地质描述及超前探孔等综合手段，使预报不良地质体位置平均精度达到 94% 以上，有效地避免了塌方及突泥突水等重大地质灾害。

——首次完善了帷幕注浆堵水设备配套技术。在优选国内钻孔、注浆设备的基础上，自行设计加工了制浆设备、浆液混合设备有轨行走式（电动）钻孔台车和注浆列车，大大提高了钻孔注浆效率。

——首次大段落采用全断面帷幕注浆堵水技术。在 2 300 多米范围内连续帷幕注浆，形成了适合多种地质结构，在不同水量和水压情况下注浆堵水的工艺流程，堵水率达到 95%。

——成功地使用了钻孔突发涌水施工治理技术，有效地完成了多次大水量、高水压，不同情况突发涌水的止水。

——首次对隧道岩溶富水区域生态环境进行跟踪监控。在隧道穿越地表 35 平方公里范围建立环境监控网络，对各种水源进行每日观测，建立长期观测档案，以确定隧道施工对水资源的动态影响。

科学，是一根神奇的拉力棒，就像是孙悟空手中的金箍棒，中铁十一局集团渝怀铁路工程指挥部的职工接过这根金箍棒——靠它战胜了涌水、流沙、潜流，创造了月平均注浆掘进 45 米（最高达 81 米）的全国最高纪录。共为歌乐山体内注浆 4 万多立方米，水泥近 2 万吨，水玻璃 8 000 多吨，将 43 次涌水全部成功封堵，为 1 430 米高压富水区筑起了一道帷幕，使宝贵的地下水资源还归山腹。

这条长长的隧道，留满了科学之神的足迹。

2003 年 7 月 7 日，曾参加过歌乐山隧道堵水施工技术咨询会的专家学者，齐聚北京，参加由铁道部组织召开的"歌乐山隧道岩溶富水施工技术鉴定会"。不过，同一个议题，却是两样心情：咨询会上争论不休,如今是众口一词。

全国知名隧道专家、中铁西南研究院原院长、研究员王建宇说:"歌乐山隧道富水区施工技术的开发创新,是我国堵水限排技术的历史性突破,是对隧道传统施工理念的突破,是保护水资源、防止地表沉降、维护生态平衡关键性技术的突破,实现了生态环保工程、社会稳定工程、经济效益工程的统一。为我国山岭隧道施工,特别是类似地质情况和环保要求的隧道施工,提供了成熟的技术和经验,对促进我国可持续发展具有重要的意义。"

专家们一致认为,歌乐山隧道岩溶富水区施工技术,总体处于国内领先地位,其中隧道超前地质预报和帷幕注浆技术达到世界先进水平。

西南交大博士生导师关宝树教授则说:"歌乐山隧道岩溶富水区施工技术的成功,是新世纪隧道及地下工程施工技术的闪光点,在中国铁路建设史上写下了重要的一页!"

盛世大匠造天宫

张天翔

"天宫"屹立天宫殿村

在重庆江北龙头寺地区，万绿簇拥之中，一座银灰色的现代化火车站"宫殿"拔地而起。这个地方，过去是沟壑纵横的荒僻小村，然而却有一个动听的名字——天宫殿村。如今，天宫殿村已更名为天宫殿街道，当地农民已经全部成了城市居民。当他们在宽阔的站前广场上徜徉，仰望如宫殿般巍峨壮丽的候车大楼的时候，可能有恍若隔世之感。

在直辖后建设现代化新重庆的高起点上，怎样用人类最优秀的建筑艺术智慧结晶引领建筑新潮流，怎样在铁路跨越式发展中为重庆建设新地标？在设计和监理部门配合下，中铁一局的建设者以世界五百强企业前瞻的眼光、雄厚的实力，大胆巧借奥运工程"鸟巢"、"水立方"等后现代建筑的奇思构想，以"欲穷千里目，更上一层楼"的壮志凌云，创造了重庆北站这个中国铁路建设史上的新奇迹。

高空俯视，重庆北站外形像坐落在人间一弯巨大的银色月亮，银光四射半球状的造型，传递着太空时代令人遐思的现代气息。

正面仰观，高达27米的候车大厅玻璃墙通体晶亮，弧形的屋顶，银灰的圆柱，流线的造型，传达着美轮美奂像凝固音乐一样的时代韵律。

进入内部，一股强烈的冲击力、惬意的感觉扑面而来，轻巧网状屋顶、透明室内采光、轩敞高大空间、中央空调恒温调控，以及灵巧的电梯、精美的壁画等等，每一处都体现着公共建筑的亲和力。

走上月台，头顶着银光透亮、造型轻盈的无站台柱雨棚，视觉深远辽阔，高站台与列车车厢平行，旅客移步就可上下车，银白色雨棚吊顶与站台麻灰色地砖相辉映，人们陶醉在建设者营造的"人性化"氛围之中。

盛世出大匠，大匠造"天宫"。重庆北站的奇迹是怎样创造出来的？

雄师受命重庆北

迎着新千年的第一缕曙光，国家西部开发重点工程全长625公里的渝怀铁路吹响了全面开工的号角。中铁一局集团公司承担4、

移山填谷

19标段的建设任务，全长30余公里，期间沟壑涧谷密布，地质情况异常复杂，施工难度大，工期紧、任务重，部级控制性工程多，是管段工程的主要特点。

中铁一局集团公司承建的重庆北站枢纽是整个渝怀铁路的龙头工程，是西部地区发展的窗口工程，是连接遂渝线、渝怀线及襄渝线的重要交通枢纽，是新重庆标志性的枢纽车站，是现今西南地区功能最全的铁路枢纽工程，是中国目前一次建成的现代化程度最高的铁路客运站，也是进入新世纪中国铁路跨越式发展的开山之作。如此巨大规模的工程，具有着特殊的政治性、开创性、艰巨性、示范性的沉甸甸的内涵。

重庆北站枢纽由客站、机务段、客车技术整备所组成，占地1 400余亩，总投资7.2亿元，其中：站前工程4.2亿元，站后工程3亿元。主要工程：站前工程人和场隧道4 734米、站场土石方820万立方米、跨线桥2座208米、涵137座1 440横延米、铁路正线4.17公里、站线25公里；站后工程房屋79座7.2万平方米，其中客站房16 121平方米、雨棚56 230平方米、天桥1座2 160平方米、站台铺面3.2万平方米、站区道路3.8万平方米、地下旅客交换厅6 308平方米。客站设计13股道，现铺设11股道，预留两股。机务段铺设15股道，预留两股。客技所铺设20股道。

设计通过能力：近期开行旅客列车54对，其中始发45对，通过9对。远期开行旅客列车65对，始发54对，通过11对。

重庆北站体现着铁道部"跨越式发展"的指导思想。按照国际一流建筑水平设计，其投资规模、国际大都市建筑设计水平、现代化程度等都代表着国内新世纪的新水平。它彻底改变了以前火车站及站房设计呆板封闭的模式，采用了具有现代气息的建筑风格及造型。重庆北站房在内部及外部效果处理上采用了"空"、"透"的设计方案，从站房内装修的视觉效果、进出站人流组织引导和旅客进站上车等方面，更多地体现出一种人性化的设计理念。站台全部采用加高1.25米的高站台，与列车车厢平行，乘客抬脚

建设中的重庆北站

可上列车。站内的无站台柱轻质雨棚，使旅客视觉通透深远，具有优美的现代观感。站前广场设计为地上地下两层，与汽车站、轻轨三号线等交通基础设施形成一个综合交通枢纽体系。旅客下火车后通过地下出站厅即可换乘汽车进入市区。重庆北站的建设水准提升了新兴直辖市的交通建设现代化水平。

披着新世纪的曙光，肩负起党和国家的重托，迎着3 200万重庆人民企盼的目光，中铁一局的万名施工技术人员告别妻儿老小，千里迢迢急奔重庆北站工地，以最快的速度完成机械和人员调迁，搭工棚、建临房、筑便道，共调集各类机械设备400余台（套），新建便道40余公里，新建临房及各种生产房屋4 000余平方米，为大战做好了充分的准备。

这场铁路大会战的重任落在了素来富有创新精神，久经铁路会战沙场，善于大兵团会战的中铁一局集团公司肩上。

盖世英雄力拔山

2001年元月18日，在"为新世纪铁路建设再树丰碑"的号令声中，开始了渝怀铁路全线最具挑战性、最激动人心的重庆北站土石方大会战。

在方圆1 400余亩、逾百万平方米、长度为4 171米丘壑纵横、池塘密布的山地建造现代化大型铁路客站枢纽，首先要移山填壑，造出新站场，仅重庆北站需要挖填的土石方量就有760万余立方米，相当于整条渝怀铁路土石方量的九分之一强。面对规模空前的土石方施工，中铁一局指挥部精密部署：编制超常的施工技术方案，组织一流的生产保障体系，实施严格的奖惩激励机制，强化优质的事先控制功能。对施工场地统一规划，反复比选方案，集中统一协调，土石方施工和挡护施工分层开挖，一次到位，由上到下，流水作业，分段施工，纵横布控。

一时间，往日寂静的龙头寺地区成了主战场，在大气磅礴的施工现场，机械的大合唱响彻山谷，连绵4公里的施工战线上彩旗飘扬，在成排的潜孔钻轰鸣的钻进声中，在控制爆破的隆隆炮声中，大型运输车辆往返穿梭、流织如线，进行繁忙的土石方调配及清淤换填作业，一座座山头被削平，一条条沟壑被填满。在土石方施工过程中，动用挖掘机、装载机、潜孔钻、破碎锤等大型机械共计120余台（套），各类机械操作员650余人，实行人停机不停，24小时循环作业。职工发扬愚公移山的精神，陆续克服了征地拆迁、施工干扰大、道路狭窄、多雨等困难。攻克了地质复杂坚硬、爆破作业量大、安全管理难度大等技术难题。

为保证开挖后站场美观，边坡岩面光爆严格按隧道开挖爆破工艺施作，确保坡率顺直，保证了整个站场几何线条遒劲顺畅。严格控制填筑粒径，严格碾压、检测、平整等各工序，严格"四区段、八流程"土石方施工工艺，确保站场填筑密实度。通过精心组织，不断优化爆破、运输方案，标准化作业，施工进度一再加快，截至2002年12月5日，实际工期不到10个月时间就圆满完成了760万立方米土石方施工任务，同时路基标高达到设计要求，边坡修整成型。

盖世英雄力拔山，英雄就是中铁一局的钢铁汉！

科技创新争一流

重庆北站开阔、宏伟的站场以最快的速度展现在世人面前，这场规模空前的土石方大战全面告捷，获得铁道部渝怀总指嘉奖。

已建成的重庆北站现代化程度高，外形壮观华丽，内部功能齐全，其科技含量之高，建筑工艺之复杂，应用新材料、新设备之多是

站前广场

铁路客站建设史上从未有过的。重庆北站作为全国第一座一次建成的现代化大型铁路客站枢纽，承载着铁路的跨越式发展的科技创新理念，体现了新重庆国际大都市的建筑工艺水准，是铁路客站建设史上的一项科技创举。

重庆北站为双弧双曲线造型，所有梁板柱全部为弧形和曲线。站房候车大厅采用全现浇钢筋混凝土框架结构，屋盖为箱型网架结构，屋面为蓝色夹心彩钢板，外墙为弧形钢架面贴千思板，一层外墙浅色花岗岩贴面，柱为铝塑板包面，候车室及大厅为12毫米厚白色点支式玻璃幕墙及钢混连接结构造型。设计超前新颖，设计标准高，精装修工程多、施工难度非常大。

中铁一局面对诸多科技新课题，深入研究探讨，攻克了一个个难关。站房屋顶采用球形网架结构，屋面铺设具有保温、耐腐、长寿命的夹心彩钢板。面积大(有6 800余平方米)，用料多(需用钢材2 100吨)，精度高(误差不能大于20毫米)，工艺要求高。针对站房屋顶网架和夹心彩钢板铺设专门成立技术攻关小组，从施工组织、安装标准、过程控制，都作了一一详细的安排，与钢网结构生产厂家合作，派技术人员从钢材下料、上网组装等全过程作技术指导，确保了施工质量、进度和精度。技术攻关小组对夹心彩钢板的施工技术进行周密研讨。对抄平放线、固定安装、排水系统的完善作了详尽的超前预想，保证铺设达到设计要求，攻克了新型屋顶施工的难关。

无站台柱雨棚是目前国内铁路客站一项新的施工工艺，安装量达5.6万平方米、耗用钢材3 500吨的无柱雨棚施工科技含量高。中铁一局与设计单位反复探讨优化施工方案，创造性地采用屋面预应力拉索技术。在施工中，每一榀桁架跨度达47米、重量为9吨，对现场拼装及安装质量控制精度要求非常高。中铁一局制定了详尽的科技攻关方案，具体落实到参战技术人员。采用竞标的方式选择施工力量强、技术雄厚的施工队伍参与施工。认真编写加工、吊装施工组织计划。从现场加工钢材构件到运输、吊装、焊接、吊顶、安装铝塑板等工艺环节逐项攻克难关，高质量、高标准地完成了这一新型结构无柱雨棚的施工任务。

中铁一局在重庆北站精装修中，创造性地把新型建筑结构与钢筋混凝土结构结合在一起，用新工艺、新技术、新材料极大提高了重庆北站的内在使用功能，也从外观上给人以庄重和造型别具一格的视觉冲击力。内装修大胆采用新材料，使用各种颜色的微晶石、黑金砂花岗石、爵士白大理石、各色铝塑板、玻璃马赛克、佛莱明戈玻化砖、沙比利木板等，所用材料大部分为国内名牌。根据候车厅不同功能，选用不同材料进行装饰，使候车厅的外观和功能完美统一。重庆北站第一次将"千思板"这一进口新型外墙装饰材料使用在铁路站房工程中。"千思板"是从荷兰进口的一种新型装饰材料，它具有"抗撞击"、"耐刻刮"、"耐磨"、"易清洗"、"防潮性"、"抗紫外线"、"防火性"、"防静电"、"耐化学腐蚀"等特点。重庆地区酸雨严重，这种新型材料的应用彻底解决了外装修耐酸雨的难题。第一次大面积在站房内装饰方面采用了"微晶石"这一新型、环保的装饰材料，"微晶石"具有硬度比天然石材高、吸水率小、耐磨、无辐射、环保等优越性。新技术、新材料、新工艺的大量采用，为中铁一局今后从事更高规格的大型公共建筑积累了丰富经验。

百年大计铸精品

中铁一局建设重庆北站波澜壮阔的施工景象，文明整洁的工地，郁郁葱葱的绿化边坡，优质快速的大手笔，得到全国人大代表和铁道部、重庆市、渝怀总指等上级领导的充分赞赏。

2003年7月26日，铁道部副部长陆东福率领专家团检查工作，专家们看到整个车站打扫得干干净净，铺轨通过的笔直的路基道床、水沟、站台以及挡墙一起构成优美的立体几何图形，混凝土灌注一次成型的高站台棱角分明，水清一色，数百米高站台墙悬空处，居然看不出任何折线，在场的领导、专家们不约而同地发出赞美声。

开工之初，中铁一局指挥部就提出必须高起点、高标准，创新管理，精心施工，确立"一次成优、全段全优、确保部优，争创国优，房建创鲁班奖"的创优规划。把重庆北站作为中铁一局对外的广告、窗口工程，保证全段全优，样板工程达50%以上，精品工程达10%以上，为中铁一局筑丰碑。高起点、高标准、高质量、严要求的建设方针在中铁

盛世大匠造天宫

候车大楼前厅

一局管段深入人心。

　　中铁一局严格遵照 ISO9002 质量标准出台了各种管理制度 30 余项,制定了从局指挥长到一线工人的质量职责、岗位职责、安全职责,使施工生产和各项工作有章可循。局指挥部还制订统一固定格式的质量质统表及程检表,将 50 余项报表内容逐级落实到各部门。通过不断完善施工组织设计,建立健全了纵向到底、横向到边的质量保证体系,严格了安全、质量、进度、管理等系统性管理制度,实施全员、全方位的质量过程控制,形成了管段系统化、程序化、规范化、标准化的施工作业流程,确保了重庆北站建设质量的不断提升。

　　重庆北站路基填筑工程严格控制填料质量,包括粒径、杂质的含量,严格碾压、检测、平整等各工序,严守"四区段,八流程"的施工作业流程,确保站场路基的密实度。加大内部质量奖惩力度,

YUHUAI ZHUANGGE
渝怀壮歌

无站台柱雨棚

每个作业面都配备了内部监理。加大统一检测设备投入,采用目前处于国内领先水平的路基填筑密度设备——K30工程检验车,作为工程流动质量检测站。这种以科技为先导的质量控制手段为重庆北站实现百年大计,争创精品工程,争创"鲁班奖"提供了强大的技术保证。

中铁一局指挥部领导在工地经常说的一句话是:"站后工程质量的好坏是评定中铁一局社会信誉的最后一张王牌"。重庆北站房建工程严格实施四级技术交底模式:第一级由总工程师对各项目队队长、技术主管、质检员、安全员、材料员就总体组织安排,主要施工工艺关键,特殊过程进行交底。第二级为项目队技术主管,对施工流程进行安排,把质量要求及施工工艺向项目队技术人员、领工员、质检员、材料员、安检员进行交底。第三级由项目队领工员向施工班组长及工人进行专业工程交底,交底必须清楚,有记录。第四级是对于特殊施工过程或关键技术由总工程师或经理部工程技术部部长直接进行交底,相关人员参加,一次到位。

中铁一局对每个进入重庆北站的施工人员均要求达到一定的技术等级,尤其是特殊工种工人要有技术等级证书,并在进场前进行技术考核,施工过程中随时对进场的劳动力进行考核,对不合格者坚决调离。在施工中各工序始终坚持自检、互检、交接检的三检制。参战员工"创精品、争第一"的意识越来越强,精心组织,精心施工,精雕细刻,重庆北站及站房工程结构"内实外美",安装、装饰等工程质量受控,连续五年合格率100%,单位工程优良率100%。获得了中国铁路工程总公司安全文明标准工地荣誉,被铁道部渝怀总指树为全线站后工程精品样板。

历时五年的建设过程,面对"非典"肆虐、设计频繁变更导致工期变化、高温、大旱、多雨等种种困难,中铁一局"咬定质量不放松",施工期间没有发生任何质量、安全事故,给党和国家、为重庆人民交出了满意的答卷。

绿色车站创和谐

青山常在,碧水长流。已投入运营的重庆北站植被茂盛,环境优美,到处是一派生机盎然的自然景象。一座"绿色车站"已融入新重庆的青山碧水之中。

中铁一局在开工伊始,就制定了重庆北站的环保水保建设标准,明确提出"开工前青山绿水,完工后山清水秀"的口号。成立由分管生产的副指挥长任组长,总工程师任副组长的环保水保领导小组,严格坚持"检查施工生产与检查水环保施工同时进行,考核施工成绩与考核水环保工作同时进行"的制度。组织职工认真学习《环境保护法》、《水土保持法》、《森林法》等有关法规,提高全员环保意识,增强守法、用法的自觉性。

加强施工过程中的环保工作。在土石方施工技术上努力降低爆速,并把爆破时间限定在早7点至晚22点,把噪声污染限定在最低程度内。挤出资金购买了多台环保型电动扒碴机,一改以往柴油装载机一边除碴一边冒烟的状况,而且基本无噪声,取得了理想的环保效果。施工中弃碴严格按规定的地点进行堆弃,严禁随意倾倒,并按设计要求施作弃碴挡墙。按照"废物利用"的原则,对能够在工程中使用的弃碴都尽快选用。人和场隧道施工产生的所有洞碴全部用于路基填筑,大面积减少了弃碴场地。施工产生的废水严格经过检查,在合格的沉淀池沉淀达标后方排入河沟,最大限度地减少对当地水质的污染。江北客站在土石方施工期间,在4.375公里长的施工便道上,砌筑了1 840立方米浆砌片石来防止水土流失。晴天随时对便道进行洒水作业,避免浮尘污染环境。

中铁一局把绿化施工,建设绿色通道作为施工重点。为做好环保水保工作,投入大量资金、人力做好植草植被工作,反复优化喷植混凝土试验段的施工组织,认真做好边坡岩面光爆,做好虚土、浮土的处理,注重网络选材到铺设质量,做好试验段各种数据的翔实记录。重庆北站所有的岩面路垫边坡绿化采用最新研制的厚层基材绿化工法进行施作。这种绿化施工在取得试验成功的基础上在客站所有路垫边坡全面投入应用,葱绿的植被已长满一片片被削平的岩面路垫,一条绿色通道展现在成千上万的旅客面前。中铁一局还请来园林师对职工驻地进行绿色设计,种草种树,并对生活垃圾进行袋装掩埋处理,维护了驻地环境优美。中铁一局的环保工程获得多方赞誉。

营造流金淌银的热土

刘建平

2006年11月1日上午8时40分，随着铁道部、成都铁路局的发车命令，渝怀铁路首列客运列车——满载着1380名乘客的8906次客车，在中共重庆市委常委、市政府常务副市长黄奇帆和来自社会各界上百名嘉宾的欢送下，从重庆北站隆隆驶出，穿越渝东南地区崇山峻岭，直奔本次列车的终点站——秀山。承载了重庆市三千多万各族群众多年的梦想和期盼，川渝地区的东通路终于插上钢铁的翅膀起飞了！

在渝怀铁路建成通车之时，重庆北站也正式投入使用，站前近6万平方米的南广场和周边道路以精品工程的面貌呈现在人们面前，大量客流迅速聚集，一座座楼盘拔地而起。昔日沟壑纵横的荒僻山村，成为了一块流金淌银的热土！

重庆北站地下层乘客转换厅

重庆北站地处重庆市北部新区高新园天宫殿街道（原渝北区人和镇天宫殿村），占地1 400余亩，总投资7.2亿元，是当今我国一次性建成的现代化程度最高、功能最齐全、设施最完善的铁路客运站，也是西部地区最大、最先进、最人性化的铁路枢纽工程。自2001年1月18日重庆北站破土动工，经历近五年的艰苦奋战，于2005年底竣工交验，实现了一次成优的目标。

按照铁道部工程设计鉴定中心最初批准的重庆北站的初步设计方案，该站最多聚集人数3 000人、建筑面积9 500平方米。而重庆市发展改革委认为，重庆北站地处我市北部新城的中心区域，是今后重庆的重要窗口，应建成重庆的标志性建筑，还要能够代表21世纪铁路工程的新形象。如按此方案建设，可能规模偏小，标准偏低，无法满足重庆经济社会发展的需要。考虑长远需要，建议重庆北站按最多聚集人数不低于5 000人、建筑面积不少于1.5万平方米进行设计，一次建设，以利于运营管理，避免在今后较短时间内就面临更新改造和重复投资的问题。重庆市政府采纳了这一建议。2001年10月，市政府专门就重庆北站的规模和功能问题致函铁道部，阐明市里的意见和要求。同年11月，时任重庆市委书记的贺国强同志和市长包叙定同志与铁道部傅志寰部长、孙永福副部长等领导进行了高层协商。最终部市商定，接受市里建议扩大重庆北站规模，扩大规模后增加的2 700万元投资，由部里承担三分之二，重庆市承担三分之一。同时，要求对重庆北站的站房设计实施概念设计招标，择优选用。这为日后的项目实施奠定了基础。

渝怀铁路建设初期，经重庆市与成铁重庆分局协商，重庆北站站前广场由分局承建。然而，到了2004年9月，在铁道部实施改革，准备撤销全国各铁路分局时，成都铁路局明确表示不再承建重庆北站站前广场。市政府迅即进行了调整和部署，把重庆北站站前广场列为市重点建设项目和民心工程，责成重庆高新技术产业开发区管委会介入建设，各方鼎力配合，按照"特事特办、急事急办"的原则组织勘察设计、资金筹集、工程建设，确保了站前广场及配套工程与重庆北站同步投入使用。

在站前广场和地下交换厅的建设过程充满了艰辛和困苦。这里原是丘陵地带，分布有20余座小山包，挖填方工程量和施工难度大，成本高。同时，与北站工程配套建设的还有军供站、铁路调度中心、邮件转运中心、长途汽车站、站前大道和供水、供电、供气、通讯、排污等众多地下管线，投资巨大，关系复杂。按照市政府"把重庆北站配套设施打造为景观一流、服务一流、管理一流的精品工程"的要求，要在不到两年的时间

营造流金淌银的热土

里完成一系列配套工程,工作量和难度之大,超乎想象。2004年10月,隆隆的炮声拉开了重庆北站配套基础设施建设的序幕。一时间,北部新区天宫殿村机器轰鸣,挖掘机、装载机、推土机忙个不停,巨大的载重汽车来来往往。建设者们顶寒风,冒酷暑,一座座山丘被搬走,一条条沟壑被填平。昔日的山丘被宽阔的大道、广场和现代化的建筑所取代,展现出迷人的风姿。在渝怀铁路开通客运前夕,配套设施投入使用。

重庆北站站前广场总占地面积5.5万平方米,其中地下广场建筑面积3.6万平方米,总投资1.1亿元,是重庆市继人民广场、朝天门广场后的又一个标志性景观广场。采用现代化、人性化的空港设计方式,除提供旅客进出车站和客流集散外,广场还兼有为乘客和市民提供良好休闲环境的功能。广场地下层设有汽车、轻轨、铁路的换乘枢纽,出站旅客可通过地下交换厅近距离换乘,也可通过电动扶梯上升至地面广场疏散,非常便捷、舒适。广场配有社会停车场和商业配套设施,导视系统、电子监控系统、户外

重庆北站出站口

广告等也一并规划设置。现在，重庆北站广场成为了重庆市又一个重要的城市风貌展示窗口。

重庆轨道3号线车站工程也是重庆北站的一大配套工程。为使重庆轻轨3号线与重庆北站有机衔接，充分满足铁路旅客快速集散的需求，体现"以人为本，方便乘客"的服务理念，同时也达到减少未来轨道交通施工对铁路运营的影响以及节约投资的目的，重庆市政府与有关方面协商后决定，轨道3号线车站工程与重庆火车北站工程同步建设。

重庆轨道交通3号线车站工程位于重庆北站站前广场两侧44米宽道路下方，是轻轨重要的节点工程。该车站设计为侧式地下车站，车站总长207米，负一层为站厅层，负二层为站台层，总建筑面积1.2万平方米，同时实施南北区间隧道共500米，总投资1.2亿元。根据重庆市政府与铁道部商定的意见，在铁路出站口设一地下交换厅，轻轨车站与该交换厅及站前广场地下层对应衔接，形成立体换乘关系。这将极大方便乘客，也是全国中心城市火车站中首个建成的近距离立体换乘客运枢纽。

重庆轨道3号线南起巴南区鱼洞镇，北至渝北区江北国际机场，全长约50公里，是贯通重庆市巴南、南岸、渝中、江北、北部新区、渝北中心城区的重要交通基础设施。在渝怀铁路建设期间，该项目尚处于规划阶段。如轻轨站场节点工程不能与渝怀铁路重庆北站同步建设，而是待铁路建成后再来按部就班地施工，将增大施工难度，也不利于节省投资。为此，市里充分研究后，要求市轨道交通总公

重庆北站地下转换厅轻轨通道

司提前组织实施轻轨节点工程。早在2002年，轨道3号线火车客站南通道96米区间隧道就已在市发改委、市支铁办的协调下动工建设并完工。随后，在铁路建设突飞猛进的过程中，却因轨道3号线未立项、资金来源不落实而迟迟未能动工建设节点工程。到2005年3月轻轨节点工程最终确定采用BOT方式引进中铁隧道集团进行建设时，重庆北站铁路的13条股道、6个基本站台及进出站通道已全部完工，重庆北站候车大楼的玻璃幕墙和其他装饰工程基本完工；地方负责建设的站前广场及地下交换厅也进入施工高潮。在整个天宫殿区域，共有十余个施工企业在热火朝天地干活。对轻轨工程的建设，铁路施工单位顾虑很大，因为轻轨节点工程位于火车站地下，且要以隧道方式穿越站台和铁轨，在施工过程中爆破、挖掘所产生的震动既可能会危及重庆北站候车楼及相关设施设备的安全，也可能危及运送铁路物资的机车运行安全；加上重庆北站及站前广场区域，施工单位众多，道路狭窄、坎坷，施工组织本来就非常紧张，再增添轨道节点工程施工所需要机具设备和人员进驻，施工要进行爆破、占道、除碴，肯定会增加更多困难。重庆市发改委多次会同有关方面研究轨道工程设计施工组织方案，做了大量艰苦细致的工作争取各方面的理解和支持，促使各方达成一致意见。重庆市轨道交通总公司和中铁隧道集团派出精兵强将进驻轻轨节点工程工地，精心组织，优化施工方案，采用先进工艺确保铁路站房和设施设备、机车运行的安全，努力克服各种困难，硬是在三个月的时间里啃下了这块硬骨头。有人说，在重庆北站地面构筑物基本完成以后再来进行地下轻轨车站施工，好比是"瓷器店里耍大刀"、"螺蛳壳里做道场"，难免出事故。然而，在轻轨节点工程的整个施工过程中，紧邻的重庆北站站房的玻璃幕墙无一损坏，区间404米地下隧道无一处垮塌。十余家施工企业配合默契，相互支持，圆满地实现了目标。

　　回首重庆北站及区域配套设施建设过程中的风风雨雨，在美轮美奂的景观中，凝聚着决策者、建设者和协调者的心血和汗水。

长江劈波正青春

刘家华

长寿大桥是渝怀铁路上跨越长江的一座特大桥,桥跨布置为:(2×24+3×32)米预应力混凝土简支梁+(144+2×192+144)米下承式整体节点连续钢桥梁+2×32米预应力混凝土简支梁。作为整个线路的十大控制性工程之一,其施工难度十分巨大。

从2001年开工以来,在长寿这里锁大江、斩急流的中铁大桥局的建设者们充分运用他们的聪明才智,洒下无数辛勤的汗水。如今,长寿长江大桥已经傲立于滔滔江水之中。

让我们将日历向回翻,再回首、再品味那些让人激动不已、热血沸腾的岁月吧!

逆水行舟,青年一马当先

承担长寿长江特大桥施工的,乃是中铁大桥局集团旗下的第五工程有限公司。五公司从1997年初入重庆市场建筑的大佛寺长江大桥,到后来的马桑溪长江大桥、长寿龙溪河大桥,建成了一座座桥梁,在重庆乃至西南这块热土上,树起了一块块丰碑。

时针指在了2001年2月——渝怀铁路正式上马之时。地点则是长寿县的扇沱乡,一个群山环抱的小镇。这一次,他们面临的是更为险恶的地形,更显难度的环境,更见大桥局打硬仗、创精品传统的战役。自从接到任务开始,五公司上下就没有半点退缩的念头——相反他们喜欢挑战,也有能力向困难叫板。正如中铁大桥局集团公司的企业精神"跨越天堑、超越自我"所言那样。不管是老职工,还是年轻后生,都将这句话铭记在心,视为企业生命之魂。

十万火急!事情比常规可以预想的还要糟糕!当渝怀铁路其他工地热火朝天地大干的时候,作为十大控制性工程之一的长寿长江特大桥,却因计划方案问题,设计图纸迟迟不能到位,难道要坐等图纸?

不。身为大桥局集团公司渝怀指挥部指挥长的刘崇梁深感压力重大。他慷慨陈

长江劈波正青春 ——

渝怀铁路
长寿长江大桥

词："现在，更大的困难到来了！虽然图纸未到不是我们的过错，但是渝怀铁路通车目标工期已定，我们决不能让大桥局修建的长寿长江特大桥拖渝怀线的后腿。大桥局没有拖后腿的传统！"

对应这激动人心的讲话，五公司重庆片区指挥部指挥长兼长寿桥项目经理朱云翔誓言，长寿桥要"加大投入，统一思想，打一

1　钢围堰浮运到位
2　深水桥墩施工

$\frac{1}{2}$

74

场攻坚战。"于是，五公司大队精兵强将在朱云翔的带领下，迎着汹涌的长江水，浩浩荡荡开进了重庆市长寿境内。

山城的冬天，寒风凛冽。初到桥址的扇沱乡现场，看到的是这样一幅场景：长江波涛汹涌、水流湍急，两岸山高谷深、地势险峻。机械设备进场，根本没有现成的路可走。

"怎么办？自己干。"朱云翔指挥长一声令下，干部职工与协力队伍一起出力，用人力战天。当时的项目部，老职工少，青年职工们一马当先，硬是靠人抬肩扛，棍撬绳拉，把几十吨机械设备运下陡峭的山坡，安全运送到位，年轻人们硬是以蚂蚁搬家的精神，把困难踩在脚下，用铁肩扛出了外人难以置信的奇迹。

施工现场狭窄，根本没有"场地"一说。经过严密的地形勘察，项目部着手在北岸简易村道的基础上修建了混凝土路面通道，在南岸凿开了运送材料的石梯，还修筑了直通码头的道路，然后再搭起简易平台才算有了堆放材料的场地。既方便了自己，也造福当地老百姓。进驻没有几天，施工便道、施工栈桥、两岸混凝土工厂和"三通一平"等一切准备工作进行得有条不紊。

在图纸未到的情况下便提前进行施工栈桥这种大型临时设施施工，要担很大风险。困难虽大，但对于项目部的技术力量来说，是在可控制范围内的。大桥人有着长期施工经验培养起来的自信，有长期积淀的技术实力做保障。白纸上画画，是以经验和技术为后盾的，绝不是盲干。

开春三月，公司的旗帜在长寿长江两岸猎猎生风，分外鲜艳！此时，一个宏大的目标摆在了年轻公司成员的面前：开工必优，一次成优，确保部优，争创国优，最后夺得"鲁班奖"。

一座大桥的诞生过程真正开始了。

这支青年突击队中的绝大多数成员就是五公司长寿大桥项目部的中坚力量。在这里，年轻人完全具备了独挑大梁的能力。项目部的管理核心层绝大多数是青年，副经理王海南、杨云川，副总工程师李芳军等人当时都还不到30岁。现场的青年人更多，

渝怀壮歌

项目部上下一百余人中经常战斗在一线的仅仅五六十人,而这几十个里面又大多数是二三十岁青年人才。余绍兵、付志刚、陈杰明、罗志雄、盛焰华、吴强、孔维贤、查春生、上官科峰等名字越来越响亮,这些优秀技术人才都是近几年培养起来的。

项目部的年轻"头头"

很难相信长寿长江大桥这样一座特大型桥梁的经营管理和技术负责层居然是由绝大多数在30岁上下的青年技术和管理人员在唱主角。下面是一部分管理人员的简况:

李德坤,公司副总工程师兼项目总工程师,本科学历,36岁;

王海南,项目副经理,本科学历,30岁;

杨云川,项目副经理,本科学历,29岁;

李康凡,项目副经理,本科学历,36岁;

一桥飞架

李芳军，项目副总工程师，本科学历，26岁。

以上截至2001年底。其中副总工李芳军是在整个公司数得着的几个在20多岁就当上老总的年轻人之一。

长寿大桥项目部主要管理人员都是既年轻又有丰富实际工作经验的新生代。可以毫不夸张地说，他们既是身经百战的一线领导，又是在技术上、管理上代表新方向的青年才俊。

李德坤，这位1988年毕业于西南交通大学桥梁专业的公司副总工程师，十多年前就赢得了"爱啃'骨头'的秀才"的美名。他在重庆先后解决了大佛寺桥主塔爬模施工、主梁牵索挂篮施工、大型斜拉索的挂设安装、主桥合龙段施工、引桥T梁制造及安装等难题。同时，身为公司副总工程师，他还主持重庆片开发投标施工组织设计工作。长寿长江大桥开工后，又兼任总工程师，这么高强度的工作加在他一个人的身上，他不仅毫无怨言，出色地完成各项工作，而且还言传身教，带出了一大批年轻的技术骨干。他为此所做出的牺牲也是巨大的，三年来日复一日地繁忙工作，他仅仅休过一次探亲假，晚上12点前极少离开办公室。公司在重庆的市场越做越大，他头上的白发却越来越多，眼眶越陷越深。由于长期在一线工地，他渐渐染上了一种皮肤过敏症，每当灰尘多的时候皮肤就会钻心似地疼，发红、起泡。他天天靠草药勉强止痛，不愿意离开繁忙工作的第一线！

二十五六岁的年纪，毕业三年左右便成为项目副总工程师，这在计划经济时代是不可想象的事，即便在20世纪80年代乃至90年代初都是少有的事，而这在李芳军身上成为了现实。1998年从长沙铁道交通学院毕业的他，在26岁的年纪便成了长寿大桥项目部的副总工程师兼设计组负责人。从学生时代就开始养成了一种少说多做、踏实好学的习惯，作为技术负责人的李芳军，对工作认真负责、一丝不苟。他认为当技术负责人首先是要在技术上有一套，能跟上时代。在设计组，小青年们最怕李副总亲自审图纸，因为他可能一眼就可以看出某些"小"纰漏。作为主要的技

重庆造船企业制造的双壁吊箱钢围堰

术负责人，他经常是项目部、工地两头跑。常常可以看见，刚才还在设计室干干净净的他，几个小时后回来，白衬衣变成黄衬衣，眼镜也不再是明亮的眼镜——水泥浆溅得他脸上、眼镜上到处都是，也顾不上擦一下。

在长寿大桥施工现场，稍微留心便可以经常看到一位穿着满是油污的衣服，对讲机常不离手，每天10多个小时"泡"在工地上的青年人，他就是项目部副经理王海南。在长寿桥工地，还不到30岁的他看起来比实际年纪大得多，翩翩少年成了胡子拉碴、面色黝黑的"粗人"。

另一位副经理杨云川也是相同的年纪、类似的经历。作为新一代项目经理，除了抓管理，他还爱啃技术难题，爱钻"牛角尖"。在围堰浮运到位，开始施工平台钻孔时，杨云川配合总工程师李德坤精心组织、合理安排钻孔桩位，在施工平台上同时摆上两台旋转钻和三台冲击钻，大直径钻孔桩要用清水反循环钻孔。同时采用大直径钻孔桩钢筋笼用胎具定位，保证使沉渣厚度远小于国家规定，确保了钻孔桩的质量。春节期间正是长寿大桥水中墩施工高度紧张的时刻,杨云川身先士卒,把自己宿舍里的被子搬上了船,同职工吃住在一起,连大年三十也没有和来探亲的妻子和孩子吃上一顿团圆饭。

长寿桥主桥6号、7号墩都位于长江运输繁忙的黄金航道,水深流急。河床底部覆盖层浅、卵石粒径大(最大超过1米),洪汛时水深最高达60多米,枯水期最高也有30余米,而且暗流旋涡很多,施工难度罕见。

由于设计图纸的滞后,要确保工期,已经不可能按原总工期35个月、水中墩两个枯水期的计划完成了。一个枯水期出水的重担压在了大桥人身上。于是,项目部成立了以朱云翔指挥为小组长的"水中墩施工方案"QC攻关小组。这期间,大家总是可以看到项目部总工程师李德坤经常忙忙碌碌往返于工地、指挥部和设计院之间。李德坤和技术人员在认真分析桥址水文情况,进行详尽的数据计算和紧张的方案研讨后,决定打破常规。他们提出:运用双壁吊箱钢围堰方案。

双壁吊箱钢围堰优于双壁钢围堰之处在于,可以在工厂整体加工制造,最后浮运就位,工期缩短;在围堰外形上做成圆端形,宽度为20米,减少了阻止水流的面积,利于通航;又因其带底板结构,不需沉入河床,施工难度减小;两种议案用钢量比较接近,但因其可以节约2万立方米混凝土,运用双壁吊箱钢堰更加经济。

优点是明显的,因此有很多专家表示赞同,觉得既有创新又实用,可以尝试;但由于实际施工经验为零,也有专家持反对意见,觉得在水深流急的长江上游采用这种方案是不可能成功的。曾有一位老专家说:"如果你们大桥局双壁吊箱钢围堰施工成功,我这辈子算长了见识。"

经过反复研究、论证,专家组拍板,决定采用双壁吊箱钢围堰施工方案。

双壁吊箱钢围堰一次浮运到位。它自重650吨,将6根主体桩钢护筒与围堰形成一体，既作围堰又作平台进行施工。其设计独到之处就是有了吊箱的功能，可以大大节省建立水上平台的宝贵时间，简化了工序。方案构思新颖，匠心独运，开创了我国长江特大桥深水、大流速、浅覆盖层基础施工的先例。后来水中墩的及时完成可以证明，双壁吊箱钢围堰施工是极其成功的，它填补了国内双壁吊箱钢围堰使用的空白。

神奇的大桥人，在这里创下奇迹。

工地上的"青年近卫军"

在一线，很多都是参加工作才一两年的人在主持大局。在实验室，青年人占据了半壁江山，而设计组根本没有一个30岁以上的技术员。甚至还有许多岗位都是近两年毕业的大学生。年轻人在这里可以充分展示自己，贡献青春。有人说，要写爱岗敬业的文章，不用找别人，宁奇就是现成的典型。1998年毕业于西南交通大学的宁奇到公司参建的第一座桥是重庆的长寿龙溪河桥。那时的他一到工地，就钻研起了技术。"聪明却踏踏实实，好学又为人和气"，是人们一提到他就会脱口而出的评语。正因如此，组建长寿大桥项目部时老总们毫不犹豫地点了他的将。大战水中墩的日子是项目部的所有人难以忘怀的日子。6号、7号墩是最难啃的骨头。项目部分配一批精干的工程技术人员在墩子上坚守，时任经理助理的宁奇被派任责任区负责人，主要驻守7号墩。上墩后，他一天到晚都出现在最忙最紧要的地方，安排施工，检查质量安全，并负责技术工作。他和工人们一样，吃住全在船上，有时候一连几天寸步不离开墩子。最苦最累的时候，他从没有半句怨言，哪怕是埋怨老天的话都没有，他只是默默苦干。少说多做的他一点也不像经理助理，倒是被外面的人误认为是民工，因为他有同样的"民工"肤色，穿着同样脏乱的衣服。这样，宁奇用自己的行动把墩上职工们团结成了一个整体。

"建一辈子桥梁，住一辈子工棚，吃一辈子食堂，当一辈子牛郎。"这一句概括桥工生活的话语，充满建设者的自豪，也饱含几分辛酸。宁奇的爱人就在项目部实验室工作，虽然近在咫尺，却照样存在"牛郎织女"的现象。两年前，蜜月生活就是在工地开始的。到现在他们住在从老乡那里租来的房子里，繁忙的工作使他们见面时间不多。大年三十，和大家在船上吃了顿团圆饭，他和同事们又全身心投入到工作中去了。新婚

高空作业

的妻子只能和他隔江相望，在思念中等到新年的来临。

在6号墩上，主要技术负责人查春生在合理安排调度，做好技术保证工作的同时，巧动脑筋，克服了许多实际难题。刚开始的时候，工地上没有围堰设计施工平台的56工字钢，他通过计算将56工字钢改用废料36工字钢再加焊加劲板，既节约了钢材，又抢出了工期。在6号墩大干的那段日子，他一面搞技术指导，一面亲自上阵参加体力劳动，丝毫不让他人。

机电班长李拥军，工作有股子虎劲，人称"虎队长"。在项目部作业间搭建的初期，由于当地电力线路混乱，地形复杂，一切都是在空白上新建，电力供应难度很大。工作量大，人手不足，还要到处跑着布线，他每天都是顶着昏沉沉的头咬牙坚持，很晚才收工。有一次下暴雨，雷电将电梯、塔吊全部击坏，为了保证工程进度，不影响主梁上正常装吊工作，他带领一名电工，毅然爬上塔吊标高200余米抢修，一干就是几个小时。水上施工，照明、动力都离不开供电，到处需要他，到处见得到他，他这一块的工作从没有落下过。

装吊工吴雄斌，有一次妻子从长沙远道而来，想看望一下丈夫，却一连三天都没有见到他。妻子十分担心，为什么几天不见丈夫呢？难道他出了什么事吗？直到第四天，妻子终于见到了日夜思念的丈夫，"谜底"才算揭开了。原来因为工程实在太紧，忘我工作的他一直呆在墩子上，连续三天都没有下来过。

"危难之处显身手"，在长寿桥施工最艰难的时候，涌现出了许多像他们这样感人的青年。

那段日子，青年技术员们和民工一样，吃要靠食堂送饭，睡就在船上随便弄个地铺。有的人竟是连续两个多月没离开过墩子。春节本是亲人团聚的日子，而此时正值长寿桥钻孔桩施工高峰时期，没有一个提出回家过春节，大年三十大家在船上吃了顿团圆饭，马上就在当地群众的辞岁鞭炮声中接着干。这样，原本要两个枯水期才能完成的水中墩基础施工奇迹般地在一个枯水期就被稳稳拿下，确保了工期。同时也保证了质量，经检测，水中墩钻孔桩100%合格，绝大多数优良。这些优异的成绩，得到了铁道部领导及渝怀总指的表扬，铁道部有关领导和专家多次视察长寿桥，对长寿桥的质量和进度给予了充分的肯定。

赢得了水中墩施工的漂亮一仗，紧接着英勇的建桥青年们又斗志昂扬地投入到下一场攻坚战——整体节点钢桁梁的钢梁架设工作中去。他们那样自信，那样实在，那样默默无言地奉献，他们永远是最可敬、最可爱的人！

迎着朝阳的青年

2001年12月的广州。大桥局第22次技术成果交流会在这里召开，到会的大都

千寻铁臂舞大江

是各单位的业务精英,所谓强手如云。有一位青年的发言让大家眼前一亮:

"桥梁的外观质量问题常常容易被忽视,但它是影响到我们继续开拓市场的重要因素。希望所有关注大桥局集团命运的同志一起来探讨一下这个问题。下面,我代表五公司长寿项目经理部低标号素混凝土 QC 小组来宣读我们的研究论文。"

这个精干的青年有着大桥人特有的古铜色皮肤和坚毅眼神,瘦削的脸庞写满了自信。他就是盛焰华,一个朝阳般的青年技术员。在现在的长寿桥工地上,盛焰华是个颇有些名气的小秀才。每当提起这个名字,老共产党员岳宝山总是用他最朴实的语言称赞:他是个好小伙子。话不多,但胜过千言万语。作为去年才参加工作，接手的第一个工程就是这样的特大型桥的年轻人，得到这样的评价实在了不起。

白家湾桥是他初试锋芒的地方。这是长寿长江大桥北岸的一段附属性桥梁。按照设计，桥全长271.8米，桥跨布置为8段32米的简支梁。桥的难度不大，但是由于除1号墩外的其他几个墩都为明挖扩大基础，设计为托盘式矩形墩身，采用低标号的C15片石混凝土，使外观控制很难掌握。业主对桥的外观要求越来越高，是不容回避的事实。白家湾桥要搞好，外观控制很重要。

6月底，盛焰华一来长寿就被派到了这里。虽然只是见习生，但是他没考虑太多，一到工地上就不断地观察，不断地学习。他敏锐地意识到了外观控制问题，爱开动脑筋的他马上向有关领导提出了一个大胆设想：成立一个TQC（全面质量控制）攻关小组。项目部迅速行动，组成了7个人的TQC小组，在这个由朱云翔指挥长亲自挂帅、李行坤总工等专家组成的小组中，21岁的盛焰华是最年轻的小组成员。

这个小组积极开展TQC活动，平均每月要在一起学习研讨2~3次，组员们都能熟练掌握TQC知识。混凝土浇注前，小组成员对有关施工人员进行技术交底，反复说明外观质量的重要性；将外观质量控制环节进行分解，实行专人负责，并分别设立执行人和检查人，这样就能在施工进行的同时将问题解决。经过两个PDCA循环，到2001年9月，白家湾大桥的2、3、4、5、6、7号墩全部顺利完工。

盛焰华作为刚来的见习生，全程参与了桥墩浇注的执行、监督工作。在经验丰富的老总面前，小盛毫不怯场，运用自己的勤奋和知识初步展现了一个年轻技术员的风采。

2001年12月初，白家湾大桥由于其墩身全部优良的质量和自然美观的外表，赢得了渝怀铁路"精品工程奖"。这荣誉让年轻的他初尝了胜利的喜悦，使他更自信，更有干劲了。由于他的良好表现，紧接着领导将他派到了长寿大桥著名的7号墩上面。这个墩子一共只有两名技术员，一个是小盛，一个就是经理助理宁奇。和爱岗敬业的宁奇一起工作，小盛学到了很多东西。自信的他一点也不自负，有不懂的问题他总是向有经验的人请教，不管是年轻技术员还是老职工。墩子下面就是滔滔长江，水性不熟的他每天都要工作到两三点钟，就连考虑害怕的时间也没有，哪里还顾得上其他。作为水上施工骨干技术员，他在外面过的第一个春节，就远离亲人和朋友，奋战在长江大桥施工第一线上。在自己的日记中他说，这是他过得最有意义和最有价值的一个春节。水上的日子,他学到了很多东西,付出了更多努力,人也更成熟了。

机遇是一匹飞奔的骏马,当你朝着理想进发时,它随时都有可能从你身边掠过。庸者会视而不见或者犹豫不决,错失良机;而智者会抓住马背,策马前行。

小盛就是后者,他爱动脑子,喜欢钻研,常及时总结一些施工技术,而不光是在繁忙的日常工作中埋头苦干。白家湾桥外观质量控制取得了成功,经验极其宝贵。在有关领导支持下,他开始着手就该桥的低标号混凝土外观控制技术撰写小论文。有亲身参与的经验,加上领导的指点,论文几易其稿,很快就出来了。

11月,公司一年一度的技术交流会上,这篇题为《桥梁低标号素混凝土外观质量控制》作为交流论文之一在大会上宣读。当专家们看到出席会议的是个非常年轻的小伙子时,都有些意外。他没有怯场,而是以他一贯的自信作完了发言,并大胆参与了讨论。接着这篇论文又被公司选送参加了集团公司在广州举办的技术交流会,并且获得二等奖。2002年初春,论文被铁道部主办的期刊《铁道建筑》发表,于是他又马不停蹄地赶到北京参加了会议。

荣誉带给他的是自信和动力。他又先后撰写了《重庆长寿长江特大桥双臂吊箱钢堰施工》、《长寿长江特大桥大直径孔桩施工》、《长寿长江特大桥6号墩水下封底混凝土施工》等好几篇论文。这些论文让盛焰华这个名字渐渐为人熟知。

学习,是他不断前行的动力。每天,他在工作十几小时之余,坚持读报读书。当地很难买书报,但只要一有条件他就会买几份报纸,并订阅《铁道建筑》、《钢筋混凝土结构》等专业期刊。他工作认真负责,和同事们密切配合,虚心向老工人请教,总是第一个出现在工地。他依旧自信。"别人可以做到的,我一样行",他说。他很年轻,就像工地可以看见的灿烂朝阳一样。他的道路,布满阳光。

建桥劲旅战乌江

陈树青 李仕兵 赵其勇

乌江涛头舞战旗

乌江，是一条桀骜不驯的河流。当年中国工农红军突破乌江天险，创造了战争史上的奇迹。今天，当渝怀铁路的进军号角吹响，我们的筑路大军与乌江天险狭路相逢，不仅跨过乌江，而且是三跨乌

建设中的涪陵乌江大桥

江,这在中国铁路建设史上还是第一次。而这三跨乌江由一个企业承担施工,不仅体现了铁道部对中铁十三局集团公司的信任,更说明中铁十三局集团公司在桥梁施工技术上的实力。

三座乌江大桥,其中两座主跨128米,一座主跨168米,这3座大桥有三大共同难题:墩身高、跨度大、基础地质差。乌江大桥建设能否成功,关系到中铁十三局集团公司的荣誉。因此,中铁十三局集团公司高度重视,集团公司领导从三座大桥的组织领导、方案设计到队伍选择都十分慎重,进行了专题研究。为配合科技攻关,集团公司请出了已经退休的桥梁动力设备专家李范山和桥梁施工技术专家花成义作技术顾问,请享受国家政府津贴的高级工程师罗琳晶负责安全质量监控。集团公司董事长文普津、总经理王学伟、副总经理谭振武等领导也多次到现场检查指导工作,听取专家意见,现场拍板解决施工中遇到的难题。集团公司渝怀项目指挥部指挥长吴焕通、总工崔淑斌、副指挥长张德伟直接主持并参与施工方案的设计和组织实施。在确定方案时,邀请中国铁道建筑总公司、铁道部第二设计院、渝怀综指等单位的专家对方案进行论证,中国铁道建筑总公司副总经理兼总工程师、国家有突出贡献的桥梁专家夏国斌也数次前往工地作技术指导。为了在枯水期抢出水中6个主墩,项目部及时组织了大干150天的社会主义劳动竞赛,召开动员会、誓师会,与各公司签订了军令状,倒排工期,实施奖惩,及时兑现。还组成了由指挥长吴焕通和副指挥长张德伟分别带队的科技攻关组蹲在工地实行具体帮助指导。除夕之夜,指挥部领导将饺子、酒水送到工地,对现场施工人员进行慰问,有力地激发和调动了职工大干的积极性。

乌江水位在汛期暴涨暴落,水位变幅达30~40米,最快时1小时涨2米。过去冬春季节处于枯水期,这一年气候反常,从上年10月下旬至次年3月中旬,遭遇了3次历史同期罕见的洪水袭击,给水下部位的施工带来极大困难。

一处西南公司渝怀铁路黄草乌江大桥项目部承担施工的黄

渝怀壮歌

YUHUAI ZHUANGGE 1st.

建设中的黄草乌江大桥

草乌江大桥全长410.65米，墩身最高达56米，大桥主跨为168米，双线预应力钢筋砼连续钢构梁，是中国铁路桥梁第一跨，受到铁道部、设计院和桥梁界专家的特别关注。项目经理张文辉、副经理姜明秀、总工蔡伟放、书记张春福等项目部领导班子成员深知自己肩上的责任重大。队伍上场后，做了大量的前期准备工作，请李范山、花成义、谭振武、吴焕通、崔淑斌等专家和领导到工地，提出了很多意见，确定钢套箱、钻孔桩等施工方案，后经专家们反复论证，打了一个试验桩，同时避开洪水，采取备用措施，调了4台钻机，于2001年9月，根据两个水中墩的特点，用钢围堰筑岛，压浆止水。10月1

日正式开始桩基施工。时间就是胜利，工地上彩旗招展，员工们争时间抢速度，项目部3天评比一次，对进度前三名的作业组发给奖金，现场播出获胜者的名单。员工们在井下穿着雨衣，冒着滴滴答答的渗水作业。每次爆破后，技术人员都要下去检查，然后除碴灌注护壁进入下一个循环。在中间经历了一次特大洪水的情况下，经过百日大干，终于抢出了桩基础。采取循环水降温、低水化热水泥、电子监控等措施，在10天内将3号承台1 670方混凝土灌注完毕，终于攻克了基础施工难关。在黄草乌江大桥，工程技术人员敢于创新，在压浆止水、自制龙门吊用于大孔径嵌岩桩除碴、自制翻模、600米长距离混凝土输送带及混凝土循环电子控温等方面，在一系列施工工艺上都有创新和突破。

一处西南公司渝怀铁路下塘口项目部承担的14标段下塘口乌江特大桥全长703.95米、下塘口三线特大桥长573.06米，是铁道部渝怀总指的重点工程项目。下塘口乌江特大桥主跨为128米大跨度双壁墩预应力砼连续钢构梁，是三跨乌江最长的特大桥，被铁道部渝怀总指定为重点难点工程、铁道部科技攻关项目。

一处西南公司是2000年元月在内昆铁路项目部的基础上组建成立的区域性公司，从内昆铁路转移到渝怀铁路后，实行公司和项目部结合的管理体制，由副处长兼公司经理李强主管全面工作，公司党委书记肖德林兼项目部书记，副经理于则彬兼项目部副经理，公司总工刘长海兼项目部总工。下塘口乌江特大桥墩高跨大，科技含量高，技术复杂，有3个墩受水位影响大，如不采取果断措施，将难以抢在洪水前面突出水面。集团公司董事长文普津、总经理王学伟、副总经理谭振武来到工地检查工作时，对下塘口乌江大桥的工期滞后感到担忧，提出了采取果断措施加强整改、加快进度的要求。集团公司项目指挥部组织召开专题会议，确定了4月底将主航道两个墩抢出水位的施工方案。

3月中旬，一处西南公司对施工方案进行了调整，并实行了公司与项目部分离的管理机制。公司经理李强、项目部经理蒲旅行每天跟班作业到半夜一两点钟。书记肖德林身体不太好,每天拄着拐棍到工地。总工刘长海严格控制质量,对施工中出现的问题及时召开技术分析会,使工程质量始终处于正常监控之下。公司、项目部领导认识统一,心往一处想,跟班作业,现场办公现场解决问题。经过一个多月的艰苦努力,两个难度最大的桥墩便进入了快速有序的施工循环。

四处北方公司承担的涪陵乌江大桥全长405.35米,最大跨度128米,最高墩身72米,是乌江大桥中最高的桥墩。仅梁下部施工就有三大难题:第一是基础施工难,36米深的钻孔桩,在22米深处有一个溶洞;第二是深水施工难,6号墩基础在一个70度的斜坡上,一面是山崖,一面是河水。专家预言,这个墩可能要耽误工期一年;第三是机具材料运输难,靠公路的一面是坡,对岸是悬崖,工程材料完全靠缆索吊运输。

四处北方公司涪陵乌江大桥项目部领导班子由处副总工程师兼项目经理曾凡敏、副经理孙军(后又何贵昌接任)、总工李朝智组成。这是一个勤奋务实的领导班子。针对大桥的施工难题,他们在"确保部优、争创国优"的前提下,从企业的效益出发,对机具设备、施工工艺进行技术革新。首先确定了攻克江中主墩的施工方案,多次请专家论证,最终确定了抛填片石筑岛围堰的方案,基础开挖中采用化学注浆止水方法。工程技术人员经过攻关,自行设计摇臂扒杆,加快了基础开挖进度,仅用一个半月便完成了基础开挖,比原计划提前20天。基础混凝土灌注过程中,由于大体积灌注,加上基坑四壁渗水严重,给混凝土灌注带来较大困难。针对这种情况,曾凡敏提出在岩壁四周挂接水槽并加锚杆喷砼护壁的办法,有效地制止了基础砼渗水,保证了砼质量。在大体积砼灌注中,采用在砼中加循环水管的方式,降低水泥水化热引起的砼内外温差。工程技术人员与铁道建筑研究院联合攻关,设计制作了高墩施工翻转模板,解决了高墩施工模板倒用的难题。为便于材料及小型机具过江,他们利用两边地形条件,自行设计安装了两台8吨缆索吊,保证了物资设备运输。他们还自行设计了万能杆件拼装爬梯代替工业电梯,使操作人员上下楼梯时间每次节约15分钟,并节约投资40余万元。经过项目部全体人员苦干加巧干,墩身突出了水面,大桥高大雄伟的英姿已经耸立在乌江上空。

当中国铁道建筑总公司总经理王振武来工地检查指导工作时,看了大桥工地后感慨地说:"现在建桥多壮观多宏伟,十三局在建桥上是很有经验的,我看了三座乌江大桥,进展都比较顺利,你们不愧是一支建桥劲旅。"

赤子报国献丹心

"干一项工程,树一方信誉,立一座丰碑。"这是中铁十三局集团公司为西部大开发立下的誓言。在施工中,他们利用路基或隧道弃碴为学校填地基、帮村民造田、给希望小学修路。一处西南公司在下塘口三线大桥修施工便道时,为下塘村修公路7公里,使这个世世代代封闭的山村第一次通了公路。五公司所在的石沱镇没有路灯,项目部出资3万多元为镇里装上了路灯。人过留名,雁过留声。他们的行为受到当地政府和村民的高度赞誉,留下了传诵久远的好名声。

去年4月,正在工地旁边的乌江里洗衣服的13岁女孩邹淑,不小心滑进江里,四处北方公司副经理孙军水性不好,还患有糖尿病,当他看到女孩落入水中,毫不犹豫地跳进江中,把女孩救了起来。女孩被救起来后,村里敲锣打鼓送来感谢信,涪陵区支铁办作出了向孙军同志学习的决定,电台、电视台和报纸都作了报道。春节期间,小女孩和父母一起来给救命恩人拜年,孙军得知邹淑家庭困难,校服被江水冲走后穿着破旧的衣服上学,便拿出身上的100元钱让她去买一套校服。

一队书记刘保安,原来是医院医生。来到渝怀线后,他看到职工看病要到十几公里外的涪陵医院,不但耽误时间,而且药费很贵。经请示处里同意后,由项目部出资5 000元办了一个工地诊所,他在完成本职工作外,义务给职工看病,药品按照医药公司批发价收取,工地经常出现的跌打损伤之类的小毛病,他按摩好分文不取。当地一个村民坐骨神经痛,花了不少钱都治不好,刘保安给扎了6天针灸,那村民说:"刘书记,我这个病被你治安逸了。你要多少钱?"刘保安说:"我给你做针灸没用药,分文不取。"那村民感激不尽,逢人就说:"刘书记真是党的好干部啊!"

十三局管段25公里,每一公里都有闪光点。春节正是人们阖家团聚的时候，别人都是从外面往家赶，他们却奔向西部大开发工地。绝大多数员工都是在工地度过春节。指挥长吴焕通一直坚持在工地奔波，有时身体不适，就把药口袋放在车上，想起来就吃上几片。20多公里的管段，到处都洒下他辛勤的汗水。五公司二队赵玉涛有一对双胞胎儿子，如今她家四口人住在四个地方。老二6个月时送到姥姥家，老大8个月时送到奶奶家。她的爱人在长春市，自己在渝怀线工地，一家四口春节回家也没能团圆。这里还有另一对牛郎织女。直属公司主管计划的郑庆伟和五公司办公室秘书刘冰，两个项目部相距20多公里，5岁多的孩子交给一户农家看管，夫妻俩来到渝怀铁路后就很少回家。

一处西南公司第四分公司书记曹品成家属做手术住院，孩子托付给老乡看。父亲病重住院，家里几次来电话催他回去，直到父亲去世，在家停了半个月，他才赶回家里。亲戚邻居都骂他没有孝心，哥哥责问道："我给你打了几次电话你都不回来，平常你工作忙，没

德国复兴银行代表团考察

时间回来，我们不怪你，但父亲想见你最后一面，你也没有满足他老人家的心愿，你太没良心了！"曹品成听着亲人的责骂，却不能为自己申辩，他跪在父亲的灵前，敬上一炷香，一边烧纸一边泣不成声地说："爹，我对不起你啊！忠孝不能两全，你老人家在天有灵，就原谅我这个不孝子吧！"

男儿有泪不轻弹，只是没到伤心处。曹品成面对父亲的亡灵，他还能为自己说什么呢？像曹品成这样顾不上家，不能回家看父母最后一眼的，在中铁十三局集团公司渝怀项目部所属各单位有很多人。四处北方公司项目经理曾凡敏、一处西南公司黄草项目部调度王迪法、一处西南公司工程部长于峥，他们在父亲去世时都没能回去。华南公司项目指挥何锦贤的父亲病在床上8个月，工地离他家只有7个小时的车程，他也没能回去，父亲去世后成为他的终身遗憾。一处四分公司经理李凤宏，去年春节前来工地时，妻子的腿软骨神经麻木，行动不便，他找个老乡的家属陪着上医院，自己来到了工地。直属公司七队队长张义财，妻子患脑血栓，左半边动脉硬化，两个孩子大的上高中，小的上小学，他自己回不了家。春节前，项目经理玄正夑特批了几天假，他来回就用了7天，在家只住了两天。

这就是我们的员工为渝怀铁路作出的奉献。共和国需要这样的奉献，他们是共和国的脊梁。

采访吴焕通时，他有一句话使我们感受最深。他说："我们在这里收入不高，工作也非常辛苦，没有星期天，没有节假日，没有亲人厮守的甜蜜，没有大城市的灯红酒绿。但我们共产党人的情怀，是对共和国的忠诚，对企业的奉献。因此我们没有怨言。"

乌江峡谷大风歌

林 琅

从来乌江多壮丽

"乌江天堑"曾在中国革命历史上留下史诗般的画卷,如今让天堑变通途,则已成为中国现代化历史进程中又一个攻关夺隘的人间奇迹。中铁二局筑路人参与了这一人间奇迹的创造。

进入乌江就到了中铁二局施工的起点涪陵白涛镇,再沿险峻的乌江逆流而上,一路两山夹一江,大险无比、大美无比,真是风光无限。看着筑路大军修建的鬼斧神工般飞架大山、连接桥隧的铁路,中铁二局人心绪难平,指挥者们万般感慨地说:"真像是又一个成昆铁路啊!"轻轻一语道出了渝怀铁路极其险要的地形地貌和壮志凌云的筑路者英姿。

中铁二局指挥部以集体的智慧、集体的力量,以突出优化管理的思路和质量取胜的施工组织目标,坚持"安全达国标,质量创全优,管理闯新路,全面争第一"的方针,把握施工项目总体目标中的工期目标、质量目标、成本目标、安全目标,推行统一化标准,规范化施工,工厂化场容,标准化操作,制度化管理,样板化引路,建立围绕工程质量和工期计划的思想组织保证体系、物资设备技术保证体系、现场管理监督保证体系。他们坚守住完善贯彻执行 ISO9001 系列标准,呈现出现代化施工工地科学文明新气象。

从来乌江多壮丽。干部、职工拼搏奉献,在乌江峡谷中唱出了响遏行云的大风歌。

从来"路魂"多赤诚

中铁二局承建的渝怀铁路第 10 标段和 30 标段,全长 56.1 公里,投资 9.06 亿元。长度为 22.14 公里的第 10 标段位于重庆市涪陵区天台乡、白涛镇和龙塘乡境内,施工

乌江峡谷大风歌

场地依傍崇山峻岭，紧临蜿蜒乌江。在陡峭的山势和深邃沟谷中，桥隧比重高达70%，其中有5 580米长的磨溪二号隧道、3 784米长的白沙沱一号隧道、714.77米长的白涛特大桥重点工程，以及400.6米长的范家溪三线大桥、338.51米长的大石溪大桥、338.27米长的麻溪大桥、314.35米长的马夹背大桥重点工程。长度为33.917公里的30标段位于贵州省铜仁地区松桃县和江口县及铜仁市境内，除全长1 615米、五项目经理部施工的尖坡岭隧道为世瞩目外，主要以路基土石方、路基附属圬工、桥梁涵洞隧道、正线站先铺碴、房建等为主的综合性施工工程。

中铁二局渝怀线指挥部领导班子由股份公司总经理邓元发任指挥长，副总工程师王国郁任常务副指挥长，成员有：党工委书

中铁二局工地

95

渝怀壮歌

银线连青山

记李全阳、副指挥长罗俊清、总工程师兼副指挥长任赛星、总工程师刘仁智（2003年1月调离）。参战队伍由一、二、四、五、机筑、路桥、新运、机电、建筑、技开公司和材料厂组成。他们经历过铁路建设的大世面，从来面对艰难险阻时都以最好的拼搏状态出现。

被称为"中铁二局CEO（首席执行官）"的股份公司总经理、渝怀线指挥长邓元发，毕业于湖南长沙铁道学院。作为中国铁路第一上市公司的老总，他年富力强，常年奔波东西南北中铁二局100多个建设工地和工点。为了渝怀铁路顺利进展，他不顾长途驱车的疲惫，亲临600公里跨度的重庆涪陵10标段和贵州铜仁30标段，现场蹲点检查指导工作。工作脱不开身的时候他也要在电话上仔细了解中铁二局渝怀铁路工地近期情况。作为上市公司的指挥官,既要跑全局路内路外工程,又要抓渝怀铁路工程质量,但无论工作有多忙,凡渝怀铁路总指挥部召开工作会议他都必到。

一个企业或一支队伍的领导核心层和这个层面上的核心人物至关重要,就像企业文化就是企业家文化而不是大众文化一样。盛年一生和铁路建设融合在一起的常务副指挥长王国郁,长期从事铁路施工技术和项目管理的经历,养成他执著的敬业精神和人生追求。渝怀线是他一生中经历的第八次铁路建设,已经够丰富多彩的岁月可谓流金的岁月。数十年的铁路生涯,他荣获过处、局、省和铁道部的"先进"、"劳动奖章"、"劳模"等各种称号。

2001年3月常务副指挥长王国郁来到了渝怀线中铁二局指挥部驻地重庆涪陵白涛镇。走马上任一大堆工作摆在眼前:跨两省市和六县数地600多公里的工程点多线长,沿陡峭乌江而行的险要地形造成的复杂施工条件。交通和施工场地十分狭窄,弃碴十分困难,紧临江边施工需用的沙石材料物资,路运航运免不了费尽周折辗转。不可预见的山上落石时常突然从天而降,公路路面有许多下沉观测地段、路险急弯多,交警都不得不提示在这段路上行驶不但要看地上还要看天上。涪陵白涛镇地区10标段驻地存在三峡移民拆迁问题,存在核工业部816厂地下管道设施影响等问题。贵州铜仁地区30标段点多线长,江口县、铜仁系苗族、土家族少数民族地区,由此形成管理工作难度大、工作量大。

时值一年之季在于春的季节,更令常务副指挥长王国郁担忧的是开工后拆迁进展慢,工点迟迟没有打开。为了打开工作局面开好头,他清理整顿内外部环境,围绕工程的紧迫感,短时期内出台了一整套行之有效、针对性强的规章制度。为加快工地拆迁,他配合地方政府工作人员做细致工作。他有大义,有胆量,有方法,有能力,当地老百姓和乡镇各级领导都尊重他、喜欢他。开工工点在白涛镇集市闹热的中心到路口的三个桥墩上,爆竹声声,

97

渝怀壮歌

拉开喜人的一幕,指挥部工作在新的起色中趁势而上。筑路人世世代代讲究"路魂",实质上讲的就是对工作的满腔赤诚。

2001年6月,王国郁随渝怀铁路建设总指挥部指挥长何明新,前往贵州铜仁地区30标段松桃乡检查落实工地工作后返回涪陵白涛镇,汽车一路急驶,在一急弯险途上,突然与迎面而来的一辆载重大货车相撞,王国郁头部当即被撞伤,鲜血直流,处于昏迷状态,同行的人们把他紧急送往就近的医院进行抢救。四个多小时的抢救,他额头缝了12针,医生叮嘱住院观察。可是,醒来后的王国郁一听说要住院就着急了,那么多工作要做,他哪里能在医院躺下。他坚决出院回到指挥部。他一边召开各种会议、检查工地,一边完成上门医生晚上打针输液的治疗,一个月后王国郁不经意中摸了摸脑门,居然还摸到车祸时嵌进皮肤的玻璃残碴。

从来坦然多天地

奔流不息的乌江水流向长江,流向大海,千回百转,不可阻挡。两岸山势险峻、林木葱茏雾岚绮丽,形成"乌江画廊"。而今,这"乌江画廊"里又多了一条青山为碑、江流为记的渝怀铁路。

拼搏的日子总是匆忙紧张的,五年光阴转瞬即逝。2005年2月,我们走在队伍已经撤离、四处悄无声息的山中,观望施工起点5 580米长的磨溪二号隧道,再前往一溜40多米高墩、全长714.77米的白涛特大桥,以及到施工终点乌江山崖上全长3 784米的白沙沱一号长隧,不由不生敬意。

当初,二项目经理部员工在地势陡峭、荒凉偏僻、交通困难的磨溪二号隧道口安营扎寨,以乐在天涯的心态,沿着阶梯式的山势修建起了"职工之家"。宿舍区内建有食堂、锅炉房、洗澡堂、小卖部、医务室,还因地制宜建立了娱乐室、会议室、阅览室、灯光球场、卫星地面接收站、职工工地幼儿园。他们在着力施工生产的同时,以人为本地把一个个"温暖工程"实实在在建立在员工心上,从而唤起了员工热爱企业、关心企业的工作积极性和主动性,进一步增强了企业的凝聚力和向心力。不仅施工进度几度创造中铁二局最高纪录,还有力地塑造了企业良好形象。无独有偶,在数百里之外贵州铜仁境内30标段的五项目部和机筑项目部,也沐浴着特殊环境中"职工之家"、"温暖工程"的阵阵春风,枯燥的工地生活到处洋溢着铁路员工的欢声笑语。

乌江峡谷大风歌

铺架过白涛

　　铁打的营盘流水的兵，铁路把根留住了。一处处工程形象，就是一个个活生生的筑路人。当摄像机一次次定格的时候，山会发言，水会说话，重现渝怀铁路中铁二局人充满朝气的施工氛围。

　　奋战五年的中铁二局渝怀铁路指挥部每走一步都坚持狠抓科学管理，认真开展样板引路，全面实施施工现场程序化、标准化过程控制，严格"三统一"（规范统一、标准统一、工艺统一），以及"四个同样"（主体工程和附属工程同样标准、重难点工程和一般工程同样标准、环保工程和正式工程同样标准、外露工程和隐蔽工程同样标准），确保质量无差异推进，切实提高工程环保水保"绿色通道"意识，全力完善配套收尾工程，严密变更工程质量监控。开展一则"眼睛内向，举一反三，查找隐患，逐项治理"，二则"单位工程一个不少，问题工点一个不漏，疑点部位一个不放过"，三则"谁施工谁负责，谁出问题追究谁责任"的"回头看"，四则"质量零缺陷"跨越式发展彻查彻改等活动。注重形成"党政一起抓，党政干部亲自抓"的和谐局面，人人各司其职，自觉履行管理不松，组织不乱，干劲不减，团结协作的职责。还有铁路建设离不开的铁

99

路公安保驾护航工作，中铁二局驻渝怀铁路公安分处和各派出所工作具有令人刮目相看的一面，他们实施的"追踪卡制度"科学严谨实用，在路内和地方引起极大反响。

党工委书记李泉阳不无自豪地说：五年来，我们在施工条件艰苦、管理跨度大、两个标段近600公里远的公路距离中，靠的正是"和、实、拼"的工作精神，走出一条"团结、务实、拼搏"的成功之路，以全线一盘棋、打造集团品牌、纪律严明、技术精湛、善打硬仗的优质高效，在全线出了名！他们信心百倍走出渝怀，一支好队伍自始至终日夜兼程，高举"开路先锋"的光辉旗帜，行进在中国铁路建设的宏伟征途中。

最好的品牌汇入江山，最实的品牌享誉市场。中铁二局渝怀指挥部在全线27个局级参展单位中，连续三年荣登优质样板工程精品数量榜首，连续三年夺得建设总指挥部社会主义劳动竞赛第一名，连续三次摘取工程总公司系统社会主义劳动竞赛第一名，被评为2003年中铁二局"五好班子"——从来坦然多天地，最好最多的"奖牌"、"第一"等殊荣，让他们载誉新征程。

乌江作证

王昌尧

（一）

站在重庆武隆县白马镇的 319 国道隔乌江眺望，逶迤的大山气势磅礴，陡峭险峻，11 标段就要从这大山中穿过。两昌河特大桥，位于重庆市唐家沱，全长 1 235 米，属渝怀线第一长桥。是的，二十局集团在渝怀铁路的"开场白"无疑是大手笔的展现，这为其在渝怀大舞台上进军"奥斯卡"拿到了理想的"脚本"。有了理想的"脚本"必然要配备一流的"导演"和高素质的"演员"。

经过反复酝酿，集团公司党委决定由副董事长周富出任指挥长，任命党委组织部部长张志军为党委书记。

周富是二十局集团公司极具实力的优秀管理人才，1979 年至 1981 年，1986 年至 1988 年，两度进入铁道兵的"黄埔军校"石家庄铁道学院学习，1991 年至 1993 年，再度进入西

装点关山

南交大综合管理研究生班深造。曾被中国铁道建筑总公司评为"先进科技工作者"和"先进工作者",获得过铁道部"火车头奖章"。目前通过的"国际项目管理资格认证",他是中国铁道建筑总公司系统为数不多的几个人之一。在二十局集团西康铁路副指挥长和朔黄铁路指挥长的岗位上,周富为二十局集团立下了汗马功劳。特别是在项目管理中,给二十局集团公司的管理领域带来了浓浓的春意。

张志军,长期从事纪委工作,曾担任二十局兰新铁路工作指挥部办公室主任、电务处党委书记、局党委组织部部长等职。2000年,二十局集团公司在全公司范围内公开竞聘了十名项目长和项目书记,为以后的大型项目施工筹备人才,在十名书记当中,张志军为第一名。

这可称得上是一对黄金搭档。两人在许多思想认识和观念上不谋而合,以至于对众多问题的意见和认识都成了"英雄所见略同",且能互相谦让,互相支持,工作起来彼此之间心情十分愉快。这一点,对一个集体来说实在是难能可贵。

在参建队伍方面,二十局集团分别由六个子公司组建了六个队。是骡子是马,拉出去比比。

2001年1月16日,二十局集团渝怀铁路工程指挥部在武陵县白马镇举行了俭朴而热烈的挂牌仪式,一场空前的渝怀攻坚战打响了。

在二十局集团渝怀铁路工程指挥部采访的时候,张志军深有感触地说,我们集团公司在渝怀线上之所以能取得目前这样的成绩,能有目前这样良好的局面,主要得益于上场初期的调子定得准,方向正确,得益于指挥长周富当时的定舵和离开后的长期关怀。

(二)

到过二十局集团渝怀铁路工地的人都知道,他们的管理是一流的,他们的业绩是一流的。同时,他们所遇到的艰险也是一流的。

渝怀线11标段的艰险是令人难以想象的。全管区共有8桥6隧,所有隧道的进出口全部在悬崖绝壁之上,桥隧相连,桥隧长度为全管段长度的97%,唯一一段路基也必须从悬崖上凿出来。由于山高坡陡,白沙沱小桥的桥墩只能设计在隧道里,白马车站也只好设计建在桥上。

唐朝大诗人李白在描写蜀道之难时写道:"黄鹤之飞尚不得过,猿猱欲渡愁攀援……"然而,蜀道之难哪比得上武隆绝壁。设备的进场和便道施工成了第一只"拦路虎"。

  第四工程队的工地叫小角帮沟,小角帮沟大桥的一端是枳称隧道的出口,另一端是白马一号隧道的进口,而两个洞口都在数十米高的绝壁之上,四队的员工们第一次进小角帮沟时,他们沿着树木葱茏、潮湿阴森的沟底一步步艰难前行。这沟里从古至今没人来过,只有山羊和野兽坠崖后在沟底留下的一堆堆白骨。要到达隧道口,必须要从乌江岸边开始,从悬崖峭壁上一寸寸掏"老虎口"作便道才能到达,且有乌江天险阻隔,大型机械既运不进来,也用不上。开山炸石,石碴还不能污染乌江,不能破坏植被。打眼、放炮、运碴,所有的职工都必须用绳子捆在腰间,绳子的另一头拴在山上的树干或岩石上,稍有不慎就会掉进乌江。而乌江则被地质地理学家称为"中国内陆最凶险的河流",由于山势陡峻狭窄,水流湍急,据探测,河底有众多的洞穴,一些坚硬的石头被水流冲刷后形成锋利的刀刃,人一旦被卷进水中,就会遍体鳞伤,很难生还。

  第五工程队担负施工的路段,不仅山高坡陡,而且整个管段的便道位置几乎与早期架设的高压线平行,离高压线最近地方只有几米。每放一炮,他们都要采取多种措施,盖上多层炮被,小心再小心,以防炸断高压线造成不可挽回的损失。

  白沙沱三号隧道是一个更让人难以接近的隧道,就连勘测设计人员都未到过进出口。当年定位时,他们在离隧道口很远的地方定桩,注明隧道口离此多远,全线所有的隧道都开工了,有很多长大隧道都贯通了,可是这个隧道要等到两边隧道打通后才能搭便桥过去开挖。为了提前设计科学的施工方案,张志军提议要到现场去看看,究竟还有没有更好的施工方法。张书记和指挥部总工程师程世吉等几位工程技术人员经过一番准备后,从那自古以来只有雄鹰掠过的地方向白沙沱三号隧道出口攀登,艰难地攀援了很长时间,他们才爬上去了 30 多米远,可就在这时,张志军一失手,脚下一滑,竟从山上滚了下去。在场的每个人都吓傻了,数十米高的悬崖下就是凶险的乌江。也许是神灵保佑，快滚到悬崖边时，陡峭的悬崖边上的一棵小树把张志军挡住了。

三队队长兼书记兰光中告诉记者，由于有乌江阻隔，设备无法进场。经多方调查后，他们决定将设备运到离工地100公里的涪陵后，再在涪陵租轮船，将设备"化整为零"运到工地临时码头，卸下后人工搬运到现场。即使如此，有些部件人工也奈何不了。为了解决这一难题，他们装船时，在船尾留下空隙，正好能装下一辆装载机，船到码头后装载机先退到岸上，再由人工配合装载机将那些大型的部件拉拽到岸上。几乎所有的设备都是靠这种方法运到现场的。刚开始时，有些单位的机械到了工地对岸后怎么也过不了乌江，最后只好退到涪陵再"坐船"进到工地。

和铁路打了一辈子交道的铁道建筑专家、原二十局集团公司副总工程师王永清走访了渝怀线后感叹："以前都说成昆线、襄渝线是最艰苦最险的，其实这两条线都比不上渝怀线艰险。"

刚刚上场的时候，建设单位在各种文件和通报中，只称11标段是全线最难的标段之一。可是，当他们到过二十局集团工地后就改变了说法，将"全线最难的标段之一"改成了"全线最难的标段"。铁道部副部长蔡庆华到11标段视察后感叹，没想到渝怀线的环境这么艰难。他说："可以断言，干过青藏线的人没有克服不了的困难，干过渝怀线的人没有完成不了的任务。"

（三）

在二十局集团渝怀工地，不管是谁，只要一提起上场初期的进场和施工，每个人都有讲不完的故事，都有发不完的感叹。那一段时间，不仅环境恶劣，施工十分艰巨，职工们的生活也异常艰苦。

五队队长宋智军上场仅3个月的时间就穿破了11双胶鞋。六队的白马二号隧道进口工地由于山高坡陡，只有两三家农户，加之老百姓清苦贫困，住房拥挤，职工们只好住在老百姓的猪厩楼上。天气变暖、温度回升的时候，猪厩里蒸发的恶臭时时令人作呕。苍蝇、蚊子、臭虫、跳蚤、虱子也非常活跃，不管白天黑夜，它们总是不失时机地来亲近光顾这里的职工。睡一觉起来，职工们的身上会像过敏或者出麻疹一样布满渗血的小红点。在工点不远的地方有一个小小的变压器房，一名职工就搬到了这里。这里只有蚊

乌江作证

子，少了许多进攻者，安宁了许多。可是第三天深夜，这名职工昏睡中觉得肚子上有一个冰凉的东西在移动，他下意识地用手一摸，突然感到是一条蛇，他条件反射般将蛇抓起扔到一边，自己连滚带爬地冲到房外，直到天亮都不敢再进到房里。

　　二队在建造住房时，没有可选择的地方。他们只好把住房建在了一个古滑坡体上，好不容易凿出一块平地，可一下雨涨水就什么都没了，建好的房子几次被水冲走。经过反复的较量，他们才把房子硬是固定在了一片陡峭的斜坡上。

　　位于重庆唐家沱的一队所面临的则是另一种困难。工地全部在泥淖和稻田之中，没有便道，大小机械一进去就动弹不得。没有过不去的火焰山，没有治不了的孙悟空。经过所有参建职工的不懈努力，短时间里，大桥进入正常施工。

　　四队的职工刚到的时候没有一点栖身之地，只有乌江边数千年来纤夫留下的残缺古栈道。吃了几顿方便面后职工们实在没有口味了，他们就派两名职工翻山去十多公里外的老百姓家里买来了面粉和蔬菜。由于没有泉水，他们只好用乌江水擀面做饭。上场没两天，当张志军书记再次来到工地时，多半人出现了拉肚子等症状，很多职工都坐在江边的悬崖下打吊针，拔掉针头又继续干活。再看看职工们碗里白生生的面块和没有颜色的面汤，张志军忍不住流下了伤心的泪水。他在工地给队领导作了简短的交代后就回到了指挥部，让有关人员连夜去采购了火腿肠、罐头、水果等十余种主副食品，第二天一早就带着指挥部有关部门的领导去慰问职工，了解职工的生活情况，制订保障

雄起

105

措施。

　　从此不管什么节日,甚至是星期天,只要有机会,张志军就带着指挥部的弟兄们扛着各种食品,像走亲戚一样去看望各队的职工们。每次到工地,张志军除了看工程以外,职工的食堂、宿舍、生活环境,下一步天气变化应该提前给职工准备什么生活必需品,都成了他时时关注的内容。

　　关心职工的疾苦是二十局集团渝怀指挥部工作的第一要务。他们给每人都定做了两个铁皮保险柜,不管是上场、转场或是正常假期,都给职工发放生活补助费。床上用品、空调、电风扇也全部统一配发。每个队还在非常有限的空间里,为职工们建起了漂亮的洗澡堂。

(四)

　　工作严谨、从不服输的张志军白天带着指挥部的弟兄们穿梭于工地各队之间,晚上便把当天的工作像放电影一样过一遍,对一些重要事件认真做笔记,对第二天的工作进行提前思考。除此之外,干了多年党务工作的他,上渝怀之前,就准备了《铁路工程施工手册》及各种业务书籍,把它们带到了渝怀线,总是挤出一点点的时间去学习各种专业技术知识。

　　指挥长周富,他不仅要考虑现场的施工、劳务、物资等重大问题。而且,集团公司另外还有几个工程项目离不开他,他是当时的副局长,全局经营工作的许多方面都得他去处理。他总是在飞机和火车上不停地处理种种难以脱身的事务。他恨不得有分身术,好在工地上多蹲几天,为张志军书记减轻一些负担。而张志军书记则像一台永动机死死地蹲在现场,他说:"周富指挥长实在是太辛苦了。"所以,一般的事情他自己就处理了,重大问题及时通气。

　　2001年7月8日,二十局集团公司董事长余文忠到渝怀线检查指导工作时,代表集团公司党委在指挥部召开的会议上宣布:局里工作任务太重,周富不再兼任渝怀的指挥长,指挥长由张志军同志兼任。

　　假如说集团公司这一举措对张志军来说是"釜底抽薪",那么张志军只能是"背水一战"了。

　　如果说以前张志军在思想上还有几分依靠,那么现在他可是被推到了渝怀铁路这个大舞台的最前方。张志军只好硬着头皮、充满信心、小心翼翼地往前闯了。

（五）

科学规范和富于人性化的管理，换来的是广大员工的劳动热情和劳动积极性。在兄弟单位已经进入正线施工 7 个月的时候，二十局还在进行临时工程和便道施工。如今，在甲方的严格检查评审中，11 标段的质量、进度、安全在全线 27 个局级单位中被评为甲级单位，走在了全线前列。

中央企业工委副书记王瑞祥率领文工团到渝怀线慰问演出，第 11 标段艰险的环境让王书记十分惊叹，同时他也被指挥部富于人性化的管理所感动。王瑞祥特意决定，一定要带着文工团来到五队。演出前，他深入到职工宿舍、食堂、澡堂和卫生所，细心询问职工的衣食住行等情况，当看到女职工的厕所离宿舍有一段距离，而且厕所在悬崖边时，他告诉身边的张志军："女职工晚上上厕所不方便，别摔着她们，别吓着她们，你能不能想办法在 10 天之内把这个问题解决了。"王副书记走后，张志军亲自过问，五队将原来女工宿舍旁边的洗衣房隔出一部分，作为女工的夜间厕所。细心的张志军还要求把厕所灯的开关装在女工宿舍的门口，打开灯从宿舍到厕所如同白昼。

铁道部渝怀总指常务副指挥长何明新说："11 标段完成的工程已经定性，我很放心，有望全管段创优。两昌河特大桥质量是我看过的桥中最好的。"

2001 年 11 月 13 日，铁道部工程管理中心主任施德良看完全线创国优的重点工程之一——白马二号隧道后高兴地说："这个隧道在渝怀全线都是一个高水准的隧道。"

二十局集团公司董事长余文中评价："渝怀线桥隧相连，工程难度很大，环保任务艰巨，质量标准高，要求严。上场以来，渝怀线的工作有条不紊,每次传回机关去的都是好消息。我们在青藏铁路能够中标,这和渝怀线干得好有关,有渝怀线职工的贡献。"

二十局集团公司党委书记周玉成的评价是:条件艰苦,任务艰巨,生活艰难,班子协调,思路清晰,队伍整齐,基层对机关满意,内外关系顺畅,精神面貌很好。

二十局集团公司党委副书记、纪委书记唐万夫认为:"渝怀线的隧道是二十局集团公司有史以来光爆效果最好的隧道。"

(六)

实行一级管理,方方面面的事都需要指挥部来考虑。为了尽快设营,让职工们在工地上有个栖身之地,从指挥部到工程队,每个人都在不分昼夜地苦干。

是的,二十局渝怀指挥部是一个精干高效的指挥部。总工程师程世吉,是二十局集团公司一名德高望重的技术干部,1979年从兰州铁道学院工程专业毕业后,一直从事技术管理工作,青藏铁路一期工程的重点难点工程——关角山隧道,是当时全世界海拔最高的铁路隧道,由于特殊的地质条件和高原气候环境,成为我国铁路建设史上最著名的烂洞子,他在这里一干就是6年。在沪杭铁路复线,他负责的两座特大桥成了当时全线技术管理的亮点。其中,34号特大桥的浮运顶推施工被国家评为一级工法,并获得了总公司科技成果二等奖、二十局集团公司科技成果一等奖。参加工作近30年来,程总不仅在技术上创新总结出了数十项新工法,为企业赢得了可观的效益,同时,培养了一大批年轻优秀的技术人才。1998年,集团公司准备调他任副总工程师,他觉得这个机会虽然难得,但更适合于有培养前途的年轻人,于是他推荐了一名技术人员,这名技术员如今已成了顶梁柱。渝怀铁路中标后,由于这是当时全局投资额最大的工程,局领导在全局寻找一位合适的总工程师,经过反复比较和考察,局领导决定让他担任渝怀的总工程师。作为渝怀的第一批上场人员,来到工地后,他全身心地投入工作。他说:"我干了一辈子的工程,从来没有遇到像渝怀线这样环境艰苦的工点,而且技术标准高、环保难度大。"他一上场就和指挥部主管领导一起,确定了质量先行、样板引路、狠抓工序控制、全面实行技术创新的技术工作指导思想。在渝怀线有这样一个内部创优目标,其他工点上的优质工程和样板工程在这里只算作是合格工程。枳城隧道是全线首先开工的隧道,为了使之成为引路的样板,他和两位主管领导多次深入隧道掌子

乌江作证

两昌河特大桥

面，与现场技术管理人员一起研究施工方案，从而使该隧道的光爆成为全线所有隧道施工中的亮点。白马二号隧道的衬砌一开始就被确定为全线的引路样板，制订了科学规范的方案，经过上下各级人员的共同努力，一直保持较高的水准。在干出了样板后，首先在内部召开现场观摩会，给其他的单项工程提供有形的质量标准。渝怀总指常务副指挥长何明新第一次没打招呼就来到了二十局集团工地，在看完了工地管理和工程质量后，何副指挥说："没想到二十局集团的工地管理这么规范，工程质量这么高，叫其他单位都来二十局集团参观参观。"去年夏天，总指易庆良副指挥长到二十局集团工地后高兴地说："今天天气特别热，但是看了你们的工程后，心里觉得很凉爽。从二十局集团目前已完成的工程质量来看，保持了全面创优的良好势态，希望你们继续保持和发扬。"

技术创新是二十局渝怀指挥技术管理方面的又一重要内容。

109

工程上场后,他们针对实际情况制定了技术创新方案和具体项目。根据隧道地质和涌水水质,经过反复试验和改进参数,对各种地质和水质情况下的混凝土进行优选,提高了工程质量,节约了成本。在两昌河大桥施工中,经过多次试验,经甲方批准,他们把灌注桥墩混凝土的河沙改为机制沙,此项技术不仅在西南地区的桥梁施工中属首创,而且可节约成本数十万元;还为其他单位提供了借鉴经验。

今年已53岁的程世吉,由于长年生活在施工一线,落下了非常严重的关节炎,而且痔疮非常严重。渝怀工地没有一步平路,他经常上到山上就下不了山,每次都要想尽各种办法,或在别人的搀扶下才能下来。他说:"集团公司把这么重要一个工程的技术重担交给了我,指挥部主管又非常信任我,不管有天大的困难,我都没有不干好的理由。"

指挥部副指挥长李正全,一上场就主要负责分管两昌河特大桥,他一直蹲在大桥工地上,为这座全线最长的大桥施工付出了艰苦的努力。在大桥工地,李副指挥长紧紧拉着我的手说:"你这已是第三次来渝怀采访了,前两次我都没给你说什么。现在我可以告诉你,两昌河特大桥的施工和创优,我们已经胜券在握。我是马上要退休的人了,在这么一个影响重大的工地上,我生怕自己站不好这最后一班岗。值得庆幸的是,经过集团公司、一公司以及指挥部主管的全力支持,全体参建员工的拼搏奉献,我们可以骄傲地告诉集团公司的职工,告诉全国人民,在渝怀线最长的大桥施工中,我们无愧于企业,无愧于时代。我们在共和国年轻的直辖市树起了一块永恒的丰碑。"

1970年入伍的党委副书记刘再朝,几十年来一直从事后勤保障工作,上场渝怀后,前期主要从事征地拆迁工作。二十局集团营区跨涪陵和武隆两市县,两昌河特大桥又远在重庆市区的唐家沱,这给前期的设营工作带来了极大的不便。刘再朝说,那段时间,指挥部从领导到每个职工都在连轴转,设营工作需要和方方面面的人打交道,有时候一件小事或某个细小方面的关系没有处理好,都会给整体工作带来极大的影响。张志军评价说,刘再朝同志人品很好,工作非常扎实,为渝怀线的征地拆迁和前期的施工付出了巨大的努力,为工程施工创造了良好的外部环境。

(七)

采访中,张志军反复强调这样的观点:一个单位要干好,必然要有一群团结务实、具有集体荣誉感的人。领导的意志、单位的目标必须通过群体的智慧和力量才能得以实现。他说,指挥部几个部门领导和每一个同志在自己的工作岗位上都是顶梁柱,撑起了渝怀的半壁江山。

1987年从石家庄铁道学院工程专业毕业的副总工程师史常青,负责安全环保工作。这位年轻的工程技术人员一开口就让人感到他在专业知识方面雄厚的实力。他说,作为基建企业,我们的产品是建筑物,是铁路,是高速公路。这些产品技术含量、科技含量的高低直接与这个产品的品质和品位有着直接的联系,因而技术创新,在施工中追求最前沿、最先进的技术、工艺、工法,是一名技术人员的终身目标。1993年至1995年在西南交通大学岩土与地下工程专业攻读研究生的他选择了地下铁道的研究发展方向。提起技术和质量、技术和效益的关系,史常青有说不完的话题,仅标准文明工地建设一项内容,他就会给你列举出数十个环节和方面,如何控制、如何监督,他说得头头是道。

工程部长冀胜利是我的老朋友了,在宝中等多项工程施工中我都采访过他。他是二十局集团公司从施工一线迅速成长起来的工程技术人员,在二十局集团公司的技术人员当中已小有名气。在南疆铁路抢险中,他作为"敢死队队长",带着队员在施工中出奇制胜,受到了铁路部领导的高度评价。为此,他还享受了"火线入党"的特殊待遇。冀胜利是一个人缘极好的技术干部,我让他谈一谈渝怀线的情况,他说你采访一下我们部里的几个同志,就什么都明白了。接着他就给我介绍副部长卫永毅和另一名技术干部张子军,都是在工程管理中能够独当一面,在工作中练出了"杀手锏"的实力派技术人员,都是渝怀线上的功臣。

计划部副部长廖忠波,是渝怀全线最年轻的计划部长。计划部负责对上计价、对下计价、下达施工计划、合同管理、调概、索赔等工作。张志军书记介绍说,计划部是指挥部比较重要的部门之一,工作非常繁重,工作量很大。廖忠波和王林等经常加班加点。同时,上场初期的郝庆林部长也为后来的工作打下了很好的基础:他们仅在计划合同等方面,依据一级管理就出台了具有渝怀特点的"四个办法一个规定",为渝怀指挥部在管理上的规范建设作出了积极贡献。

1987年从北方交通大学材料系毕业的物资部长王宝峰,工作雷厉风行,风风火火。工程物资占整个工作造价的60%。王宝峰深深懂得物资管理在项目施工管理中的重要性。根据一级管理的具体要求,他和孙明海、钱铭一起,从制度的制定到各种物资材料的采购途径、采购地以及价格等方面进行全面考察和对比,在保证质量的前提下,对物资的采购全面实施市场化管理。针对渝怀线物资供应环境苛刻、群山阻隔,各队之间材料不能互通,无法调节余缺等实际,反复比选,力求使物资供应的数量最大限度地做到准确。与此同时,下大力加强施工现场的物资管理,实现了科学管理与供应,使此项工作一开始就步入了规范化的轨道,从而探索总结出了整套一级管理前提下的物资管理经验,为今后的项目管理提供了宝贵经验。

1990年从石家庄铁道财会专业毕业的"财务大臣"朱飞,是2000年集团公司组织的全局范围内招聘局管大型项目财务主管的十个人员之一,对基层的财务管理工作十分熟悉。上场渝怀后,他和同事们一起加班加点,仅用15天时间就将所有和财务有关的管理办法全部制定完毕。财务管理是项目管理中的又一个重要环节,也是一个非常敏感的部门,它和方方面面、上上下下的人都发生联系。因此,对于一个工程项目财务主管来说,对企业负责的工作责任心显得尤为重要。朱飞说,我现在还年轻,以后的路还长着呢。领导能把这么大一个项目的财务权交给我,是对我的信任,也是对我的考验。不管从哪一方面来讲,我都没有理由不干好工作,我都没有理由不坚持原则。我时时刻刻都觉得,财务工作是所有人最关心的工作之一,干好干坏每个人的心里都有一杆秤。除了全身心干好工作以外,他还利用一切机会学习现代财会业务和财务软件开发等知识。从他充满自信的谈吐中,我们有理由相信他一定会在财务管理岗位上长成一棵参天大树。

1973年入伍的调度室主任邢福海和史玉龙一起负责调度统计、车辆和机械管理。由于特殊的地理环境,机械设备的进场成了临设施工中的第一只拦路虎。为了解决这一难题,他们和其他工作人员一起熟悉现场,了解周围的交通状况,研究和布置设备进场方案。他们向指挥部领导建议,举办培训班,制订了非常细致和完善的措施和方法,使设备在管、用、检、修、养等各个方面的指标都落到了实处,使此项工作处于总指前列。邢福海从他的文件柜中取出一大摞合账记录,仔细向我介绍上场以来所管工作的各种制度和各种记录合账,让人觉得那些枯燥的数字体现出了一种完美的艺术。

我是山鹰路为巢

朱海燕

出涪陵,沿乌江上行,只见两岸翠峰耸立,河水在深山峡谷中静静地流淌,不见其浪花,不闻其呼啸。司机语我:那是一种假象,乌江平时是温柔的杀手,汛期便是吃人的猛兽。沿江千里,没人听说谁敢畅游乌江者。自去年至今,在武隆十里险滩处,有15人翻船落水,竟无一人生还。

举目乌江对岸,正在建设中的渝怀铁路在半山的悬崖峭壁处宛如鸟道,细如游丝。任你驰骋想象,那些刀砍斧劈的绝壁,恐怕自古以来就无人迹,留下的只有山鹰的掠影。我想,祖国的铁路建设者,他们是以怎样的勇气和英姿攀援在那里,将铁路架设在那崇山峻岭之间?

车过白马镇,记者对二十局工地进行采访。指挥长兼党委书记张志军对记者说:"二十局所承建的11标段过去被铁道部渝怀铁路建设总指挥部称为是'最艰巨的标段之一',现在则被他们称为最艰巨的标段',就是说,就其施工环境而论,其艰巨之程度没有能和二十局相比者。十一标段总长度近17.9公里,

峡谷高墩

而隧道延长就有 16 公里多，占 90%，加上 1 234 米长的两昌河特大桥，桥隧总长度占建设里程的 97% 以上，隧道出口都在摔死猿猴累死蛇的悬崖峭壁上。"

二十局是一支能征善战的队伍，挥师渝怀，他们深深感到一种"老水牛落到井里——有力使不出"的滋味。二十局的职工 2001 年年初上场，仅修便道、建房舍就用了 7 个月的时间，其艰难程度难以想象。他们既要建设，又要环保，哪怕是修路时在悬崖上扣出一车石子，也要肩担背扛到几里外的地方去处理，而不能倾倒在江中。一些修过成昆铁路和襄渝铁路的老铁道兵知道，那里条件虽然艰苦，但有些连队还建了篮球场，供战士们出操唱歌。而在渝怀二十局工地，却很难找到那样"巴掌大"的广阔天地。记者在二十局进行一天的采访，只是在地处悬崖的五公司那里见到一块放置一张乒乓球桌的平台。那块弹丸之地，就是职工们业余生活的天地。

工地宿舍皆设在乌江的东岸，从西岸望去就像装饰过的鸟巢和吊篮。局指挥部总工程师程世吉说："我修了大半辈子铁路，并且在青藏的关角隧道一干就是 7 年，也没有这里的施工条件艰苦。队伍刚上场，我们用船把队伍运到对岸后，然后再从下游 20 里的白涛镇码头运机械设备车辆，能整装的整装，不能整装的拆卸，装上船再运到对岸去。一粒沙子、一块砖头，都需要辗转折腾七八次。职工们在悬崖上像蚂蚁啃骨头一般，凿出一个'老虎口'通道……"

张志军说："很像当年林县人开凿红旗渠，更像电影上的解放军战士《智取华

1　专家考察

2　中央企工委副书记王瑞祥慰问铁路建设职工

山》,他们用绳子把自己吊在山崖的岩石上或者树枝上,悬空开凿施工便道。其他兄弟单位开始进洞了,而我们的便道还没完成三分之一。"

渝怀铁路开工近一年半时间,而他们还没有到达白沙沱三号隧道工地,那是一段临江垂直的绝壁,白沙沱三号隧道和白沙沱四号隧道相连的峡谷,仅有两米宽,从山顶飞流直下的瀑布,像一把闪亮的利剑悬挂在那里。他们想从白沙沱三号隧道进口打开通道,从那里进洞施工,但是客观条件不允许,放炮、打眼、弃碴,污染了乌江怎么办? 即便是环保做到万无一失,弃碴也要装上船运到20公里外的白涛码头,再装上汽车运走,这样每吨弃碴的成本就在100多元以上。人可以悬空作业,机械总不能悬空作业吧。就是二郎神下凡也无法在那里建起施工平台。没有办法,他们放弃了这一打算,确定了用"串糖葫芦"、"秋后算账"的办法,此办法就是先从白沙沱四号隧道的出口进洞,待打通四号后,再打白沙沱三号隧道。

记者一行乘船渡乌江去四队采访。到对岸码头,用东风卡车拉我们去工地。尽管司机技术高超,但车行在两米多宽的"老虎口"形状的山道上,望着脚下200米深的乌江峡谷,不禁毛骨悚然,谁也不敢多言一句,我不敢想象,在这样的施工条件下,又比兄弟单位晚进洞7个月,他们是以怎样的精神完成了8 500多米的隧道掘进,衬砌3 500米,铺底6 100多米任务的?

记者来到四队工地,那里是被两山挤着的一个峡谷。就是这样一个方寸之地,居然被他们布置得井井有条,许多机械都是吊在悬崖上作业,没有一点凌乱的感觉。四队副队长张云飞两年前曾被借到宁西铁路从事施工监理,2001年初听到渝怀铁路上马,立刻辞掉监理之职要到渝怀铁路一展身手,此举遭到妻子的反对,妻子说:"把饭碗丢了,养不起老婆孩子我跟你没完!"总监理也反对,对张云飞说:"你是知识分子,爱看书,只要你留下做监理,我保证给你买最好的书看。"

张云飞说："我是学铁路工程的,只有在铁路工地上才能找到我的事业。"于是,他毅然决然地走向渝怀工地。他是第一批"抢渡乌江"的先遣队队长,负责安家设营。他在乌江岸边找了一个百年前留下的绞滩站旧址,在原来断壁残垣的基础上建起临时的家。一口铁锅,几箱方便面就是他们生活的全部所需。他和职工们在"绞滩站"里听了几个月的乌江涛声,用7个月的时间凿出了施工便道,建起了生活的营房。这期间,张云飞的妻子由陕西来队探亲,张云飞把她安置在乌江对岸白马镇的一户农民家里。妻子说："对岸的工地上你不能给我挤出一张床来?"张云飞说："一间破房子挤了几十个男人,哪有你的立足之地?"就这样,新时代的牛郎和织女被滚滚乌江隔断了,每个星期才有一次难得的鹊桥相会。

结束四队的采访,记者乘船逆乌江而上,到二十局的五队去。五队驻在一个叫老寨的江边山村中,房舍顺山势而建,错落有致,远远望去,很像布达拉宫。白色的鹭鸟似乎理解我们的心意,一路在船头引路,飞飞停停,一直把我们引领到五队的码头。五队负责白马一号和二号三线大桥的施工。白马二号三线大桥两个桥台为扩大基础,墩全部为挖孔桩基础。大桥当年施工,当年被渝怀总指评为优质样板工程。但谁能想到这项优质样板工程,竟有一半的功劳属于女人。有人说,战争让女人走开,而建设却让女人参与。五队有职工71人,而女职工就有22人。她们的家住在洛阳,却没有洛阳牡丹那样娇贵。她们是映山红、迎春花,长年累月地开放在铁路建设的山崖边、大河旁。她们的柔美和男人的勇猛一样,幻化成建设祖国的力量。

在五队,我见到一位叫蔡文英的女职工,她是食堂的管理员,又是队上的卫生员,足迹踏遍大江南北,参与了许多工程的建设。她曾经有一个幸福的家庭,当年在东海岸边修公路的时候,她的丈夫在西南修铁路。丈夫是个爱情的候鸟,抵挡不住分居的寂寞,一时的冲动或者说糊涂,飞到另一个高枝上去了。婚变后的8年,蔡文英一边拉扯、教育着女儿,一边跟随着队伍转战南北。女人的心是善良的,离婚之后,她依然让女儿随爸爸姓,在女儿12岁的时候,她还请朋友带着女儿同爸爸见过一面。有人说："孩子爸没良心,干吗还让女儿随他的姓?"蔡文英说："他是爱情的背叛者,毕竟曾是一名铁路建设者,男人半生为修路走南闯北不容易,就让孩子随他姓吧。"孩子的爷爷、奶奶、姑姑非常体谅蔡文英拉扯孩子的难处,经常寄些衣物来。蔡文英说："你们别寄了,农村人比我的生活还苦,我修路挣钱,能够抚养孩子。"女儿争气,去年考上石家庄的一所铁路工程学校。为能和女儿经常联系,每月收入1 000多元的蔡文英下决心买了一部手机。记者采访她时,那部手机就挂在她的脖子上。

　　五队的女人都有一段动人的故事,我自然不能一一写出。2001年9月,中央企业工委副书记王瑞祥同志率慰问团来渝怀工地慰问演出的时候,专门来到五队。当听到22个女职工在原本无法安家、无法生活的乌江岸边安下家,将如花的青春贡献给祖国的铁路建设的时候,他感动异常地说:"她们不相信眼泪,不相信软弱,相信的只是同男人们比高低,比贡献,她们都是新时代的花木兰。"他仔细询问女职工的生活,认为女厕所离营区太远,嘱咐张志军同志改近一些。他说:"乌江阴雨天多,天黑坡陡,远了,会吓着女职工,摔着女职工。"他的意见很快就被二十局指挥部落实了。

　　慰问演出的时候,王瑞祥讲完话,就坐在悬崖边的一个小凳上,同志们安排他坐中间,他无论如何也不肯。王瑞祥说:"五队能看演出的地方太小了,巴掌大一块地方,女同志个小又多,我坐在中间不是把她们挡住了。我个头大,还是靠边好。"

　　演出结束后,王瑞祥率慰问团要离开五队了。五队的女职工将他们送到山下几百米外的码头,久久不愿离去。王瑞祥说:"同志们回吧!"连说数遍,她们仍然站在那里,眼中含泪,任江风劲吹。没有办法,王瑞祥对船上的演出队伍说:"姐妹们,再为我们的筑路女工唱支歌吧。"于是"大哥,大哥,你好吗……"甘萍那首动人心魄、催人落泪、让人回味无穷的歌声又一次在乌江上回响……

　　我结束五队的采访,登船返程时,几只白鹭翩翩飞舞,欢唱着送我远去。我望着乌江右岸古老的时断时续的纤道,心想:铁路建设者不就是新时代的纤夫吗?他们用青春、智慧和汗水拉着社会主义的航船飞速向前。回望身后,我望见那高大的山、白色的房和新建的路,不禁吟出一句诗来:"莫道青山无立处,我是山鹰路为巢。"

铁军长缨缚五龙

李佩山　马玉学

"五龙"挡道

"五龙盘踞"的大型城标雕塑，坐落在重庆市武隆县县城，成为这个县城的显著标志。相传，武隆县的土坎镇，是五龙戏水和五龙飞天的地方，至今仍称五龙村。那五条千年巨蟒，早已修炼成精，在它们即将化作真龙升上天空之际，不巧被一渔夫碰见，沾染了俗气，随着渔夫"啊"的一声惊叫后，便转化成五条孽龙，从乌江之下钻向武陵山脉，形成了与其紧紧相连、高高凸起的"五龙山"。从此，五龙伺机报复，"五龙山"一带时有灾祸发生，洪水暴涨，山体滑坡，房屋倒塌，民不聊生。历届县官在这里都坐不住。据武隆县志记载：唐武德二年（619年）建五龙县，设治于此，明洪武十三年（1380年）改五龙为武隆县，取龙武昌隆之吉义。后把县衙搬到了巷口镇。现五龙村为县级文物保护单位——武隆县旧城遗址。然而，天灾并未因此而断绝。2001年5月1日，震惊全国的武隆山体大滑坡，冲垮9层高楼，造成79人遇难。有人说，这是"五龙"翻身所致，"五龙山"靠近不得，更动它不得。

武隆山水秀丽，素有"重庆市后花园"之称。但因天然地势和国家、地方财力不足等原因，交通极其落后，由此带来的经济发展严重滞后，始终未能甩掉"全国贫困县"的帽子。兴隆腾飞、摆脱贫困成了武隆人民世代渴望实现的梦想。

经济要发展，交通须先行。渝怀铁路，为武隆人民圆富强梦带来了千载难逢的机遇。应武隆人民的要求，穿越武隆境内"五龙山"腹地的长隧以"武隆隧道"冠名。它起于传说中五龙聚首的土坎镇，止于武隆新县城。谁持长缨缚五龙，完成建设武隆隧道这一光荣而又艰巨的历史使命？是英勇善战的中铁十四局集团的千余名将士，在这里演绎了一曲悲壮的降龙神话。

十四局集团承建的全长9 418米的武隆隧道，是渝怀铁路第二长大隧道、全国第

铁军长缨缚五龙

三长单线电气化铁路隧道，列入全线11大控制工程之一。武隆隧道地处乌江峡谷，穿越武陵山脉，其地形、地质、地貌极为复杂，渝怀线上隧道施工中的所有不良地质如：古滑坡浅埋、偏压、断层、褶皱、煤层、瓦斯、高地温、岩爆、岩溶、暗河、突泥、涌水等地质灾害在武隆隧道都有突出表现。

武隆隧道的岩溶地质特别发育，堪称"地质灾害博物馆"，是渝怀铁路全线公认的施工难度最大的隧道之一。在正洞施工中共有5处大型溶洞暗河，其溶腔规模小则十几米，大则二三百米，这五处溶洞是否是传说中五条巨龙的栖身之处，为武隆隧道蒙上了一层更加神秘的色彩。仅2002年至2003年就发生特大涌水10次，涌水量从每天几十万方到最大超过千万方，达1 190万方，在国内外隧道史上极为罕见。为此，铁道部增拨专项科研经费，补列岩溶地质治理科研项目。

十四局集团自铁道兵时期以来，从未打过9 000米以上的长大隧道，而武隆隧道全长9 418米，真是"百年一遇、千载难逢"！

然而，由于设计改线的原因，队伍上场后迟迟不能动工。武隆隧道2001年6月份铁道部

武陵山脉典型的喀斯特地貌，造就了千奇百怪的溶洞和极其复杂的地质环境，给隧道施工带来前所未有的困难。从涪陵至酉阳区间，隧道占线路总长80%，其中9000米以上隧道4座，7000米以上隧道8座，均集中于此间。

119

批准长隧方案，7月份开始施工图纸设计，8月份陆续供图，9月28日全隧正式开工，比全线同类隧道开工整整滞后了8个月。

武隆隧道横穿"五龙山"，与震惊全国的武隆大滑坡属同一山体，且隧道洞身距滑坡点特近。工期紧、任务重、施工难度大是武隆隧道施工最主要的矛盾，能否按期建成，直接制约着全线的铺轨工期，这项工程任务可以说是一块烫手的山芋。

"成也武隆，败也武隆！"指挥长叶禄林、党工委书记马玉学说，"为了圆武隆人民的世纪之梦，为了建设大西南人民的'幸福路'，也为了十四局集团的信誉，我们别无选择，只有'背水一战'！"

孽龙兴妖

为加快施工进度，武隆隧道中部设计一处横洞，进入正洞后向进口、出口两个方向掘进，以形成"中部开花"之势。应当说，开工之初，在武隆隧道三个施工点上，隧道分公司项目部担负施工的横洞工区进展是最顺利的，466米横洞打完进入正洞后，建设者们只用4个半月，就掘进1 900多米，平导单口月进尺最高时达到318米。十

铁道部副部长陆东福（左3）视察工地

四局集团董事长、党委书记韩锋线检查横洞工区时曾说:"这里是十四局集团渝怀铁路工地上的一个亮点。"

然而,通往亮点的路并不是笔直的。大自然给横洞工区建设者们看的这本地质天书的题目是:先喜后忧!谁也没有料到,在以后的施工中遭遇了渝怀铁路全线最大的溶洞、暗河和涌水。

2001年10月13日,平导施工揭穿的1号暗河,一年四季水长流,当时测得流量为26万立方米/日,走向与隧道正交。

2002年2月3日,武隆隧道横洞工区进行正洞施工时,一炮炸出个大岩溶群。溶腔内充填物为饱和状软塑黄土,夹大小石块及细砂沉积物等。岩壁上有明显溶蚀痕迹,种种迹象表明前方又有溶洞。

2002年2月7日,在隧道右上方出现一洞口,将2号溶洞主体及所形成的暗河揭出。经探察,溶洞为西南—东北走向的狭长溶洞。隧道与溶洞相交长度49米,暗河水位比隧道内轨顶高4.1米,水质清澈,还有盲鱼在水中缓缓游动。此处埋深已超出800米,如果没有足够的氧气,这些小生灵是无法生存的。由此可想而知,大山腹中的岩溶发育程度。

2002年5月11日,距2号溶洞仅170米,又揭穿3号溶洞,其规模比2号溶洞还要大。溶腔高30多米,酷似一个天然音乐厅,可容纳下一个连的兵力。

2002年8月16日,距3号溶洞仅190米处,又揭穿4号大型填充型溶洞。

在2002年这一年内,十四局集团隧道分公司的建设者们,接连三次受到暗河的袭击。2002年5月13日、6月20日和8月12日,横洞工区先后发生3次特大涌水。尤其是6月20日的涌水,2、3号暗河超过140万立方米,是设计最大流量7万立方米的20倍。当时涌水来势凶猛,流速湍急,犹如山洪暴发。仅5小时洞内水位就达4米多深,而横洞口外正对洞门所填场地及运输轨道被完全冲垮,洞门悬空,洞外形成20多米深的沟壑,使洞外运输、洞内施工完全瘫痪,直接威胁洞门及其公路的交通安全。这次特大涌水造成近700万元的经济损失,其中洞口两台通风机和焊机、喷锚机,部分充电设备和充电瓶,堆码的大批钢材、木材等工程物资被冲入江中;洞内拱部格栅、扒碴机、电瓶车、梭式矿车、输送泵等20多台(套)施工设备都不同程度地遭到破坏,部分已经报废。

灾害,无情的灾害,也许是有意和勇士们过不去。2003年夏季,十四局集团隧道分公司的建设者们又经历了中国铁路隧道建设史上罕见的涌水考验!

2003年5月21日上午8时,武隆隧道3号暗河开始涌水,涌水持续了两天两夜,其流量超过了200万立方米/日,冲垮了横洞口的挡碴墙和排水涵。连接横洞口竖井的流水槽断裂,现场值班室、修理间和配件库倾斜倒塌,大量材料、机具、配件被冲入乌江,造成直接经济损失256万元。

6月24日武隆县下了一场有气象记录以来最大的降雨,12小时内降雨量达189毫米。6月25日凌晨4时10分,一场中国隧道施工史上从未有过的特大涌水在武隆突然暴发。凶猛的涌水就像久困深渊的蛟龙,翻腾怒吼。很快冲垮洞外排水明渠,推倒泄水竖井,致使横洞口的场地全部坍塌,刚抢修完的洞门再次被悬空,房屋被毁,大量工程物资顷刻间被卷入江中,隧道内6节梭式矿车、4辆12吨重的电瓶车也顺轨冲入乌江,全部报废。涌水造成洞内轨道变形,泥沙淤积上千立方米,初期支护挤压、扭曲变形,两处坍塌。此次涌水持续了整整五天五夜,最大日涌水量达1 190万立方米,造成直接经济损失1 000多万元。

谁持长缨

十四局集团隧道分公司是一支英雄的队伍,享有"穿山甲"的美誉。在京九铁路歧岭隧道、朔黄铁路东风隧道、南京鼓楼隧道、深圳梧桐山隧道等,都留下了他们敢打硬仗、恶仗的身影,铸造了辉煌的业绩。在武隆隧道频繁恶劣的地质灾害面前,他们又一次以泰山压顶不弯腰的英雄气概,与之一搏高低,再次展示了铁军雄风。

在武隆隧道的横洞入口,有一大型横幅标语格外醒目,"涌水奈我何,冲了再重建"。这是十四局集团隧道分公司建设者与地质灾害不屈不挠拼搏精神的真实写照。

在2003年5月21日的特大涌水中,他们奋不顾身抗涌抢险的英勇事迹在渝怀线被传为佳话。

一位领导在视察了现场之后，感慨地对十四局集团渝怀指挥部领导说："你们的员工是好样的，如果说广大铁路建设者在渝怀线塑造的渝怀精神是一座丰碑的话，你们在抗涌抢险中表现出来的豪迈气概就是它的精髓之所在！"

5月21日上午7时30分，大家像往常一样在工地上忙碌着，突然洞内发生涌水。正在洞内值班的总工办副主任张怀胜首先发现涌水，在这分秒必争的生死关头，张怀胜完全有足够的时间逃生。在生死考验面前他却没有这么做，而是立即同工班长许和杰火速朝掌子面赶去，见到施工人员便通知他们立即撤出。仅10分钟时间涌水已超过80厘米，从横洞撤出的路已断，张怀胜、许和杰当机立断，组织剩余的20多人涉水往坡度较高的出口方向撤离。经过一个小时惊心动魄的疏散，洞内施工的人员全部安全撤出，而张怀胜、许和杰却被洪水团团围住。此时积水已超过1米，无论往进出口哪个方向都无法撤出。求生的本能把他们俩逼到台车上，唯一的希望就是等待救援人员到来。

武隆隧道突发涌水和两名职工被困洞内、生死不明的消息传到渝怀铁路建设总指挥部，何明新指挥长立即指示：要千方百计、采取一切措施把两名职工救出来，并安排高级工程师温兴明火速赶往现场协助组织营救。上午11时，局指挥部领导、隧道分公司项目部的领导会同温高工，在现场召开紧急碰头会议，分析涌水情况，设想了多套营救方案。首先决定从横洞组织营救，从职工中挑选了12名身强力壮的小伙子，每个人身扎安全带，再用安全绳相互联结起来，然后手挽手在隧道分公司项目书记何建林的带领下，从横洞口涉水出发，446米的横洞用了一个多小时才艰难地到达与正洞交界处。此时水更深、水流更大，水已漫胸，无法前行，第一次营救失败。

张怀胜新婚不久来工地探亲的妻子，从早晨到下午滴水未进，在洞口苦苦等了10多个小时，无论工友们如何安慰，仍是泪水涟涟。当营救人员空手而归的时候，她忍不住发出令人揪心的哭声。

时间就是生命，领导们根据洞内涌水情况，马上决定从出口方向再次组织营救。一方有难，八方支援。承担出口施工的四公司，立即决定停止作业协助营救。下午5时，四公司领导和有关人员配合隧道分公司的营救人员从出口向涌水点出发。从出口到涌水点长4 500余米，当行进到3 500米处时，尽管是上坡，涌水已回漫，水深已达40厘米，距涌水点还有1公里的路程，按千分之三的坡率，推算出涌水点水深要达4米，营救人员赤手空拳根本无法到达事发现场。

大家集思广益，出主意想办法。经过现场紧急会议研究，决定立即购买两条大型装载机轮胎内胎，铺上木板，组成两条简易橡皮筏子再次组织营救。从购买到充气、铺设木板等紧张工作仅仅用了两个小时。晚上8时，第三次营救工作又开始了。

张怀胜、许和杰已经一天没有吃饭了。工友们想得很周到。他们从商店买来饼干、方便面等食品，用挎包装好背在身上，一切准备就绪，营救人员身穿救生衣、腰扎安全带，在漆黑的洞内打着手电筒前进，为了争取时间，水不深时他们就涉水推着橡皮筏子，水深了就划着橡皮筏子，晚上10点钟终于接近了涌水点。

在距离涌水点还有50多米时，新的情况又出现了。3号溶腔底标高比正洞低6米，溶腔底下有一暗河通道，正洞涌水在此下泻形成一个巨大的旋涡，橡皮筏子无法划过去，震耳欲聋的涌水声令人毛骨悚然。营救人员大声呼喊张怀胜、许和杰，同时努力用手电筒向洞内深处照射。令人欣慰的是洞内深处衬砌台车上有微弱的灯光在晃动回应，虽然看不清是打火机还是手电筒，大家都很激动，高悬的心像一块石头落了地。只要张、许两位同志安然无恙，比什么都好，营救人员不约而同地发出一阵欢呼声。大家用无声的语言——手电筒光向远方的战友问候、倾诉、交流。这种无声的"交谈"在大山深处足足停留了20多分钟，最后在确实难以施救的情况下，大家还是怀着恋恋不舍的心情离开了现场。

度过了一个难忘的不眠之夜，时间已到第二天早晨，监测人员发现水位略有下降，项目经理杨向东下令再次营救。直到8时，营救人员终于把困在洞内24小时之久、饱受饥饿恐惧寒冷之苦的张怀胜、许和杰救了出来。"危急识英雄，苦难见真情"，这句亘古不变的千年古训又一次在武隆隧道"5·21"特大涌水中得到验证。两位同志在生死关头，先人后己，确保了洞内施工人员安全撤离，他们的英勇事迹受到领导和同志们高度赞扬，局指挥部党工委专门作出决定，号召全体员工向他们学习。《重庆日报》、《重庆交通报》、《西南铁道报》也曾对他们的动人事迹以"惊心动魄、生死考验"为主题作了长篇报道。

在灾后的恢复施工过程中,十四局隧道分公司的建设者们,更是英勇顽强,不屈不挠。2002年6月20日的特大涌水后,24日他们拿到上级确定的抢险治水图纸,便立即开始施工。虽然被涌水冲出的沟壑又深又险,不时发生局部小坍塌,但广大建设者们冒着时而火热、时而雷雨的恶劣天气,白天黑夜连轴转,很多同志先后几次在工地上连续奋战20多个小时还不肯离开。经过广大建设者们的艰辛努力,竖井最后一混凝土的浇注于7月3日晚上完成,涵洞主体于7月5日晚上全部浇注完毕。经过10天的奋战,洞外新增的排水涵洞、排水竖井主体工程全部胜利完成!7月中旬,施工生产恢复正常。

2003年的特大涌水后,建设者们冒着高温酷暑,奋战48天,将洞内几千立方米沙石清理出来,将坍塌的拱墙、变形的支护整治如初。为了治理好悬空20多米的洞口,建设者们奋战20多天,让3个高达20多米的桥墩从深谷中拔地而起,建成栈桥,为施工生产奠定了基础。维修人员加班加点,对涌水损坏的机械设备进行快速抢修。采购人员争分夺秒,紧急订购上千万元的设备,使施工生产得以如期恢复。

群英定计

武隆隧道突遇溶洞暗河群的消息,引起了渝怀铁路总指挥部、铁二院和监理站的高度重视。2002年2月8日和3月25日,渝怀铁路总指挥部何明新指挥长、李才儒总工程师和铁二院张文健总工程师等领导,先后两次赶到工地指导工作,明确指出,"要想尽一切办法,保证武隆隧道继续掘进,在拿出永久性治理方案之前,采取加强临时支护措施,确保安全穿过溶洞段。"铁二院隧道处总工程师高扬、铁二院现场指挥部高级工程师杨昌宇等也多次到工地,帮助制订施工方案。经过研究,决定采用双层小导管注浆固结拱部围岩、加密格栅间距、混凝土墩支撑岩壁等一系列临时支护方案，为安全、快速通过溶洞群提供了设计保障。

2002年4月24日，铁道部副部长蔡庆华到武隆隧道横洞工区检查工作。他乘坐电瓶车牵引的梭式矿车行至1号暗河，看到暗河涌水打着旋涡已漫到轨面，关切地询问水量、水深和流量。在2号暗河边，蔡副部长实地考察了溶洞现状。当得知隧道两个多月仅开挖了60多米，看到现在仍是稀泥烂浆时，他表情顿时严肃，一再叮嘱："在这样的地质情况下施工，一定要做好超前预报，采取一切必要的措施，绝对保证施工人员的安全。"25日晚8时，已离开武隆隧道到达黔江的蔡庆华副部长仍然放心不下武隆隧道的岩溶治理，临时动议并亲自主持召开了渝怀线隧道溶洞、暗河专题汇报会。

2003年7月8日、9日，铁道部工程管理中心的潘厚德主任、铁道部建设司司长杨建兴听取了中铁十四局渝怀铁路工程指挥部指挥长叶禄林关于武隆隧道"6·25"特大涌水情况汇报，并观看了涌水录像资料。

有关人员检索了国内隧道施工中溶洞暗河的涌水量，资料记载中找不到如此大流量的涌水，实属国内外罕见。为保证隧道岩溶整治的顺利进行，必须采取特殊的结构形式；为保证隧道交付运营以后的结构安全，必须加大泄水洞的开挖断面，保证百年一遇强降水暗河流量的顺畅下泄。相关领导指示在原变更设计的基础上进一步优化设计，保证百年大计、万无一失。

2003年7月27日，刚刚上任的铁道部副部长陆东福得知武隆隧道遭遇特大涌水袭击的消息后，立即驱车赶往武隆隧道工地。在武隆隧道横洞认真听取了特大涌水灾害的详细汇报，并观看了特大涌水的实况录像，尔后往返步行4公里深入到洞内涌水现场实地察看灾情。陆副部长对十四局集团指挥部前期工作给予了充分肯定，他说："前段的工程你们干得不错，下步工作一定要注意安全，在保证质量的前提下，不断加快施工进度，确保铺轨工期。"他要求设计单位和施工单位联手攻关，尽快恢复施工场地和运输轨道，尽快制订出切实可行的治理方案，确保铺轨按期进行。

2003年7月3日，在渝怀铁路建设总指挥部主持下，铁二院、十四局集团渝怀铁路指挥部、西南交大监理公司渝怀铁路监理站等共同察看了武隆隧道"6·25"涌水灾害的现场，就下一步如何恢复施工、如何处理暗河涌水和如何保证铺轨工期进行了讨论，形成了结论。

对十四局集团隧道分公司的建设者来说,武隆隧道的建设道路是艰难的,因为他们要面对中国铁路隧道建设中前所未有的困难。但是,武隆隧道的施工实践又意义深远,因为它不仅是十四局集团的标志性工程,也是中国铁路隧道施工的重大突破!

龙口之战

武隆隧道进口段穿过武隆至丰都公路,施工干扰大,作业场地狭小。矛盾更为突出的是进口段又是连续1 776米的浅埋(埋深4～40米)层,地质为土质Ⅳ、Ⅴ级围岩,以碎石土、块石为主,土质松软,渗水量大;洞门段处于古滑坡体和堆积体上,极易塌方。施工中东口段多次发生滑坍变形,洞口导向墙整体向外推移达58厘米;灌注的洞口段混凝土初衬多处开裂下沉,最大下沉量超过30厘米,严重侵入衬砌限界,不得不长距离二次破拱重做;洞口左侧边坡多次发生滑坍,施工步履维艰,进度缓慢。

承建武隆隧道进口段施工的十四局集团三公司的建设者们将目前国内除冷冻以外所有地下施工技术全部用上了。这一仗他们打得太艰苦了!

确切地讲,就是武隆隧道的上下左右前5个方向全部都可能变形坍塌。真是个名副其实的烂洞子!

建设者们为减少洞顶公路车辆通过的动载对洞身的影响,在隧道实施29根35米长、直径100毫米的大管棚,格栅钢架、挂网锚喷等联合超前支护加固措施。

因洞口段隧道基底承载力极低,在开挖前注浆的基础上,为防止隧道沉降变形,建设者们采用"仰拱跳槽施工法"。就是说,隧道底部的仰拱实行跳跃式施工,隔一段打一段,局部封闭成环后再连起来。这个方法很灵,取得了明显效果。

小心翼翼地进洞后,滑坡又给建设者们来了一个"下马威"!

2001年12月22日、28日,武隆隧道进口段发生两次较大塌

方，长度近 50 米，高 16 余米，塌方量有 2 000 多立方米！

　　建设者们并没有被吓倒，他们在项目经理于新军、党总支书记赵建国的率领下，卓有成效地采用各种科学措施治理塌方。昼夜奋战一个多月，包括 2002 年春节也没停一天工，最后终于清理完塌方，进入正常施工。大塌方过后，项目部根据武隆隧道的地质条件，结合施工中的经验教训进一步细化、优化施工方案，制定了应对突发事故的措施，使施工方案更加科学，更加具有操作性。同时，根据围岩类型的变化，每 5 至 10 米即下达一次书面技术交底书，在施工中严格监督施工队不折不扣地执行，使施工队在施工过程中时刻都有作业依据，避免了盲目施工、冒险施工带来的风险。俗话说："不怕

溶洞施工

慢,就怕站",隧道施工只要防范于未然,不出现塌方、突水等突发事件,按照设计正常施工,工期就不会有问题。

正当施工走向正常,准备甩开膀子大干的时候,一个突如其来的情况又出现了。按照原设计,进口段没有煤层地质,也就不存在瓦斯防护。但是当掘进至1 000多米,在掌子面上进行挂网焊接作业时,突然"轰"的一声,掌子面上瞬间燃起了熊熊大火,施工人员迅即惊慌撤离。正在邻近标段检查工作的渝怀总指挥部总工程师李才儒、铁二院总工程师张文健、二院隧道处总工程师高扬等闻讯赶到现场。经现场勘察,认定是隧道下方800米深处瓦斯气体沿破碎岩石裂隙蹿出所致。为防止瓦斯爆炸造成事故,所有机械设备、车辆,包括照明都必须更换成防爆类型,本来就吃紧的工期又是雪上加霜,在加紧更换装置的同时,三公司在隧道上方突击挖了一处深40米的竖井,从水平方向和垂直方向加强通风,稀释瓦斯浓度。这样一折腾,一个多月又无任何进度。

为将前期耽误的工期赶回来,面对逼人的形势,项目部领导决定打破常规,抓住大塌方和瓦斯整治后围岩变好、天气晴朗、洞内涌水较少的有利条件,不失时机地开展"百日大干劳动竞赛"活动,并成立了以经理于新军、书记赵建国为组长的劳动竞赛领导小组,掀起了大干的高潮。建设者们在相继攻克了洞内大塌方、洞顶大滑坡、瓦斯爆燃、特软弱围岩和地下水丰富、防渗防漏等重重难关以后,又不断优化施工方案,进一步采取钻探、物探等各种措施,加强地质的超前预测预报,加强围岩的变形观测,创Ⅳ级围岩月掘进140米,台车衬砌24模、216米,连续14个月圆满完成上级下达施工任务的好成绩,在局指安全、质量、进度、标准化工地和环保水保等综合评比中,多次名列前茅,受到表彰和奖励。尤其是他们率先优质高效地完成了武隆隧道进口1 776延米的衬砌施工,受到渝怀铁路总指挥部领导的高度赞扬。

缚住孽龙

　　武隆隧道横洞工区向出口方向的施工中，自2001年10月13日至2002年5月13日，先后三次于正洞D2K192+280～+287、D2K193+185～+210、D2K193+320～+370里程处揭示出三条溶洞暗河（即1号、2号、3号溶洞暗河）。2002年至2003年两个雨季发生10次大规模涌水，日涌水量从几十万立方米到上千万立方米。每次涌水都造成隧道横洞口场地被毁，洞门悬空，大量岩溶水涌入正洞，导致1号～3号暗河段施作的初期支护局部破坏，已压浆固结的岩溶充填物被冲出，形成局部空洞，大量工程设备、物资被冲入乌江。几次涌水累计中断施工126天。特别是2003年"6·25"大涌水，日涌水量达到1190万立方米，涌水过后经现场实测，高达3.66米，3号暗河处的初期支护被撕开两个直径达6米的大口子，400余立方米的乱石块堆满正洞，石块最大粒径达3米，足有4立方米，从3号溶洞至横洞滞留了1000余方纯净的河沙。停放在洞内的4台12吨电瓶车、6节自重达17吨的16立方米梭式矿车被冲入乌江。不难想象，涌水时的水头有多高！压力有多大！涌水对隧道结构的破坏又多么严重！

　　经设计单位地质专家实地勘察，武隆隧道暗河水源来自于海拔1900余米的仙女山两级阶地平台，汇水面积达124平方公里，这一区域内的大气降水经地表和地下汇入乌江。经亿万年的溶蚀，大山腹中形成了多层次、纵横交错、网络状的自然暗河通道。每到雨季高水头、高压力的暗河水便成泛滥之势，这不仅为隧道施工带来灾害，更严重威胁着隧道建成后的运营安全。

　　2002年大涌水过后，经过数次由业主、设计、施工、监理参加的四方会议研究讨论，决定增设泄水洞以彻底解决武隆隧道的涌水灾害问题。2002年10月29日，铁道部设计鉴定中心批复同意泄水洞方案，泄水洞设计长965米。

　　已数次领教并吃尽涌水之苦的中铁十四局的将士们为尽快降伏孽龙，保证正洞施工的正常进行，制订了在2003年雨季来临前掘通泄水洞的计划。按他们的施工能力，965米的泄水洞可以算是小菜一碟，最多5个月完成绝对没问题。

　　可万万没有想到，正是开工之后的泄水洞却让十四局的人有点措手不及，小小的泄水洞竟折腾了一年多时间。

　　按照设计，泄水洞的出口设在陡峭的乌江岸边，洞门处是坚硬、裸露的基岩，进洞施工很容易,掘进也很顺利,仅开工前两天就进去 10 多米。正当大家有条不紊展开循环作业时,不料一炮炸出了一个巨型溶洞,原来大山山体外面仅是个壳子。

这一巨型溶洞的出口就在泄水洞下方的乌江边上,当地人称"老龙口"。是传说中五条孽龙钻入大山腹中后,不甘寂寞经常钻出大山来乌江戏水的出入口。一年四季水长流,其溶腔规模高约 60 米,宽约八九十米,深不可测,乌江涨水时可乘小船划入洞穴深处。在溶腔的岩壁上栖息着成百上千只蝙蝠,是多少万年来蝙蝠繁衍生息的地方。岩壁下的斜坡上堆积了大量的蝙蝠粪便,日积月累足有 20 多厘米高,深入洞中,寒气逼人,受惊的蝙蝠"扑扑"四面乱飞,令人毛骨悚然,确有几分神秘和恐怖。

进洞遇到难题,不得不再换个地方,决定在上游方向 10 多米处再开一洞口。这次掘进了 20 多米,又遇到了大溶洞。此时,受地形限制,外面已没有再开洞口的位置了,怎么办?最后只好在洞内拐弯,绕过溶洞!如此这般,3 个多月时间犹如白驹过隙般溜走了。

2003 年 4 月底,经过四次绕避施工,泄水洞掘进至 X1K0+770 里程处。然而,在这里他们又揭穿了一处规模更大的溶洞暗河。

这一处溶洞"有山有水"、气势恢弘、颇为壮观。溶腔大厅高约四五十米,东西宽约 200 米,洞内地面起伏变化较大。洞内深处有一大型暗河,暗河水一年四季奔流不息,声势浩大。触景生情,不仅令人遐想联翩:这是五条孽龙的老巢?还是它们聚会的场所?洞内千姿百态的钟乳石随处可见,有的像倒挂在岩壁上的利剑,有的如钻出泥土的春笋,有的如一枚枚整装待发的长征系列火箭,有的像雨后的蘑菇,有的如老态龙钟的石老人……每一处景致都可以编出一段美丽的神话。其景观完全可以与号称"天下第一洞"的芙蓉洞相媲美。隧道分公司的将士们风趣地说:不用买门票就可以天天参观"芙蓉洞"。

这么大的溶洞不绕是跨不过去的,当时距离泄水洞终点直线距离只有200多米，拐大弯行不通，只有从溶腔边上拐小弯进去。此洞与正洞3号溶洞相交织，掘进掌子面上为块石夹土，脚下到处是稀泥烂浆，施工举步维艰，即使日夜加班连轴转，在当年雨季前也通不了。早已料到但不愿看到的事情还是发生了，2003年武隆县遭遇了有气象记录以来最大的强降雨，武隆隧道连续发生了"5·21"、"6·25"等四次特大涌水。

2003年雨季大涌水过后，设计单位根据涌水情况再次变更，泄水洞长度由965米经四次绕行后变为1 127.495米，净空断面由原设计3.5米×3.65米（宽×高）调整为4.8米×4.7米（宽×高），对已掘进的断面进行扩挖、重新衬砌。

就这样一波三折，经过一年多不屈不挠的艰难施工，终于在2004年雨季到来之前建成了这座泄水洞。当雨季来临再次发生涌水时，泄水洞的功能已具备，昔日疯狂肆虐的涌水规规矩矩从泄水洞直泻乌江，一场恶仗终告胜。真可谓：今日长缨在手，终把孽龙缚住。

科技开路

十四局集团公司的建设者们，为实现武隆隧道争创国优的目标，为了同地质灾害作斗争、抢工期，高举"科学技术是第一生产力"的大旗，挥舞科技这把利剑，一路披荆斩棘。

四公司项目部承建的武隆隧道出口比浅埋"地铁"施工还难，因为出口及平导均属浅埋，隧道出口位于武隆县城乡结合部，左右上部几米至十几米，都是建筑群。有高层居民楼、汇邦制药厂，有正在施工的党校教学楼工地，还有车水马龙的武（隆）仙（女山）公路。

应该特别指出的是，汇邦制药厂是武隆县引进的重点项目，重庆市重点企业，年产值8 000万元。隧道从药厂下方通过，穿越的构筑物有楼房桩基、围墙桩基、地下油库等，楼房及围墙桩基有7根不同程度伸入隧道，开挖轮廓线0.2~3.13米；楼房处隧道埋深9.5米，油库埋深6.55米；楼房内一层为锅炉房，而燃油蒸汽锅炉又是制药厂生产动力、供气系统的唯一动力源；楼房二层为高压配电室，有精密的仪器、仪表。另外，影响隧道施工的因素还有：厂区内密布的水管、蒸汽管、高压电缆、输油管路等管线，生产车间内的锅炉、高压贮气罐、各种仪表以及地下水、地表水等等。所有这些都使施工难度进一步增大，如不严格控制，轻则厂房下沉，地下各类管线折断，造成药厂停产、巨额赔偿；重则楼塌机毁人亡，后果不堪设想！

爆破专家们介绍，这种情况在全国铁路隧道施工中非常罕见。因此，必须有安全、合理、可行的施工方案，控制地表沉降和水平位移。施工中的关键技术是严格控制爆破震速，每秒不得超过2厘米。

怎么扫除这只"拦路虎"？最有力的武器当然还是科技这把利剑。

十四局集团渝怀铁路指挥部邀请渝怀总指挥部、铁二院、西南交大有关专家多次来工地"会诊"，对施工方案进行反复论证修改。

出口的平导洞开挖首先受阻。2001年12月，平导洞内突然涌水如注，隧道内形成一幕雨帘，职工们形象地称之为"水帘洞"。可是洞内的"猴哥"们却受尽了苦头。刚刚打出的炮眼被迅速充满泥浆，装上的炮药随即被压力水冲出，起爆、除碴等工序均受到了影响，职工们的身体也受到了严重的威胁。怎么办？四公司项目部一方面安排人员轮流值班，死守工地，以观动静；一方面组织技术人员研究施工方案。找准原因后，他们利用超前钻孔进行排水，炮孔周围打平行泄水眼，减轻孔内压力，同时采用上下台阶法掘进、加强支护的施工方案。在日涌水量近2万立方米的情况下，仍取得了日掘进5～6米的好成绩。

在出口穿越汇邦制药厂的施工中，他们采用了双层大管棚、钢轨拱架、中空锚杆注浆等一系列地基加固措施。为确保万无一失，他们采用先进的爆破振动自动记录仪测定隧道爆破速度，严格控制装药量，减少震动影响，将地表质点震速控制在每秒2厘米之内，洞内拱顶下沉控制在3厘米，从而达到了城市地下工程施工标准的国内先进水平。与其说是隧道爆破，不如说是在"绣花"；与其说是在轰轰烈烈地科技攻关，不如说是在悄悄地"作画"。

2002年4月21日,在居民们的不知不觉中,在药厂职工安然有序的生产中,在顶部车水马龙的公路下,100多米长的"地铁"终于贯通了!

铁道部副部长蔡庆华,开工前曾两次实地考察,最担心这里出安全问题。当他得知这一喜讯时欣慰地说:"这下我放心了。"

在强大科学技术的支撑下,四公司项目部打开了一道道制约施工的"瓶颈"。他们在施工中完善,在完善中创新,在创新中突破,相继与西南交大、中铁西南研究院、石家庄铁道学院合作,开展了钢纤维、微纤维等新材料的应用实验,进行了隧道不良地质超前预报。同时积极组织实施"隧道光面爆破"、"整体液压台车衬砌"等攻关项目,重点提高混凝土衬砌、圬工等质量,投入1 000多万元购置国内外先进的技术设备,使施工进度和质量如虎添翼。总公司总经理王振候,十四局集团董事长、党委书记韩风险和总经理杨有诗,在现场观看和听取汇报后都给予了高度评价。在铁道部工程质量监督站新线铁路监督站重庆工作站组织的3次无损抽查检测中,均保持了优良记录,并给予了全线最高评价。其中他们组织实施的《浅埋隧道穿越楼房桩机技术研究》成果被上海科技委员会审核通过,并申报了铁道部科技成果奖。

精品工程

提起对质量的控制,让建设者们刻骨铭心的是那"推倒重来"的两次经历。一次是在下锚段衬砌时,因为委外加工的模板尺寸有误差,立模时没有及时发现,造成跑模2厘米。由于这3米的下锚段恰好在两直墙之间,不容易发现。衬砌增厚2厘米按照过去的做法,这或许不算什么大毛病。可在武隆隧道却行不通,隧道分公司项目部要求的衬砌砼两模间错台及窗口错台都不得大于2毫米。因此,不等领导发话,职工们就主动地将这模混凝土用风镐一点一点凿掉了。另一次也是在衬砌过程中,因混凝土输送泵出现了故障,间断了5个小时的砼施工被总工程师郭占辉一声令下,将已衬砌的混凝土施工停了下来,立即拆模、凿掉、重作。问及原因,只是因为衬砌混凝土不能出现施工缝!建设者们说:"看到辛辛苦苦打好的混凝土被凿掉,我们的心里别提有多难受了。可是为了创国优,我们又不得不推倒重来!"

正是有了这样严格的标准和过程控制,横洞的工程质量获得了一致好评。2001年11月,局指挥部在隧道分公司横洞工区召开了光面爆破现场观摩暨经验交流会。

2002年4月,铁道部质量监督总站西南分站对武隆隧道的横洞工区的光面爆破、二次衬砌给予通报表扬。

值得圈点的是,武隆隧道横洞的衬砌混凝土内实外美、洁净明亮,台车接缝衔接平滑,拱部光爆半眼清晰可见,给人以赏心悦目之感,受到铁道部领导的称赞。

2002年7月,渝怀总指挥部组织全线质量评比观摩,在全线196座隧道中,6座隧道被评为全线隧道衬砌样板。其中武隆隧道就是样板工程之一。

由于三公司项目部始终以"大工程树形象,小工程出精品"为目标,通过质量会议、观摩学习、宣传教育等形式,把质量意识灌输到每个职工的心中,并制定了周密的质量管理方法、奖罚措施来严格每道工序,对施工中出现的质量问题,坚持"三不放过",一抓到底,使工程质量始终处于受控状态,隧道衬砌"不渗不漏",多次受到上级表扬。

四公司项目部从建立健全组织机构、完善质量规章制度、严格施工质量过程控制、加大责任奖罚力度等环节入手开展创优工作,全面贯彻ISO9002质量保证体系,形成上下质控联动机制,坚持高标准,严要求,提出"合格即不合格,优良才是合格"的管理方针。在隧道衬砌初期,衬砌混凝土表面总是留着小气泡,而且光泽不够。他们通过开展QC小组活动,衬砌小组成员对原始记录资料分析,找出了影响衬砌质量的4个因素,并据此进行多个循环的跟踪调整,清洗河沙,选用优质粉煤灰,严格控制水灰比,捣固分部位专人负责,最终使衬砌质量达到了大面积平整,光洁如镜的标准。

2002年7月5日,细雨绵绵。渝怀铁路建设总指挥部组织的第二次全线优质样板工程观摩团来到武隆隧道工地。该团由渝怀总指挥部副总指挥长易庆良率领,有关处室负责人和建总、工总指挥长以及渝怀铁路各标段指挥长、总工程师参加,成员多达百人。观摩中,他们边走边看,不时地发出由衷的赞叹。

7月8日，铁道部管理中心主任施德良，不顾长途跋涉和烈日酷暑之苦，风尘仆仆地专程视察武隆隧道。他望着衬砌光洁的隧道和井然有序的施工现场，满意地连声夸道："你们十四局干得不错，干得不错！"

7月23—26日，新奥法施工的发明国奥地利的隧道专家团，到武隆隧道工地考察后评价说："这是中式的管理，欧式的质量。"

7月29日，十四局集团渝怀铁路指挥部组织召开了第三次工程质量现场观摩会，先后观摩了武隆隧道洞门和洞内铺底衬砌、仰拱平整度等工程质量。观摩会上指挥部领导提出锁定目标，规范行为，精细管理，全面创优。他们的目标是武隆隧道要创国优，夺鲁班金像奖。

速度之战

9 418米的武隆隧道2001年9月28日才开工，是全线同类隧道中设计建设工期最短的，只有35个月。武隆隧道是重庆方向铺轨穿越的第一座长大隧道，铺轨工期早，可想而知工期压力是何等之大。

武隆隧道原设计为大庄、桐子圆两座隧道，连接两座隧道的路基处于堆积体上，雨水侵蚀极易发生山体滑坡。为了行车安全，设计单位最后将两座隧道改为一座武隆隧道。由于方案变更，武隆隧道的施工图纸到位迟缓。十四局集团公司的建设者们心急如焚。时光如梭，岁月不等人，必须主动出击，赢得时间。他们不分白天黑夜，仅用不到两个月，就完成了施工前的各项准备工作。同时加强与设计单位的联系，得到初步设计方案后，他们先打横洞，从而掌握了施工主动权。

2002年和2003年的10次大涌水，中断施工累计126天，使原本就吃紧的工期更是雪上加霜。对此，建设者们说："井无压力不出油，人无压力不努力。"他们将百倍的努力付诸行动，争分夺秒抢工期。

他们从优化施工组织方案、配强配足生产要素入手，着力提升长大隧道最大限度的快速施工能力。隧道施工制约工期的两大工序是掘进和衬砌，建设者们开动脑筋，对这两道工序的设备选型、数量、配套能力进行科学计算，使机械的配置既能满足施工的需要，又能充分发挥最大效能。在有轨除碴上，他们采用进口的312挖掘装载机主攻制约工期的出口方向，采用小松装载机主攻进口方向，采用12吨电瓶车牵引梭式矿

武隆隧道全长 9 418 米

车运输，经多次改进，在渝怀线上第一家实现了"一拖二"，使除碴效率提高了 80%。在混凝土施工设备方面，他们从拌、运、泵、灌四个环节上进行科学的机械化配套，大大加快了施工进度，使每月每台衬砌台车保证完成 15 模，每月完成 300 米以上。

他们向劳动竞赛要工期，围绕每个阶段的施工重点、难点和关键点，适时组织开展各种形式的劳动竞赛。开工以来，先后开展了"百日大干"、"五项达标"、"创纪录"等竞赛活动。科学合理的竞赛目标，将建设者们的积极性化为施工进度的节节攀升。他们在施工中创造了中导洞月进尺 357 米、单口正洞全断面掘进 194 米、单口二次衬砌月进度 168 米的好成绩，2002 年全年完成全断面开挖6 033米。在十四局集团千余名职工的共同努力下，经过17个半月的艰苦奋战，终于令大山俯首让路。2003年2月6日，正当全国人民欢度羊年新春佳节之际，随着乌江之畔的大山深处一阵隆隆炮声，武隆隧道宣告胜利贯通，比原计划工期整整提前了18个月，并创造了月平均掘进约538米的高产纪录，一举跨入全国长大隧道快速施工的先进行列。为此，渝怀铁路建设总指挥部发来贺电，向十四局集团全体参战员工表示热烈的祝贺和崇高的敬意！

他们向科学技术要速度，积极应用"四新"成果，先后采用了"导洞超前预留光爆层光面爆破工法"、"无钉孔铺设防水板及施工缝处理技术"、"隧道施工降尘净毒综合治理工法"、"铁路隧道全断面钢模板台车模注混凝土工法"等先进的施工工艺。

他们对长大隧道施工的一批重难点课题开展科技攻关，其中，"长大隧道有轨运输机构配套及铺轨调车技术"、"岩溶地质超前预报技术"、"单线铁路长大隧道钻爆法施工快速掘进技术"、"单线铁路长大隧道通风降尘综合技术"等课题均取得突破。

他们还发动团员青年开展了"五小"成果竞赛，取得了"无枕木埋置式钢轨铺设技术"、"有轨运输一车两挂技术"、"有轨运输台车的水平底撑"、"自制降尘器在隧道中的应用"、"轨行式混凝土输送泵改制技术"等一系列"五小"科技成果。

在隧道施工中，他们狠抓了光面爆破、喷锚支护和铺底衬砌三个环节，加强了通风和监控量测工作；在围岩破碎和不良地质地段，他们严格遵循"管超前、预注浆、弱爆破、强支护、块封闭、勤量测、早成环"的原则组织施工，成效十分显著，有效地促进了施工任务的完成。

团队精神

十四局集团渝怀铁路工程指挥部机关是个精干高效的机构，本来人员就少，他们又精简管理人员3名。指挥长、党工委书记、总工程师、各副指挥长，全都扎根一线，靠前指挥。3位副指挥长，干脆长期在工地蹲点指挥。指挥长叶禄林和党工委书记马玉学，都是集团公司的副总经济师，参加工作35年的老同志。他们分工不分家，一心扑在工作上，处处身体力行，为人表率，带出了指挥部机关的好作风。

指挥部各部室也是一人多职，一职多能。办公室主任既要做好办公室的工作，又兼管征地拆迁工作，每天往返工地协调征地拆迁，工作热情十足，工作效率亦高。指挥部领导班子连续四年被集团公司评为"四好领导班子",2004年9月被中国铁道建筑总公司评为全系统"先进集体"。

三公司项目部在隧道施工遇到瓦斯时,施工进度一度陷入停滞状态,眼看无法完成局指挥部指定的一季度武隆隧道全线贯通的目标。为顺利改变这种不利局面,项目部经理于新军、党总支书记赵建国等领导身先士卒,日夜奋战在施工第一线,先后在现场召开了十几次工程会议,并邀请西南交大、其他兄弟单位的瓦斯隧道专家到现场指导、商讨施工组织方案。在项目部全体员工的共同努力下,只用不到两个月的时间就顺利通过了隧道瓦斯施工段,为武隆隧道提前贯通奠定了基础。

四公司项目部努力把班子建成精干、高效、务实,在职工中享有较高威信的战斗堡垒。从2001年9月起,隧道出口平行导坑突发三次大涌水,最大一次日涌水量达到8.5万立方米,施工频频受阻。在突如其来的险情面前,项目部一班人哪里危险就出现在哪里。2002年8月24日特大涌水发生时,项目经理庄纪栋、党委书记何童辉、总工王显春、副经理张彦玲几乎同时奔向掌子面,强大的水柱从探孔中喷出8米多远,水压把他们冲倒在一片汪洋中,他们全身都湿透了,却带领临时突击抢险队堵眼、排水,连续奋战20多个小时,没有一个人临阵退缩。由于"一班人"的率先垂范和科学的施工方案,及时排除了险情。职工们每次遇到抢险突击,只要看到有班子成员在现场,心里就有了主心骨,干劲就更足了。

隧道分公司项目部领导班子成员年轻、精干,开拓意识浓,创新能力强,有勇有谋。队伍上场之初,就提出了项目部的团队精神:"和谐、团结、贡献、敬业、竞赛、第一",它的基本含义就是:要培养和谐、团结的人际关系和氛围,以贡献大小论英雄,树立敬业精神、竞争意识和全面争第一的目标。

塑造团队精神,他们从自身做起。每一次的突击抢险、抗涌救灾,项目部领导们总是冲在前头。正是在他们的带动下,

"5·21"大营救，12名同志手牵手、心连心，勇敢地冲入洞中营救被洪水围困的张怀胜、许和杰。"6·25"抗涌抢险中为了要保住横洞口的施工场地，全体建设者雨中奋战了将近一天，衣服一次次被雨打湿，有的人刚下夜班，不顾一身的疲倦和劳累，立即投入抢险的行列。许多人从上午一直奋战到下午，为了抢时间，连饭也顾不上吃。即使水泥烧伤了他们的脖子、手臂、胸脯、腿部，没有一个人叫苦和退缩。还有不顾个人安危的年轻技术干部张怀胜，勇挑重担的"山东省劳动模范"郭大义，冲锋陷阵的优秀共产党员易行哲，兢兢业业的材料员卜德洪，驾驶能手黄小雷，暗河克星邓可恒，为人表率的郑义国等，真是英雄辈出，长江后浪推前浪，团队精神大发扬！

　　"6·25"特大涌水过后，为了战胜困难，搞好灾害重建，项目部全体共产党员和入党积极分子联名郑重写下决心书："立足本职，恪尽职守，率先完成好本职工作，困难面前服从组织，顾全大局，危难之时冲锋在前，发挥模范带头作用，攻难克险，夺取最后胜利。"

　　意志如磐的团队，是战无不胜的！

文明使者

　　由于开工滞后8个月，在施工进度方面，十四局集团渝怀铁路的建设者们不可能先声夺人，只能"后发制人"；但在精神文明建设方面他们却一马当先，有关他们的佳话，在渝怀铁路工地、在武隆县、在重庆市被人们广为传颂。

　　2001年5月12日，武隆县委、县政府、县人大和县政协领导一行，亲临渝怀铁路十四局集团指挥部赠送锦旗，深情感谢在震惊全国的武隆山体滑坡中最早赶赴现场的这支"铁军"。

　　武隆山体滑坡发生于2001年5月1日20时30分，位于县城江北武仙女路一栋9层楼房被滑塌的山体冲倒掩埋。21时零5分，惊悉此消息的十四局集团指挥部指挥长叶禄林，迅速调集机械车辆和人员火速赶赴事故现场，与副指挥长张浚厚、夏吉军和总工程师宋德果等，不顾滚滚坠落的乱石烂泥，察看现场，投入紧张的抢救。不到20分钟，十四局集团的两台自卸汽车、两台大型装载机赶赴现场，在叶禄林的指挥下，几十名"铁军"在50多米高随时可能再发生滑塌的破碎山体下，展开了清碴排障，寻找受灾群众的抢救行动。此时离发生塌方仅30多分钟，云集在现场的数千名武隆群众见到这支进场最快最早、救援最细最实的十四局集团的队伍时,都投下企盼与感激的目光。

4个昼夜的抢险救灾结束了,79人在无情的地质灾害中被夺去了生命。遇难者的尸体被清出,数万方乱石烂泥被拉走。在这场抢险战斗中,十四局职工特别能吃苦、特别能战斗的作风受到各方面的高度赞扬。十四局与武隆人民患难与共的深情厚谊也凝聚在深红的锦旗上:"抢险救灾患难与共,情深义重镂骨铭心"。

此事经京、渝两地媒体的报道,十四局集团渝怀铁路建设者们的名字就与"文明使者"紧紧地连在一起了。

其实,这只是一个缩影。他们的文明之举远远不止于此。

建路育人,强化素质,职工尽显铁军风采。文明工地、文明施工,人民群众拍手称赞:不愧是"国家队"。

2002年5月4日,十四局集团四公司渝怀铁路的建设者又出现在重庆市武隆县城街头。他们统一着装,高举"青年突击队"的大旗,利用工余时间,为武隆这座著名的旅游小城"美容"。他们擦洗街头的电话亭,清扫重要景点垃圾……用劳动庆祝"五四"青年节。过往的群众见此情景,又一次竖起了大拇指。

对这支"铁军",武隆县人民群众早已熟悉了。

那是2001年9月,中央企业工委组织文工团来渝怀铁路工地慰问演出,地点是武隆县城的世纪广场。那天,十四局集团的800多名职工身着统一服装,手持"青年突击队"队旗,打着巨幅标语,齐声高歌,列队入场,引来沿途群众一片赞赏的目光。在演出的过程中,他们鼓掌喝彩,将会场气氛调动得热烈激奋。一时间,"台下明星"与台上的明星交相辉映,当地群众赞叹:这真是"国家队"的素质啊!

建钢铁大道不忘留住青山绿水。虽是铮铮铁汉却以执著和精细的作风为"乌江画廊"添彩,为旅游胜地增辉。

从进场施工时起,十四局集团渝怀指挥部就以"建绿色长廊,留青山绿水"为宗旨,把环境保护和水土保持作为在渝怀铁路实施精品战略的重中之重。

　　他们在安家设营、人员设备进场、施工临时便道、开采片石路基开挖中,尽量减少工作面,避免绿地损坏。在日常生活中,他们做到了生活垃圾装袋入箱,定期集中掩埋,净化了工作生活环境。在隧道弃碴施工中做到挖、填、防、护相结合,施工、绿化、复垦相衔接的办法。在坡度较大的地方,构筑菱形、斜三角形花格及阶梯状防护堤墙,在中间填土,适时地购置草种,进行播绿行动,既起到了坡面防护作用,又绿化了施工环境,二者互补,相得益彰。

　　他们注重隧道污水排放处理,挖筑了双重或多重沉淀池,污水经过多级沉淀,检测达标后排入沟溪。为防止弃碴被雨水冲进乌江,他们坚持"先挡后弃"的原则,杜绝了污水及弃碴对乌江水质的污染。在城区施工中,他们做到城市既有建筑物与施工、绿化、复垦相协调,努力实现城市施工注重景观建设的新理念。

　　在通往仙女山国家森林公园的路旁,有一座新建的花园,面积不大,却风景宜人。走在里面,别有一番风味。这就是在此参加渝怀铁路武隆隧道建设的十四局集团四公司为当地增添的一道独特别致的风景——工地花园。

　　2 000多平方米的"工地花园"原本是一片残坡,武(隆)仙(女山)公路由此而过,而武隆隧道出口就从公路下方穿越。为了不影响正常交通,职工们在最短的时间内完成了洞口施工作业,恢复了公路原貌。按设计文件,主体工程已经基本结束。然而,他们并没有到此为止,而是在洞顶上方公路与洞门之间2 000余平方米的空地上作起了绿化大文章。他们请来了当地有名的园艺师对空地进行了整体规划,花圃、树木、小径等设计一应俱全。他们投资几万元用汽车拉来上千方腐殖土,买来花纹地砖等材料精心施工……就这样,一座景色怡人的"工地花园"建成了。

渝怀征战勇夺冠

朱 斌　杨秀权

2000年12月16日,被国家列为西部大开发十大重点工程之一的渝怀铁路正式动工兴建。

渝怀铁路云集了27家局级施工单位,带"铁"字头所有专业王牌队伍都在这里登场亮相,这在我国铁路建设史上是前所未有的。

这是一场智慧的较量,这是一场技术的比武,这是一场实力的展示,更是一场未来市场的争夺战!

"渝怀大战",谁能脱颖而出?谁能独领风骚?一个个问号,成了人们关注的焦点。

有一支英雄的队伍——中铁十九局集团,在百花丛中开得最鲜艳。三年评比,连年获得第一,成为渝怀铁路建设的一面旗帜。

2001年,在铁道部渝怀总指组织的综合评比中,中铁十九局集团一举夺得全线工程质量、施工进度两个一等奖。在铁道部渝怀总指组织的第一次全线现场观摩会上,中铁十九局集团作为施工单位的唯一代表,做了题为《严格标准,强化管理,努力实现国铁质量新水平》的典型经验介绍。

2002年,中铁十九局集团获铁道部渝怀总指劳动竞赛一等奖。

2003年,中铁十九局集团又蝉联铁道部渝怀总指劳动竞赛一等奖。

"三连冠",是一个了不起的成绩;"三连冠",是一个很耀眼的光环;"三连冠",是一座历史的丰碑,它凝聚了中铁十九局集团全体参战职工的智慧、心血和汗水。

众志成城争第一

　　十九局集团承建渝怀铁路第15标段，位于重庆市武隆、彭水县境内，线路长20.104公里。主要工程量有：隧道5座，总长15.39公里，占线路总长的75%，是全线隧道施工最集中的地段。地质结构复杂，集溶洞、瓦斯、断层为一体，被专家们称为"地质博物馆"。

　　渝怀铁路举足轻重。谁来统率、指挥这场"渝怀大战"。十九局集团公司领导经过慎重研究，决定把这项艰巨的任务交给十九局集团西南工程指挥部。西南工程指挥部是一支足智多谋、英勇善战、敢于创新、管理严格的队伍，他们在株六复线施工中提出了享誉全路的"争第一"精神。正是靠着这种精神，在株六复线取得大捷，工程进度、安全、质量、管理等方面工作在全线都拿了第一，荣获铁道部火车头奖章。株六线因此被人们誉为十九局集团的"黄埔军校"。

　　如何干好渝怀线，夺取渝怀铁路的新胜利？

　　十九局集团西南工程指挥部指挥长刘汝、常务副指挥侯希成、

铁道部副部长蔡庆华视察工地

党工委专职副书记席振等领导在对市场竞争对手的综合分析和比较中,清醒地认识到:按正常思路、常规打法和按部就班,不可能摘取桂冠。因为参战队伍的施工能力、管理水平不相上下。要领先于别人,必须要有超常规的思路、办法和手段,才能出奇制胜。只有树立"争第一"的思想,才有开拓、占领市场的希望,力争上游或甘居中游,都可能被市场无情地淘汰。因此,他们提出弘扬株六线"全面工作争第一"的精神,各项工作要在株六线"争第一"工作标准的基础上再上新台阶,再上新水平,决心把全管段建成质量第一的国优线、展现企业形象的信誉线、培养锻炼队伍的育人线。

十九局集团西南指提出的"争第一"不是图虚名、搞花样,而是有着实实在在的内容,操作性很强。他们把"争第一"的内涵概括为三个层面:一是作为铁路会战的基本指导思想,统一全员的意志和行动,要求方方面面的工作都必须以"争第一"为出发点来考虑;二是作为一种奋斗目标和工作标准,指出是全面工作争第一,不是单项工作争第一。同时,这个标准和目标又是动态发展的,与同行业、同类别比,是最好,是超前;三是作为一种会战精神,凝聚和激励队伍,立足于在高起点、高标准基础上的一种追求卓越、永无止境的拼搏精神。"争第一"目标的实现途径和方法是创新。创新,就是形成一套先进科学的施工和管理方法,实现最佳的社会效益和最大的经济效益。

"争第一"的目标确立后,西南指党工委在开工前用一个星期的时间进行了全员"争第一"的思想教育,局指统一印发了"争第一"的内涵和实质,要求各级领导干部和工程技术人员要掌握"争第一"的标准和方法,善于成为"争第一"的开拓者,学习新的管理知识和技能,跟上现代化管理的新趋势,瞄准同行业的先进管理水平,大胆探索,勇于超越;要求职工们工作时要有农民的勤俭、打工者的勤奋、老板的智慧。

在上下形成共识的基础上,西南指制订了安全、质量、进度、效益、管理（现场管理、队伍管理、精神文明建设）五项工作目标和考核标准，打印成册，下发到基层单位和干部职工手中。西南指每月检查评比一次，5项考核指标分别排出名次，第一名给予重奖，排在尾数的重罚。

勇于创新出精品

中铁十九局集团对建筑艺术的理念，有着深刻的理解。他们深深懂得：建筑是一门艺术，是一个时代精神的体现。

中铁十九局集团把工程产品当做艺术作品来创造，通过创新，使铁路构造物不仅有使用价值，还具有欣赏价值，可与大自然风光相媲美，让时代精神体现在永恒的建筑物上，把我国铁路建设的工程质量水平推到了一个新的发展阶段。

铁路建设市场强手如林，怎样才能争得第一？创新，是"争第一"的法宝。只有创新才能提高和发展，才能做得比别人更好。

所谓创新，一是敢创，就是自己干过的永不满足，别人干过的要争取比他们干得更好，谁也没有干过的要敢干，而且要干好；二是求新，就是思维方式要独特，目标定位要超越，方法手段要科学，最终形成新思想，拿出新办法，干出新成果。要用最简便可行的招术，创出最高的工作效率，用最小的投入，干出独一无二的产品，追求最大的经济效益和最佳的社会信誉。西南指规定每个项目部一个月要有两项创新项目，并纳入5项指标考核内容。根据创新价值大小，给予1万～5万元的奖励。

光面爆破是近几年隧道掘进采用的一种新方法，许多单位都掌握不好，超、欠挖的问题一直没有解决。指挥长侯希成率领技术人员奋力攻关，在Ⅳ类围岩施工中，确定了"全断面开挖、全断面衬砌、重点控制超欠挖"的施工原则和"中导洞超前、预留光爆层、光爆扩边"的复式开挖方法。总结出了"根据围岩不同状况，及时调整炮眼布置，加强炮孔定位的准确度，调整装药参数和装药结构"等光面爆破技术。十九局集团隧道光面爆破，炮痕留存率达到了90%以上，超欠挖量控制在7厘米以内，较好地解决了超欠挖的问题，大大节约了衬砌、回填和初期支护的成本。

隧道衬砌质量一直是施工中的一大难题，怎样才能做到内实外美？十九局集团在每道工序上大胆尝试，研究开发了模板固定卡等30多项新技术、新工艺。为了提高混凝土衬砌质量和速度，十九局集团四项目部对传统衬砌台车进行技术改造，改造后的衬砌台车长度为13.2米,比原衬砌台车长3.6米,有两套提升设备(原来只有一套)。新式衬砌台车长度偏移量小,每板衬砌衔接更加圆顺,长距离曲线段衬砌更加美观,并且不因偏移量大而造成衬砌侵界。同时加快了施工进度,创造了月衬砌224.4米的好成绩。隧道衬砌采用小模板拼装时,没有专用卡子,过去用细铁丝把模板台绑扎在台车拱墙架上,模板缝隙大,打出的混凝土不光洁。他们经过研究试验,制作了模板"V"形穿销卡,把模板缝错台小到1毫米,彻底解决了错台、错缝的质量通病。隧道衬砌中的"漏浆"、"气泡"被称为难以治愈的顽症,严重影响着外观质量,十九局集团下大力量组织QC小组攻关,经过几十次的试验优选参数,采用砼外加剂、模板焊缝注胶填塞新工艺,解决了多年解决不了的问题,使隧道衬砌外观质量光洁如镜。

十九局集团施工的5座隧道,全是一个标准,一个水平,衬砌质量又上了一个新台阶,被人们称为"乌江边上的长安街"。

在桥梁施工中,十九局集团五项目部在高谷三线大桥墩、台施工,采用了组合式小钢模板拼装成定型模板,取得了成功。其内层铺贴的宝丽板充分保证了墩、台身混凝土表面的光洁、平整、美观。不仅提高了工程质量,还节约投资40万元,缩短工期50天。铁道部建设管理中心主任施德良看了十九局集团高谷三线大桥后给予了很高的评价。他说:"这桥建得很漂亮,够水平。施工工艺和方法要推广。"他们对涵洞施工也精雕细刻,砌筑的图案、勾缝就像一幅画,给人一种美的享受。还有一公司创新的砌石勾缝木条脱模处理、二公司创新的全站仪复测隧道、三公司创新的无轨除碴和自制组合式搅拌注浆机等,对提高工程质量都起到了至关重要的作用。

创新,给渝怀铁路带来了一批新成果。十九局集团施工的隧道、桥梁、路基都被评为精品工程、优质样板工程,就连涵洞、挡墙也是精品、样板工程。三年来,他们有15项工程被铁道部渝怀总指评为精品工程、优质样板工程。

钢筋铁骨织精品

2002年9月4日,铁道部副部长蔡庆华在察看了十九局集团工地后,高兴地对十九局集团总经理汝臣说:"你们施工的工程进度快,质量好,创新是法宝,值得推广学习。"

严格管理创高效

靠"严"字创誉。西南指"争第一",从一开始起点就高,做什么事都统一标准,对附属工程也像正式工程一样要求。在临建上,西南指统一绘制图纸,规定临时房屋的结构、面积尺寸、砖墙高度、墙面色调、吊棚规格,要求各项目部按统一标准进行施工,凡不符合标准的不能验收通过。某项目部砖墙高度不够,西南指检查发现后,责令重新加高。统一规划现场布局和施工便道,为保证现场的整齐干净和运输方便,对隧道进出口便道进行了硬化,浇注了混凝土路面。在文明工地建设上统一模式,包括彩门、路徽、标语统一规格、尺寸、字号,施工区统一栽植了花草、树木,工地上设置了"两栏一报、四牌",施工现场达到了"四化"(美化、净化、绿化、亮化)。在安全工地建设上实行统一管理。西南指投入20多万元,统一购置了安全防护用品,针对山高路险、悬崖峭壁多的实际,又统一自制防护栏、大型警示牌两块,保证了安全。

靠"新"字创效。为确保"争第一"目标的实现,西南指实行责任目标管理,按工程进度、质量、安全、效益、管理五项考核指标分解每个人的责任目标。自己主管的工作占80%(不达标受罚),别人主管的安全达标了,可拿到5%,其他同志主管的质量没有达标,也要罚5%,食堂管理员、司机也一样有连带责任。责任明确后,实行合同制管理,指挥长和工作人员一个季度签订一次合同,月检查,季考核。把工作绩效与个人收入挂钩。平时西南指人员只发基本工资,奖金根据季度考核达标情况而定,工作做得好的奖金拿得多,做得差的罚得多,奖得让人眼红,罚得让人心服口服。这一做法在十九局集团渝怀指下属的5个项目部全面推开。

靠"细"字立规。西南指管理工作非常严谨细致,对安全工作、质量管理、样板工程评选、经济效益、现场管理、队伍管理、精神文明建设等都制订了统一的工作标准,每一条都有具体的规定和量化指标,每一项内容达到什么程度,都有专门的考核标准,合同上也写得非常明确,目标性、可操作性特别强。工作达不达标,一目了然。

靠"实"字落实。西南指倡导实事求是、严谨务实的作风。凡立的规矩、订的制度,不管什么单位、什么人都不能特殊。西南指规定在隧道里捡到一个烟头罚款2 000元,结果有一个项目部违反了这项规定,捡到22个烟头,罚款项目部4.4万元。职工们说:"这烟太贵了,抽不起。"谁也不敢在隧道里抽烟了。

全面建设上水平

十九局集团在渝怀线不仅工程干得好,建家建线、现场管理、队伍建设、环境保护等各项工作也都走在了前列,树立了一面面旗帜。

十九局集团西南指从安家设营和施工临建开始,就按照"争第一"的标准去严格要求,基层单位施工现场的布局先出图,经局指批准后再施工,临时房建统一定尺寸和修建标准,施工便道和隧道洞口场地统一进行硬化,职工床上用品统一配发;职工娱乐器材和图书统一购买,职工生活补贴统一标准,职工身体定期检查,医疗费统一报销,职工洗澡、洗衣难题统一解决。基层项目部还就地取材,在施工现场、临时便道、工棚及生活区周围栽植了花草、树木、草坪,使施工现场、生活区与大自然风光浑然一体。

十九局集团在总公司渝怀线建家建线评比中,获得了第一名。渝怀线的建家模式,在总公司系统得到推广。

铁道部渝怀总指常务副指挥长何明新说:"十九局集团把临建工程当永久工程干,要求严,起点高,给全线带了一个好头。看了十九局集团的现场,就看到了渝怀线的希望。"

渝怀铁路在美丽的乌江边上穿行。乌江两岸树木成荫,鸟语花香,滔滔江水清澈透明,鱼儿戏水。渝怀铁路建设打破了这里往日的宁静。为了保护好生态环境,铁道部做出了构筑西部绿色大通道的决定,并投入专项资金用于工程的环保建设。

十九局集团一上场就坚持施工与环保同步、保护与培植并举的措施,架绿色桥,铺环保路。施工现场按"美化、净化、绿化、亮化"的标准建设,尽量少占耕地,不损坏树木、不破坏水土。在施工便道上舍得投入,浇筑了混凝土路面,保证了不扬尘、不拖泥带水。隧道施工流出的废水,他们在洞口建沉淀池,经过处理过滤后,达到合格标准才允许排放。隧道的弃碴(土)场,砌筑永久性挡护墙、排水工程,并进行平整绿化恢复植被,造田近百亩。石方爆破采用定向爆破,水幕降尘,使粉尘含量达标。施工车辆安装尾气净化装置,废油、废水采用隔油池处理,减少了对环境的污染。

为了搞好路基边坡、桥梁墩台开挖面、弃土(碴)场的绿化,他们与西南交通大学联合开展科技攻关活动，请来了博士研究生做指导，并投入资金优选购买美国进口的、抗干旱、耐贫瘠的混合型优良草种，对全标段所有弃土（碴）场、路基边坡、桥梁墩台开挖面等进行喷播植草。种植的花草，现已一片葱绿，像一幅幅美丽的图案，让人流连忘返，成为渝怀线上的又一大亮点。

国家环保局调查组在工地

国家环保总局监督司司长祝兴祥等领导视察了十九局集团渝怀铁路工地，当他们看到通向山上的临时便道打上混凝土路面，道路两旁栽种树木和花草时，连连称好，说："没有想到施工工地这么干净、整洁、漂亮。"十九局集团被国家环保总局树为典型，在全国推广学习。

敬业奉献奏凯歌

十九局集团2001年1月上场时临近新春佳节，参加渝怀线建设的干部职工接到调令后，毫不犹豫地放弃了与亲人过团圆年的机会，不辞辛苦赶赴工地，不少同志在火车上度过了大年初一。短短十几天，500多人的队伍就到达彭水，近百台大中型机械设备开进工地。从工程中标到正式开工，仅用了短短的20天时间，是同期建设的20多个标段最早开工的单位，赢得了铁道部渝怀总指的表彰。

渝怀铁路建设前期工作任务重，职工们都是满负荷工作，挑灯夜战，昼夜兼程，开工三年多了，不少同志才回家休假一次。每年春节职工们都留守在工地，坚持施工。

职工们的付出，使工程捷报频传。桐子岭隧道全长3 090米，四项目部只用了312天就顺利贯通，提前工期240天，铁道部渝怀总指发来了贺电。杉树沱隧道全长4 732米，穿越4条暗河、4条断裂带、几十处溶洞和一处煤矿采空区。隧道进口段160米、出口段262米，设计为三线大跨，最大开挖跨度21.6米。任务相当艰巨。三项目部、五项目部广大职工以"不创一流誓不罢休"的英雄气概和决心，奋迎挑战，取得了单口月掘进最高178米、成洞150.5米的好成绩，提前333天贯通。黄草隧道全长7 186米，是全线重点、难点控制工期工程之一。该隧道地质破碎，围岩内应力大，富含瓦斯。由于受地质病害和瓦斯的影响，工程被迫停工三个月。一项目部、二项目部组织QC小组攻关，克服了重重困难，攻克了道道难关，解决了664米的三线大跨地段、瓦斯地段以及长大隧道通风等难题，战胜了4 784.5米的沉井高地应力大的特殊地质病害，比原计划提前工期32天，出色完成了这项艰巨的任务。

成绩、荣誉凝聚着干部职工的敬业奉献精神。十九局集团总工程师兼西南指常务副指挥长侯希成，今年40岁，1985年毕业于西南交通大学，懂经营、善管理，会算账，思维敏捷，开拓进取，工作事业心和责任心特别强。他每天深入工地，与职工们一起摸爬滚打。去年黄草隧道遇到了瓦斯和断层，工程一度受阻达3个月之久，影响了工期，成为全线关注的焦点。侯希成知道：黄草隧道是渝怀线7大长大隧道之一，是全线的控制工期工程。黄草不通，铺架就要受阻。他吃不下饭，睡不好觉。侯希成毕业后一直和隧道打交道，已经打了十几座了，这次他遇到的隧道，是十九局集团历史上最长的一条，难度也是最大的。他和技术人员一起研究施工方案，与项目部的领导一起深入工班，了解各工序循环的情况，掌握第一手资料，有针对性地制订劳动竞赛方案。由于工作到位，措施得力，施工进度突飞猛进。工程不仅没有拖后腿，工期还提前了。隧道贯通的那一天，侯希成也病倒了。他发高烧躺在病床上，嘴里还不停地说："黄草，黄草，通了吗……"

西南指常务专职副书记席振是一位老政工，模范作用好，工作特别认真、严谨，对自己要求严格。由于过度的劳累，他患上了腰肌劳损、关节炎、胃炎、高血压等疾病，但还是经常深入工地、下到班组和职工谈心，开展"争第一"教育，为施工生产提供了强有力的思想保证。

西南指常务副指挥长丁维利负责渝怀线现场指挥工作。他思路清晰，管理有方，工作兢兢业业，每天深入现场，帮助基层解决问题，出色地完成了西南指领导交给的任务。

一公司项目经理李庆双是一位"老兵"，今年五十有余，按上级文件规定，他已到了退居二线改任非领导职务的年龄。但渝怀工地需要他，组织上让他继续担当重任。老李知道，渝怀线工程竣工之日便是他"退休"之时。他没有因此放松自己，而是兢兢业业地站好最后一班岗。他们施工的黄草隧道是全线的重点和难点工程，地质结构复杂，在他的得力组织和带领下，多次攻克岩爆断层，三次成功穿越破碎地带，两次战胜特大洪水袭击，提前32天胜利贯通，安全无事故，质量全优，被铁道部渝怀总指评为精品工程。为此，十九局集团公司西南指重奖一公司项目部100万元，李庆双被集团公司西南指评为黄草隧道"十大"功臣。

在十九局集团渝怀建设工地还涌现了一大批爱岗敬业的英模，是他们创造了渝怀线的辉煌业绩，历史将永远铭记他们。

英雄放歌武陵山

王中强

千里赴戎机

渝怀铁路随着新世纪的到来拉开了战幕，几十支筑路大军汇集于此，在几百公里工地摆开了战场。中铁三局是一支几乎与共和国同龄的老牌施工劲旅，几十年来他们南征北战，为新中国的铁路建设和发展立下了赫赫战功。如今，他们热烈响应党中央关于加快西部大开发的战略决策，挥师西南，在渝怀线一举中得三个标段，总长达 67.7 公里，占渝怀铁路总里程的十分之一，其中的第 13、第 24 两个标段均在高山峡谷里，地形、地质条件异常复杂，管段内仅隧道长度就超过了 20 公里，施工难度由此可见一斑。

接到铁道部渝怀铁路建设总指挥部的开工命令，中铁三局以最快的速度调集了最强的施工队伍和最好的装备，千里赴戎机，指挥机关三局指挥部边组建、边到位、边开始工作，仅用 10 天时间就完成了施工调查，并于 2001 年元月 18 日最早在全线挂牌办公。承建 6 标、13 标、24 标施工任务的 8 个处级施工单位、24 支工程队的人员和设备，在不足半个月

乐在悬崖战天地

的时间里就进场展开，开始了大战前的第一场战斗，进行施工准备。于是，几十公里线路上，到处响起了推土机修筑施工便道的轰鸣声，各处工点的临时房屋，雨后春笋般一夜之间就连成一片。中铁三局的标杆队——六处十一队，担负着板桃隧道出口的施工重任。出口端的洞口位于武隆县黄草乡乌江对岸的山坡上，无路可通工地。为了早日开工，赢得施工主动，全队员工发扬铁人精神，不等不靠，将500多吨物资和设备船运过江，然后硬是靠人背肩扛，倒运到洞口工地。

　　回顾建点这一段往事，十一队员工说："江边到工地的便道是我们砌出来的，工程用的物资是我们背上来的，洞口的施工平地是我们填起来的。"六公司渝怀项目经理部大多数员工都是二三十岁的年轻人，这群生龙活虎的年轻人在渝怀线建设中，用智慧和辛勤的汗水谱写出青春无悔的赞歌。开工之初，贯通复测成为制约开工的头一道难关，技术室的小伙子们急工程之所急，每天起早贪黑活跃在十多公里的线路上。那时哪有什么路噢！沿着线路的走向和设计部门留下的桩橛，小伙子们天天钻山林，越沟壑。渴了，在附近老乡家要碗水喝；饿了，就啃啃包里的方便面，常常一干就是十几个小时。连续走路爬坡，好多人脚底磨出了水泡，继而在汗水、雨水里浸泡，有的泡磨破后溃疡。可小伙子们谁也不叫一声苦，晚上自己悄悄地涂上一点药，第二天照样出现在测量现场。

板桃出英雄

　　板桃隧道位于武陵山区乌江峡谷，全长8 615米，是全线十一大重点控制工程，最大埋深1 045米，是全线最大埋深的隧道。这条隧道集高地温、岩爆、煤层、瓦斯、岩溶、涌水、顺层、滑坡等不良地质情况于一身，是一个名副其实的"地质博物馆"。

　　出口端，要想进洞施工，就得先在右边靠山一侧打下9根直径1米多粗的抗滑桩,以防止古滑坡的移动。担负出口施工任务的正是赫赫有名的六处十一队,这支英雄的队伍,曾获"铁路十面红旗"、"全国先进基层党组织"等光荣称号,他们刚从内昆线转战到渝怀线,征尘未洗就投入紧张的施工。在处理好洞门前打通205米的大跨段后,他们转入正洞施工,人人都憋足了劲,决心一显身手,大干一场,创造高产纪录。谁知,正洞刚刚开挖20多米,一个长达450米的大溶洞就显露在人们面前,人们被眼前的景观惊呆了:溶洞纵横交错,高高的洞顶上悬挂着的钟乳石,有如怪兽的巨齿獠牙;溶洞下部,泥石流挟带而下的巨石有如几间房子那么大;溶洞极不规则,有的地方不止一层,还有只听得见水哗哗响却深不见底的地下暗河。不处理好溶洞,隧道就不能修通,铁路就难以通过。而处理好这么复杂的一个溶洞又谈何容易!

为了尽快探明溶洞形态及与线路的关系,六处经理部的副总工程师刘世海亲自披挂上阵了。这位刘总干活没说的,搞测量更是拿手好戏,但就是身体不好,多年患有食道狭窄,体重只有80多斤。他和技术室的弟兄们身系绳索,多次深入洞穴中测量,经常一测就是六七个小时,有一次出来后就晕倒了。只用了短短的一周多时间,他们就拿出了准确的测量数据和资料,为溶洞处理方案的提出和施工创造了条件。溶洞内堆积体和清理是整个溶洞施工中最危险最难过的一关。千百年来的地壳运动和水流作用,使溶洞犬牙交错,形态各异,有的溶洞内空空如也,有的溶洞内塞满积石,一动就乱石滚滚而下。有一次从洞顶掉下一块近百方大小的巨石,工人们用炸药破碎后,整整拉了20汽车!

在困难和危险面前,这支英雄的队伍再一次显出英雄本色。队长赵文仕和书记崔新伟召开领导层会议,在广集职工群众意见的基础上,决定采用战塌方的"短进尺、强支护"的施工方案,即边开挖清理乱石边施作挡墙,控制堆积体大量下滑;顶部施工时加厚附拱,以抗击落石的冲击。为了安全快速施工,队领导轮流在现场跟班作业,工人三班倒,班班有领导。赵文仕在右脚不慎扭伤的情况下,仍然一瘸一拐地坚持现场值班,指挥现场作业。经过一个多月的艰苦奋战,十一队终于啃下了溶洞清理这块硬骨头,疏通了溶洞,改善了通风,为整个溶洞群的处理铺下了胜利的基石。

但是,铁路通过溶洞地段的设计与施工方案的确定,需要设计部门设计和上级领导机关审批,这是一个较长的过程。而板桃隧道的施工时间表是确定的,往后拖不得呀!怎么办?三局指挥部指挥长沈杰群在关键时刻又一次显示出大将风度,在听取了各方意见后,他大手一挥果断拍板:打迂回导洞进入正线。正如打仗一样,正面强攻不成，可以侧面迂回，这一招实践证明又是正确的。十一队仅用一个多月的时间就打通一条240多米的迂回导洞，绕过溶洞群，进入到正线施工，保证了溶洞段处理和正洞向前施工可以同时进行，为隧道提前贯通赢得了宝贵时间。

你见过隧道里还有桥吗？恐怕很少有人见到。而板桃隧道里就有一座三孔共80多米长的桥梁！为保证地下水顺畅排出，修筑了4条引水涵洞和一条泄水隧道，总长度达1公里多。铁路线路通过溶洞上方地段，采用桥梁跨过，其两侧采用群桩托梁方法托起隧道墙身，形成了洞中有桥、桥跨涵洞的工程奇观。

按照渝怀铁路建设总指挥部的部署和工期安排，板桃隧道必须于2003年10月底贯通，这是工期，也是命令。2002年，即板桃

板桃隧道全长8 615米

隧道开工的第二年，渝怀总指下达了3 500成洞米的年度生产计划，这就意味着无论碰到什么情况，只有每月完成300成洞米以上，才能完成年度计划。板桃隧道由于大埋深和复杂的地形地质条件限制，没有可能设置竖井、斜井来增加工作面，只有靠两端加快对打来加快工程进程。这一年的前五个月，出口端受到溶洞处理的影响，进口端又遇到了不良地质和瓦斯溢出等不良条件的限制，进度一度受阻，五个月时间只完成1 100米成洞，剩下的七个月时间要完成2 400成洞米，才能完成年度生产任务，压力之大前所未有。面对巨大压力，三局指挥部领导班子认为，办法总会有的，只要充分发动群众和依靠群众，没有克服不了的困难。于是，他们在板桃隧道现场召开了紧急会议，沈杰群指挥长亲自作大干动员报告，并对加快施工进度提出了具体措施：进口端平行导洞加快掘进速度，加大超前量；利用平导超前条件，打通横通道进入隧道正线，分别于8月份和10月份增开两个开挖作业面；适当增加部分设备，使机械设备成龙配套，发挥出最大效能；资金物资向板桃重点倾斜，确保大战板桃有可靠的物资基础。党工委书记王文喜进行了透彻分析，有根有据的思想动员，更加坚定了大家完成任务的信心。动员会后，六处经理部经理刘亚军和党工委书记何维富立即分头深入进口八队和出口十一队，进行深入发动和大干的再部署，一个工序一个工序地安排，一个工班一个工班地落实，决战板桃的大干热潮很快形成。副经理王俊峰四次带领技术人员和作业人员到兄弟单位参观学习，不断优化板桃隧道的掘进和除碴方案。局指挥部副指挥长任立志和总工程师魏家君率业务部门人员进驻工地，对现场实行零距离指挥，及时解决现场出现的问题。瓦斯溢出、水囊突水、软岩变形、高温岩爆等一系列难题被建设者们一一攻破，施工速度有序加快，他们的单口掘进速度和月产量均创造了三局集团公司隧道施工历史上的新纪录，最高月份达到月产成洞460米，年终以3 580米的战绩向业主交了一份满意的答卷。板桃隧道于2003年8月1日贯通，比计划工期提前两个月。

将强兵更勇

　　成非常之事必非常之人。中铁三局渝怀管段的挂帅者是一位具有传奇色彩的沙场骁将沈杰群，这位铁道兵战士出身的老将，素以实干能干而著称。先后参加过太焦、邯长、京九、侯月、内昆等十多条铁路线的修建，从领工员、队长、经理、副处长到三局内昆及渝怀线指挥长,一步一个脚印,一个台阶一个台阶地走过来,正应了"猛将起于卒伍"那句话。

从战火硝烟中拼杀出来的将领当然特别能打硬仗。戎马倥偬几十年,老沈已记不清转移过多少回工地,修筑完多少桥梁和隧道了。南京三叉河大桥、滹沱河大桥、侯月鱼天隧道等著名工程都在他亲自指挥下,优质高效地完成了,其中大多被评为优质工程。由于功勋卓著,他先后获得铁道部劳模、山西省优秀共产党员等光荣称号,并荣膺"火车头"奖章和全国"五一劳动"奖章,应邀出席过国庆观礼。转战渝怀线以来,老沈就没有轻松过一天,在他那里,从来就没有星期天和作息时间表,工地哪里紧张,他就出现在哪里。中铁三局管段的三个标段相距500公里,他经常披星戴月地奔波在几个工地上,脑子里时时像放电影一样,过滤着工地作业的关键场景,设想着解决问题的最佳方案。他有一句家喻户晓的名言:"年年大干、月月大干、天天大干。"是的,在老沈身上的确就是这样!在渝怀线的几年里,他没有休过一天假,四个春节都是在工地和坚守岗位的职工们一起度过的。熟悉他的人都知道老沈有两绝:一是坐上汽车他能睡着觉,无论道路怎样颠簸,头碰在车窗上砰砰响,他也照睡不误,而一到工地不用任何人招呼立即清醒,劲头十足地投入工作。再就是连轴转的精神,工作起来可以通宵达旦,就连重感冒打完点滴也不在床上躺一躺。可又有谁能相信,年过半百的老沈,还是一个药包不离身的高血压与糖尿病的病号呢?在中铁三局管段无论什么样的险情和困难,只要沈指挥在场,人们悬着的心立即就放下了,心里就有底了。

御临河大桥,设计水中3个墩,是6标段的一个难点工程。平日里这条长江支流倒也波澜不惊,可一到雨季或山洪暴发,河水可在一天内陡涨十几米,施工难以进行。为了在2002年年底前完成全桥主体,满足铺轨工期的需要,关键是在5月份雨季到来之前,抢建3个水中墩出水面。正在三局铁科公司全力以赴组织大干时,3月14日,一场不期而遇的暴雨在御临河地区连下两天

钢铁铸就

两夜，暴涨的河水狂吼着，将工人们辛辛苦苦修好的土袋围堰无情地冲垮，施工便桥也冲得无影无踪，紧张的施工被迫停顿下来。正在苦无良策时，沈指挥得到报告后驱车赶到现场，现场的人们立刻振奋起来。沈指挥察看工地后，就地召开现场办公会，综合大家意见后他拍板决定：不等不拖，采用加强围堰和固定便桥的办法战胜洪水，尽快恢复正常施工。"我们三局人只有完成任务的记录，没有完不成的历史！"指挥长的这句话一直回响在人们耳畔。指挥长的决心激起现场员工万丈豪情，任你洪水滔天，也挡不住建设者们前进的脚步。铁科公司经理部经理娄强、书记唐景富亲临现场指挥。担负施工任务的铁科十七队队长和书记在雨水里甩开膀子和工人一起清理现场，抢运物资。副队长陈新杰抛开刚刚来队探亲的妻子，带领工友一起住进河边用彩条布搭起的工棚里，组织员工昼夜抢修。一周的时间，仅仅一周时间！便桥和围堰就重建成功，三个水中墩终于在雨季前浮出水面，露出它挺拔的身姿。

强将手下无弱兵。中铁三局参加渝怀线建设的队伍，共有八个处级单位，他们个个身手不凡，自然要在渝怀铁路这个历史大舞台上一展自己的风采。四公司担负第24标段4公里施工任务，管段不长，但管内有6桥6隧，桥隧相连，工程非常艰巨。长潭沟车站，设在3座邻近的隧道里，这就是鼎鼎有名的大山腹中的车站。大板溪三线隧道，位于车站正中位置，隧道里要铺设三股道，开挖宽度达21米，施工难度很大。这座隧道刚开工就遇到了滑坡和塌方，工程一度受阻。时任经理的宋显波和总工杨宝生，再次显示了求真务实作风，他们没有一味蛮干，而是冷静分析现场情况，集思广益，寻求解决问题的最佳方案。他们把已退休的高级工程师王定华请出山，聘为技术指导，并通过关系将隧道专家西南交大的周教授聘为施工顾问，还派技术人员和施工人员到兄弟单位取经学习，博采众家之长。经理部根据施工需要，多次举办技术培训班，请专家和技术人员讲课，分工序分工种对员工进行培训。钢班子带出铁队伍。在宋经理有板有眼地排兵布阵之下，工程难题一个个被破解，仗也越打越精，越打越顺。他们施工的小板溪三线喇叭口隧道第一个在全线贯通，打响了全线开工后的第一炮，渝怀总指发来贺电，并给予嘉奖。在中铁三局2001年下半年开始劳动竞赛的第一个月，四公司又力拔头筹，夺到了首座"渝怀杯"。2002年7月4日，四公司工地彩旗招展，人头攒动，照相机的闪光频频闪亮，摄像师扛着机子前后跑动。原来这是渝怀铁路建设总指挥部组织的工程质量现场观摩会，全线几十家参建单位领导、专家以及设计和监理单位负责人参观了大板溪、小板溪三线隧道，听了三局分管第24标段的副指挥长贺留觊的施工情况介绍。看着平整圆顺的光爆面，顺畅的防水板铺设以及光滑如镜的混凝土衬砌，参观者无不啧啧称赞。大板溪三线隧道后来被渝怀总指评为"精品工程"，成为全线工程质量的一个窗口。

2003年6月25日，武隆县遭到50年不遇特大暴雨袭击，乌江一昼夜上涨了15米。滚滚山洪咆哮着向板桃隧道进口扑来。凌晨，当六处八队队长李红建、书记蒋平赶到现场时，洞口前的排水涵已被泥石流淤死，洪水似一匹脱缰野马横冲直撞，眼看洞口的搅拌站、变电房等设施就要遭到灭顶之灾。面对突如其来的洪水,八队领导没有慌神,他们沉着应战,分兵把口,有的率领职工架高电器配电箱;有的带人清理淤堵的涵洞,抢挖临时排水沟;有的和员工修筑挡水坝,保护搅拌站等设备,一场人与大自然的较量紧张地展开。共产党员、机械领工员张建生,是一位年近50岁的老同志,1992年患尿毒症做了换肾手术,平时身体就不太好,最忌湿冷潮寒。当洪水袭来时,老张毫不犹豫地冲在了前面,蹚着没膝的冷水抢救设备。队领导发现后,立即命令他回去,担心他受凉后肾病复发,可老张坚定地说:"这是什么时候?我能当逃兵吗?"他坚持和大家一起抢险。经过三个小时的激战,堵塞的涵洞挖通了,洪水顺着涵洞和临时泄洪道咆哮着冲入山谷,工地上的机械设备安然无恙。

鱼嘴二号隧道位于渝怀线第6标段,全长710米,论规模根本数不上,但要论科技含量在全线也赫赫有名。2002年,铁道部将重点科研项目——隧道内长枕埋入式无碴轨道试验施工的任务交给三局渝怀管段,并最后锁定在鱼嘴二号隧道。长枕埋入式无碴轨道技术应用于隧道,在国内尚属首次,科技含量大,设计精度高,轨道几何形位误差要求小于1毫米,而且给定的试验施工时间短,施工难度大,有一定的风险性。承担这一科研施工任务的中铁三局二公司渝怀项目部迎难而上,勇敢地接受了这一挑战,他们在集团公司的大力支持下,思想重视,措施到位,成立了试验项目领导组和课题攻关组,在没有任何国内先例可资借鉴的情况下,集思广益,群策群力,多次完善施工组织设计,相继解决了一批施工关键技术难题,如:隧底基础施工技术,成套专用机具设备研制技术,轨排精确控制定位技术,长距离大体积混凝土连续浇注技术,过渡段衔接技术,长轨焊接及线路锁定技术等等,从而摸索出合理顺畅的施工工艺流程,形成了配套的隧道长枕埋入式无碴轨道综合施工技术。中铁三局指挥部指挥长沈杰群和分管副指挥长纪建金多次视察现场,帮助解决困难。二公司经理部经理王金学、书记李阳光和总工郭西华轮流现场值班,总有人盯在现场,出现问题立即研究解决,保证现场作业紧张有序地进行。劳力紧张时,经理部的几十名干部和后勤人员也冲到第一线,和工人们一块儿挥汗大干。中铁三局集团公司科技开发部副部长钱阵地自始至终参与指导试验施工,亲任课题组组长,不间断地控制和指导施工进程,解决了一个又一个施工中的难题。在二公司全体员工和有关各方共同努力下,仅用短短58天就优质高效地完成了试验施工任务。2003年7月,铁道部科技司在重庆市召开了国内14家单位专家参加的技术审查会,通过了鱼嘴二号长枕埋入式无碴轨道施工技术。专家们一致认为,这一科研成果适应了我国铁路发展高速、安全、舒适、轨道易于养护的要求,填补了我国铁路隧道轨道工程的一项空白,具有广阔应用前景和推广价值。铁道部有关部门和渝怀总指领导对中铁三局渝怀将士在"非典"期间克服重重困难圆满完成试验施工任务给予了极高评价。

凡人与小事

2001年春节比往年来得早,元月23日便是中国民间最重要的节日——大年三十。这天傍晚,重庆市江北区鱼嘴镇的永华小旅馆里特别热闹,楼道里灯火通明,人们进进出出正在忙活着什么,往年的这里,这时早就人去楼空了。原来这是中铁三局二公司修建渝怀铁路的第一批先头部队赶到工地了,临时住在这个小旅馆里。为了渝怀铁路早一点开工,利用春节这段时间进行施工准备,二公司的八条汉子主动请缨,放弃了与亲人团聚过年的机会,在项目总工程师贾文龙的率领下,日夜兼程,大年三十前夕,从河北大平原赶到长江边上的鱼嘴镇。总工贾文龙想,毕竟是大年三十了,怎么也得吃顿年夜饭吧?他的想法立即得到弟兄们的热烈响应。于是,大家动手一起忙活起来,面和好了,馅也拌好了,问题也出来了,没有擀饺子皮的擀面杖!南方人一般不用这玩意,起程时匆忙间忘了带,大家有点傻眼了。正在犯愣之时,贾文龙眼睛一亮,他看见窗台上的空酒瓶,立马拿过来,洗净后一试,果然派上了用场,虽然擀起来有点笨,但也还凑合,八条汉子围起来七手八脚地包开了饺子。当电视里新年钟声敲响的时候,热气腾腾的饺子也出了锅,哥们几个举杯同庆节日快乐时,心中也不免牵出一缕思乡的情丝。谁叫咱们是新线铁路筑路人呢?为了渝怀线,来,干杯!

这个镇长不是职务上的称谓,而是一个人的绰号,或者说"戏称",他就是史继滨。史继滨是中铁三局六公司渝怀项目经理部的地亩主任,来到渝怀不久,他就由主任荣升"镇长",这里面有个缘故。六公司施工地段长达15公里，沿线都是居民稠密区，修建渝怀铁路需占地55公顷，还涉及到148户共20 000平方米的房屋拆迁，工作量非常之大，工作难度也不小。史继滨在吃透政策掌握情况后，主动出击，积极与当地政府沟通联系，主动地拜访沿线村社干部。在当地政府的有力支持下，会同政府支铁干部深入村社，逐家逐户地走访慰问，耐心细致地讲形势、讲政策、讲补偿的原则和依据。在依法维护国家、企业利益的同时，也依法维护了沿线村民特别是拆迁户的利益。由于他工作细致入微，遇到问题又像乡镇干部一样敢于负责，熟悉他的村民便送他一个"镇长"的头衔，人们一见面就叫"史镇长"。做这些分散在十里八村的拆迁户的工作，没有什么工作时间表，人家啥时有空你就啥时去吧！他这样没日没夜的忙活了八个多月。

今年37岁的张海威是个貌不惊人的普通工人，朴实无华，语言不多，走到哪儿都不引人注意。他是一个老筑路工的后代，1991年接了退休父亲的班，迈进了三局二处第八工程队的大门。他至今难忘，当年他父亲当工程队长，因为工作繁忙，他的妹妹患脑膜炎住院时没能回家料理，致使妹妹落下终身残疾。老父亲无声啜泣泪流的情景令他刻骨铭心，老一辈舍小家为大家的品格也给他心灵留下深深的烙印。入队后他是钢筋工，看到铁路工程构筑物都离不开钢筋的支撑，他感到钢筋工岗位的重要。他虚心跟师傅学看图、加工、绑扎等基本功，多次参加培训，苦练过硬本领，技术水平迅速提高。在集团公司组织的技术比武中多次获奖，并在几年内加入了党组织，成为一个钢筋班长。来到火热的渝怀铁路工地，除了做好本职工作外，他还主动承担其他工作，"一个萝卜顶几个坑"，是名副其实的万能工。鱼嘴二号隧道长枕埋入式无碴轨道试验施工时，混凝土工程量大，增加了搅拌机，缺少操作手，他主动请战走上了搅拌机司机岗位，并且担负值夜班。搅拌机上料时粉尘飞扬，逼得他在闷热的隧道里不得不戴着草帽口罩。一次，搅拌机外壳松动，机体漏浆，张海威二话没说，马上爬进滚筒中处理，修好后浑身都蹭满了水泥浆。2002年下半年，二公司管段的桥涵施工告一段落，一批自卸车、拌和站等设备撤出现场，需要整修待用。看到修理工人手少，张海威又主动给修理工打下手，笨重的活抢着干，抬大件、钻车下、拿焊枪、喷油漆。一个多月的摸爬滚打换来了一台台机械整旧如新。刚整修完机械，现场开始了大规模边坡护砌，急需管理现场的施工员，他打点行装又搬到了工点，当起了指导协议工干活的施工员，他利用晚上的时间熟悉图纸和技术资料，并虚心向技术人员请教，很快就掌握了浆砌工艺要求，现场管理得有条有理，忙了半年多，优质高效地完成了大面积边坡护砌任务。他干过的活多了：管库员、采购员、炊事员……2002年，他荣获铁道部"火车头"奖章。

中铁三局渝怀部指挥部指挥部会议室里挂着一面武隆县委、县政府赠送的锦旗，上面写着"抢险救灾患难与共，情深义重镂骨铭心"。这面锦旗背后确实隐藏着一个惊心动魄的故事。那还是2001年五一节，晚上8点50多分，中铁三局指挥部的员工正兴高采烈地观看中央电视台"心连心艺术团"慰问铁路建设者的电视节目。突然，电话铃急骤地响起，县支铁办告知县城芙蓉路一栋七层住宅楼被山体滑坡冲垮，请三局火速增援。沈杰群指挥长立即发布十万火急命令，调兵遣将，并与党工委书记王文喜、副指挥长任立志等领导迅速赶赴现场，向现场抢险领导组领受抢险任务。晚9点10分，接到命令的三公司50多人的抢险队伍和部分机械第一批到达抢险现场。在接下来的几个日日夜夜里，指挥部领导急现场所急，想现场所想，随时到现场了解情况。三公司青年挖掘机司机焦爱民和王卫东，冒着山体再次滑坡的危险，勇敢地冲到第一线装运土石。整整六个日日夜夜，两位青年员工轮番上阵。累了就在路边躺一会儿，饿了就在驾驶室啃包方便面。最后两天，王卫东患了肠炎，他向谁都没讲，吃点药顶着硬是坚持到抢险结束。铁路建设大军的义举使当地领导和百姓都很感动，重庆市和武隆县领导决定，给一直坚持在一线抢险的同志以物质奖励。当3 000元奖金递到焦爱民、王卫东面前时，他俩一致表示：这钱我们不能收！我们到武隆修铁路，这里就是我们第二家乡，为家乡父老做点事还能要酬劳吗？根据他们的意愿，这笔钱捐赠给受难者家属。这次抢险结束不久，武隆县领导敲锣打鼓非常隆重地将这面锦旗送到中铁三局渝怀指挥部。

科技创造新奇迹

曹建忠

让科技"当家做主"

科学技术是第一生产力,十八局集团总工程师、渝怀线指挥长雷升祥非常重视技术进步。在彭水隧道施工中,他们用先进技术攻克施工中遇到的难题。为了应对喀斯特地质等各种特殊地质情况,十八局实行施工安全风险预测规避机制,技术部门根据设计图纸和实际情况,提前对下一步的施工提出风险预测:将要进入什么样的地质、会出现何种地质灾害、要采取什么技术措施、需要怎样组织人员、要准备哪些物资材料等等。详细实用的技术指导成为彭水隧道施工的"指南针",有了超前的技术指导和必要的准备,十八局彭水隧道施工避免了手忙脚乱,施工进入了一个科技含量极高的"程序化",实现了连续高产稳产。

上场前,雷升祥多次考察了施工现场,他对彭水隧道的施工难度有着深刻的认识,彭水隧道集长隧、浅埋、

铁道部副部长卢春房在渝怀总指听取汇报

科技创造新奇迹

大跨、涌水、突泥、顺层滑坡、瓦斯、岩溶、不良地质等于一体，施工难度极大，实现"确保国优、争创鲁班奖"的质量目标难度极大。自2001年3月28日隧道正式开工以来，十八局集团指挥部注重施工组织，最大限度地优化施工的组织设计。一公司施工的出口段，斜井设计坡度较大，经过科学分析，他们将斜井洞口标高降低了35米，坡度从36%减缓到12%，虽然增加了300米的长度，但把绞盘式的有轨运输改为了无轨运输，施工速度成倍提高，安全系数大大加强。原设计斜井施工每月只能打70米，他们却达到了每月124米，斜井比原计划提前四个月打到正洞位置，正洞施工也远远超出了原计划。三公司施工的隧道进口段进入深处后，运输距离增大，有轨运输出碴明显滞后，影响施工速度，项目长余顺友与技术人员一道研究，创造性地在正洞2 300米处建立卸碴槽，把有轨运输和无轨运输相结合，隧道施工速度大大加快，自动卸碴槽成为彭水隧道快速施工的一件"秘密武器"。

先进的机构设备是隧道施工的"法宝"，作为我国铁路隧道施工的强手，十八局拥有世界最先进的TBM、液压台车、电脑台车等世界顶尖的施工设备，在彭水隧道施工中，根据隧道石质差的实际，雷升祥提出"最合理设备配置"的原则，在决定隧道整体进度的关键部位，毫不犹豫地采用最先进的设备，相关的配属设备则科学组合，提高设备利用率，最大程度地发挥机械设备效能。装碴设备直接关系到出碴速度，他们用上了从德国进口的312挖掘装卸机，循环时间明显缩短，施工速度进一步提高。打设备仗不是简单地拼凑机械设备的价值，十八局集团从提高设备配套率、完好率、利用率上，把这一常规作法做出了新特色，施工中更透露出一种智者的理性色彩。

辅助导坑对长大隧道施工起着重要作用，但是如果施工组织不当，会大大降低其利用价值。在彭水隧道，雷升祥根据多年的施工经验，加大辅助导坑施工的部署。三公司进口段的平导，采用有轨运输方式，每个月以260米的速度向前挺进，为正洞施工探明了石质、增开了工作面，为彭水隧道提前完成提供了保证。一公司出口段的斜井提前进入正洞施工，在洞口段石质较差的情况下，为隧道的掘进立下大功。在分析了隧道石质和具体情况后，雷升祥排兵布阵，要求一公司的洞口段抓紧时间往后打，尽快把斜井后面的隧道贯通，当时有部分人员不理解，认为要集中火力主攻前方，后方不妨慢一些。2002年3月29日，洞口段与斜井正洞工作面提前贯通后，洞内突然发生大涌水，水量相当于每天流出一座小水库，职工们心有余悸地说：若不是雷指挥长匠心独运地组织施工，提前将后部隧道贯通，斜井内将"水漫金山"，整个斜井就会报废。通风、排水、增加工作面、超前地质预报，在彭水隧道施工中，雷升祥带领着十八局集团的职工，把辅助导坑的作用发挥得淋漓尽致。

管理出生产力

渝怀线190座隧道，形成了一个大型比赛场，多家施工强手在这里展开了无声的竞赛。十八局集团一公司、三公司两个强手在担负彭水隧道施工，管理的水平直接反应在隧道建设上。为确保胜利，三公司余顺友副总经理带领在南昆线、株六复线屡创佳绩的队伍上场，在人员管理上实行军事化，严格生活制度，保证队伍有旺盛的战斗力。在工程管理上，他们在洞内设立前线指挥所，指挥部领导的流动办公室一直跟到了隧道掌子面，便于摸清情况及时处理。他们要求每道工序提前半小时进入状态，在施工中如果耽误时间，都要由带班领导及相关人员写出书面报告，分析事故原因，确定改正措施，为下一步施工提供借鉴。同时，对严重影响施工进度的，都要做出严厉的处罚。一公司项目长付彦生注重提高全体职工的质量意识，进行强有力的管理，避免在彭水隧道出现质量通病。通过思路调整，一公司的工程建设水平得到了极大提高，在自然条件艰苦、地质差的情况下，创造了施工佳绩。为全面提高工程建设的总体水平，雷升祥在十八局管段内实行"奖一罚一"的激励机制，对每个参建队伍在月底进行评比，对安全、质量、进度、文明施工、队伍管理等全面考察，综合打分，凡是最后一名都要进行处罚，参建的各公司争先恐后，提高施工水平，工程实现了大面积创优。在铁道部领导对整个渝怀线进行大检查时，十八局彭水隧道的工程管理、文明施工赢得了各方面的广泛称赞。

为确保施工安全，十八局在彭水隧道施工中，采用超前地质雷达预报，摸清掌子面

科技创造新奇迹

前方的地质情况，便于提前采取应对措施。施工进入富水带后，山体内的溶洞、暗河随时威胁着施工安全，他们在掘进中使用超前钻孔进行探水，发现前方异常后，先将物资材料转移到安全地带，做好准备后进行小断面截水。2001年4月11日，三公司在平导施工中遇到了特大涌水，洞内水深达1.5米，汹涌的水流从平导奔泻而出，洞口的319国道交通中断，经过昼夜抢险终于化险为夷。职工们说：如果不是进行了超前预报，采取了科学的截水方案，用旧办法进行爆破的话，这场大涌水的损失不敢想象。彭水隧道施工中多次遇到大涌水、突泥、地下暗河等地质灾害，由于技术准备充分、采取措施得力，都有惊无险地战胜了这些难题。

一公司在出口段施工时，便道刚刚建起来，洞顶就发生了大面积顺层滑坡，纵深达33米、横向波及66米的十几道裂缝把山体撕裂，最大裂缝达1.5米。他们根据情况进行技术攻关，增加了六根大体积抗滑桩，经过一个半月的拉锯战，终于稳定了山体，

彭水隧道
全长9 028米

隧道安全进洞施工。顺层滑坡段的车站隧道大跨长214米、最宽21米、高14米,在富水顺层滑坡体上修筑这样的大跨隧道,为国内铁路隧道之最,加上强风化炭质页岩,隧道每前进一步都十分困难。雷升祥亲自蹲在施工现场研究,将原设计中的"中壁法施工"改为"中导洞先行分步开挖";大管棚超前支护、注浆、钢格栅支撑、强行喷锚等。中导洞先行,一米一米地向前掘进,顺利通过"不安全地段"。雷升祥亲自总结的大跨度不良地质条件隧道施工技术,在2002年8月底举行的海峡两岸隧道施工技术交流会上,受到与会专家高度评价。

彭水隧道要创国优,工程质量标准极高。隧道内多是页岩、泥质灰岩、炭质页岩等软弱围岩,光面爆破是关系安全质量的一个重要方面。雷升祥与技术人员一道,针对隧道的不同地质情况,制订了不同的爆破方案,随着石质变化及时调整炮眼密度、装药量及爆破方法。三公司在隧道进口施工中分工负责,把每个工人的工作部位固定,在哪个位置施工就从洞口一直到隧道贯通,便于随时分清责任。以往的施工中,隧道边墙炮眼布置只靠肉眼观测,为提高彭水隧道工程质量,技术人员精益求精,用吊锤仔细测量垂直度,有效地控制了超欠挖,把光面爆破提高到了新水平,在科技人员的及时指导下,炮眼残眼率达95%以上,成为渝怀全线光爆的样板,受到铁道部领导的高度赞扬。

彭水隧道衬砌要求不渗不漏,这在阴雨连天的大西南非常困难。为保证质量,十八局下达了近乎苛刻的要求:隧道发生一滴渗水,处以1万元的经济处罚。为铺设防水板,技术人员多次研究改进施工工艺,使防水板封闭更加严密。为提高混凝土衬砌质量,十八局用招标方式采购了大模板衬砌台机,技术人员还与现场操作手仔细研究施工工艺,对衬砌后的混凝土进行雷达检测,发现问题及时处理,不留任何质量隐患。彭水隧道的大模板衬砌无错台、无蜂窝麻面等质量通病。尤其难能可贵的是,衬砌后的隧道无一处渗漏水,外面大雨滂沱,掌子面涌水极大,而衬砌后的隧道却光洁照人,滴水不漏。

干溪沟传奇

李良苏

（一）

"隧道通就等于全线通。"这是我在渝怀铁路采访中，指挥长和职工们对我说得最多的一句话。全长 624.5 公里的渝怀铁路，隧道就有 190 座，加起来总长度达 242 公里，占全线里程的 40%，是我国目前在建和已建铁路隧道比例最大的干线之一。渝怀铁路隧道多，而且密度大，从涪陵到酉阳 300 公里间，隧道占线路比例就高达 80%。全线 11 项重点控制工程，隧道就占了 8 项。这些隧道多、长、大，而且地质条件复杂。断层、溶洞、暗河、涌水、突泥、煤层、瓦斯、高地应力、天然气、滑坡、软岩、水库塌岸等地质灾害样样俱全，基本上囊括了国内外山岭隧道施工中遇到的所有难题。

可以说，渝怀铁路在中国乃至世界的铁路建设史上，都将具有重要的地位和独特的价值。

对渝怀铁路来说，隧道掘进是全线施工的重中之重，拿下隧道就意味着稳操胜券。

渝怀铁路穿越的武陵山脉，是典型的喀斯特地貌，造就了千奇百怪的溶洞和极其复杂的地质环境，给隧道施工带来前所未有的困难。但重重困难吓不倒英雄的铁路建设者，高山险隘挡不住筑路大军的前进脚步。英雄的参建职工，逢山凿路，遇水架桥，在中国的铁路隧道建设史上，写下了辉煌的一页。

中铁十七局集团承建的干溪沟隧道，就是这其中一个闪光的亮点。

（二）

　　此刻,我和中铁十七局集团渝怀铁路指挥长王国钧并肩站在干溪沟隧道出口的山崖上。

　　秋天明亮的太阳,朗朗照耀在果实累累的山野上。对面山坡上,山民们正在收割稻谷,采摘柑橘,一派丰收的景象。

　　一群北来的大雁,在隧道出口的上空飞过,留下一路"咕儿、咕儿"欢快的叫声。

　　我站在山崖边,探头向隧道口的山谷中望去。

　　这是一条死去的河流。你瞧,山崖上那一层又一层的鹅卵石和岩壁上刻下的深深水印,都向人们表明,这里曾激流滚滚,浪涛拍岸。可如今,大水早已远去,也留下了一段无人能够破解的故事……

　　这条沟,真是名副其实的干溪沟。沟中像火烧过似的干枯,只有几棵不惧旱的松树,在石缝中倔强地生长着,为这条没有水流的干沟带来了一丝绿意和生机。

　　2001年1月,当王国钧带领职工到干溪沟踏勘工地时,向当地老乡打听"干溪沟"一名的来历,老乡把他们带到一个溶洞前说:"沟里原本有一条溪流,后来都让溶洞给'喝'干了,所以叫'干溪沟'。"

　　更可怕的是老乡后面讲的这个故事:

　　一年天旱无雨,一位胆大的村民,带着他家壮实的大黑狗,深入溶洞里找水。两天后,人出来了,狗却在溶洞里走失了。一年后,那山民到八百里外湖南吉首贩卖货物,竟遇到了他家的大黑狗,领了回来……

　　听完这个故事,王国钧等人倒吸了一口冷气,这说明山中溶洞多,而且长。

　　溶洞,将给干溪沟隧道施工带来重重困难。

（三）

　　干溪沟隧道位于重庆市彭水县走马乡和龙溪乡境内,全长3 878米,是渝怀铁路重点工程之一。担负施工的中铁十七局集团四公司职工经过一番紧张的施工准备后,

干溪沟传奇

于2001年5月6日开工。

干溪沟隧道地势险峻,沟谷深切,地质复杂,从一开始施工就困难重重。进口处在一条大冲沟中,一进洞就是250米长、跨度为13米的燕尾式隧道。所谓的燕尾式隧道,就是隧道像燕子的尾部,外面是双线,越到里面越窄,最后变成单线。这种隧道跨径大,技术要求高,施工难度大。

打过隧道的人,都明白这样一个道理:隧道的开挖的面越窄,岩石的破坏程度就越小,山体稳固性就越高,不易塌方。而燕尾式隧道跨径大,开挖面大,岩石的破坏程度大,山体的稳固性差,容易造成塌方。干溪沟隧道的进口,又处在一条断裂带上,石质软弱破碎,稍不留神,就会造成塌方。防止塌方,是燕尾式隧道施工的重点。

指挥长王国钧、指挥部党工委书记许同禄、总工程师刘高飞会同四公司渝怀铁路项目经理田克锋,与担负施工的二队队长敖开权、书记贾建平、副队长鲁映江和队技术主管工程师王选祥率领职工在现场经过多次技术攻关,采用小导管预注浆、超前支护等多种施工措施,有效地防止了塌方,使隧道顺利通过大跨径燕尾段。

进口施工艰难,出口更是不易。隧道的出口位于连老鹰都无法落脚的悬崖峭壁上,最可怕的是,在隧道洞门的正上方还有一块巨大危岩悬挂,摇摇欲坠,危险异常。要开凿洞门,就得先排除危石。职工们就像电影红旗渠里修水渠的民工一样,头戴安全帽,腰系保险绳,悬在半山腰打眼放炮。那种危险,那种艰苦,只有身临现场和亲自参加施工的人,才能真正感受到。就在这样艰苦危险的条件下,职工们克服了重重困难,将危石排除。

危石排除后,职工们马不停蹄,先在洞口位置的峭壁上,开出一小块作业面作为支撑点,然后以此为依托,像蚂蚁啃骨头一般,慢慢扩大作业平台,最后使隧道安全进洞施工。

艰难的工程蕴藏着企业的品牌,铸造着企业的精神和品质,

173

同时也是锻炼队伍的"磨刀石"。中铁十七局集团职工接着在干溪沟隧道掘进中,创造出当时全线隧道施工最好水平——单口月成洞309米的好成绩,受到渝怀铁路建设总指挥的表彰。

光面爆破

（四）

提起溶洞，人们可能会立刻联想到桂林的七星岩、云南的阿庐古洞和桐庐的瑶琳仙境，大自然的鬼斧神工，曾使多少游人流连忘返。但对渝怀铁路建设者来说，溶洞却成了他们前进道路上的"绊脚石"和"拦路虎"。

正当十七局集团四公司职工们甩开膀子大干，夺取更大胜利的时候，在隧道掘进中接连打出8个溶洞，最大的一个溶洞，深36米，宽22米，长度无法测量，仅影响铁路线路就达600多米，其大、深、影响线路之长，在国内铁路施工中实属罕见。经专家和技术部门测定，此溶洞是目前国内铁路建设中，所遇到的最大溶洞。

干溪沟隧道打出特大溶洞的消息，立刻传遍四方，成为全线关注的焦点，被铁道部渝怀铁路建设总指挥部列为全线受溶洞影响最严重的隧道之一；并引起铁道部领导、铁道部工程管理中心和设计、科研部门的高度重视。许多领导和专家专程来现场勘察，为治理溶洞献计献策。

2002年1月18日。由铁道部工程管理中心牵头，联合设计、监理、科研等有关单位，就干溪沟隧道特大溶洞治理一事，在重庆黔江召开了专题会议。

2002年3月18日，时任铁道部副部长蔡庆华到渝怀铁路现场办公时，专程到酉阳听取了十七局集团渝怀铁路指挥长王国钧关于干溪沟隧道溶洞情况的汇报。他指示：十七局集团要与设计单位密切配合，尽快确定溶洞治理方案，要一次性治理到位，不留隐患。同时，要做好地质超前预报工作，注意施工安全，抓好工程质量。

蔡庆华还要求：渝怀铁路建设总指挥部要把干溪沟隧道溶洞治理确定为重点科技攻关项目，增加资金投入，加大攻关力度，在组织科技攻关中，要有计划、分阶段，把任务具体落实到人。同时，要认真做好技术总结，为今后治理铁路隧道溶洞提供科学依据和施工经验。

在干溪沟隧道施工和溶洞治理期间，中铁十七局集团上下要人给人，要物给物，全力支援。董事长、党委书记瞿观鄞、总经理薛之桂和担负施工的四公司总经理高洪丽、党委书记王志英先后多次到现场办公，为工程和职工排忧解难，充分调动起职工的施工积极性和创造性。

现任十七局集团四公司渝怀铁路项目经理、溶洞治理英雄张耀军向我介绍说："治理溶洞的道路很不平坦，每前进一步，都要付出巨大的艰辛和代价。"

他从最简单的排除溶洞顶部的危石向我说起：溶洞的顶部有许多悬石，大的如牛，小的如西瓜。这些悬石摇摇欲坠，有时人说话声音大了，声波都会把石头震落下来。要进入溶洞施工，就必须先把头顶这些"定时炸弹"排除掉，要不那是非常不安全的。排除悬石，说起来容易，做起来很是艰难。溶洞高30多米，如何接近这些悬石？如何把它取下来？开始有人提出用爆破的办法排除危石。可溶洞里连说话大声都不允许，更别说爆破了，爆破会破坏溶洞的整体结构，造成大塌方。

项目经理张耀军、项目党工委书记孙仁虎、总工程师秦美前和担任施工的二队新任队长鲁映江、副队长任德志带领职工群策群力，设计了许多施工方案，最后采取搭脚手架的办法，像摘桃子一样，把一个个悬石"摘"下来。

排除完溶洞顶部的悬石后，接下来，他们采用钢管桩注浆、中间夹多层通水管涵、片石混凝土砌筑等多种方法，对溶洞进行加固处理。他们的溶洞治理工程，一次性通过质量验收；治理施工工艺，得到专家们的肯定和赞扬，开创了我国铁路隧道施工治理特大溶洞的先河。他们的溶洞治理施工技术已申报铁道部。

（五）

干溪沟隧道是全线重点工程，也是渝怀铁路建设总指挥部确定的创国优项目之一。从队伍一上场，十七局集团职工就制订出"内实外美，不渗不漏，全隧创国优"的奋斗目标。

为了实现这一目标，他们确立了"以人为本，技术创新为突破口，强化过程控制为保证"的创优工作思路和管理理念。

磨刀不误砍柴功。开工前，他们专门拿出时间，对参建职工进行创优动员教育。

通过学习，使每一个职工都充分认识到干好所担负的工程，不仅是关系到造福祖国、造福人民的百年大计，而且关系到企业明天的市场和每一个人的饭碗，从而增强责任感、紧迫感，树立敢打必胜的信心和创优工程的决心。

为了适应创优的需要，他们根据干溪沟隧道的工程特点，结合施工实际，对全体参建职工，按管理人员，工程技术人员，特殊工种作业人员，新设备操作人员和一般施工人员，分期、分批、分层次进行专业技术轮训，以提高职工的综合素质和专业技术素质来推动整个工程质量的提高。

每项工程开工前，他们都认真做好图纸会审和技术交底工作，吃透设计意图，核对工程各细部尺寸、数量，是否有差错和遗漏现象，定型图、参考图是否齐全，施工规范、验收标准是否为有效版本。并坚持做到：未经审核的图纸不下发，技术交底不清楚的工程不开工。

对一些特殊作业、关键工序，他们还另外专门编制施工作业指导书。施工中，他们先后编制下发了光面爆破、喷锚支护、复合防水板铺设、隧道内旋喷桩、隧道衬砌、洞门砌筑等隧道施工关键工序和隧道常见通病治理与预防措施作业等指导书。

对于岩溶发育的隧道地段，他们在掘进前，先采用TSP地质超前预报技术和超前钻孔，探明前方的地质情况及岩溶分布情况，制订掘进方案，做到了有备而战。开挖过程中发现岩溶后，他们根据岩溶的情况及地质特征，制订科学合理的施工方案，彻底治理，不留隐患。

施工中，他们坚持混凝土开盘检查制度。隧道衬砌开工前，首先对隧道断面尺寸做详细的检查，是否有超欠挖，二是检查砂、石料、水泥、钢材、水是否经过检验合格，三是检查各种混凝土设备性能及数量是否能满足施工要求，这几项工作全部达标后，由质检工程师签字确认，方可开工。

在隧道开挖过程中，他们采用隧道徕卡多功能量测系统，大大提高了布眼精确度和速度，提高了光爆效果。在二级软弱围岩全断面开挖中，他们的炮痕率达到90%以上，有效地防止了超欠挖。干溪沟隧道被渝怀铁路总指挥部定为全线光面爆破质量观摩示范工点。

在隧道掘进中，他们充分发挥机械化作业的效能：钻眼采用风动凿岩机配自制钻爆台架施工；除碴采用挖掘装载机和自卸汽车运输；混凝土工程采用自动拌合站拌合、输送泵输送、全断面整体液压台车衬砌。先进合理的机械设备配置，有力地保证了隧道施工质量。

他们积极组织职工开展技术攻关和技术创新活动，先后研究开发出"长大隧道施工机械化综合配套及快速施工技术"、"岩溶、破碎围岩地段隧道工程综合施工技术"、"长大隧道全断面开挖光面爆破施工技术"、"富水隧道防排水施工技术"、"双线大断面隧道进洞施工技术"、"液压整体衬砌台车设计"、"制作及应用技术"等十多项隧道施工技术含量，改善了施工环境，降低了职工劳动强度，提高了工程质量。

十七局集团职工本着对人民、对历史负责的精神，精心施工，精雕细刻，打一米隧道，保一米质量，他们施工的隧道接缝平直，色泽一致，表面光洁，内实外美，不渗不漏，堪称一流；所完工的分项工程，一次检验合格率100%，分部工程优良率达到100%。干溪沟隧道被评为全线精品工程。

2002年12月26日，随着最后一排炮响，干溪沟隧道比计划工期提前9个月胜利贯通。

（六）

干溪沟隧道施工，一路披荆斩棘，凯歌高奏，安全、质量、环保、工程进度等各项工作，在全线的隧道施工评比中，一直是红旗飘扬，站在"第一军团"行列。职工们都说，这与集团公司指挥长王国均的人性化管理分不开。

王国钧，文雅、干练、沉稳，一派大将风度。我和他聊企业管理。他说："管理是企业成败的关键，但企业管理并不能仅仅局限于严格的制度，更应该是'人性化'的管理。"

十七局集团所承建的渝怀铁路第18标段，13.8公里线路中，有5座隧道，9座大桥，2个车站，其中桥隧占管区总长度的78%。铁路沿线山高谷深，地质复杂，是全线施工难度最大的标段之一。

在项目管理中,王国均在建立健全各种严格规章制度的同时,始终把"人性化"管理贯穿于整个项目管理的全过程。他说:"严格的制度、规范、命令和高压的管理方式,固然可以使职工按部就班地施工,但却很难充分调动职工们的生产积极性。只有体贴职工,尊重职工,爱护职工,实行'人性化管理',尽可能地满足职工们生活、学习、娱乐等方面的合理需求,营造使每个职工都能发挥自己才能、实现人生价值的氛围和环境,通过感情的纽带,才能形成企业巨大的向心力,凝聚起一个无坚不摧、极具有战斗力的团队。"

队伍初上渝怀线,在安家建营工作中,王国均要求集团公司所属参建单位,要彻底改变和放弃过去那种"能凑合就凑合"的临时观念。

在项目生活线、文化线、卫生线"三线"建设中,他特别强调提出:"生活线"要做到饭熟菜香,下夜班职工能吃到热饭,全天保障开水供应;"文化线"要做到每个职工都能看到电视、录像,重要节日有活动,平常营区能听到歌声;"卫生线"要做到工程队有卫生室,公司项目部有卫生所,集团公司指挥部有定点合同医院。施工中职工碰伤擦伤不出队,患一般病不出项目部,得急病能在短时间内得到有效救治;另外夏天职工能吹到电风扇、用上蚊帐,冬天职工下班回来能洗上热水澡等。

王国钧这一系列人性化管理措施的实施,为职工营造了一个相对舒适的工作生活环境,有力地激发和调动起职工的生产积极性和创造性,促进了工程任务的完成。

(七)

2002年3月的一天夜晚,在干溪沟隧道进口,一个僻静的山坡上,田克峰跪在地上,面向东方,泪流满面地说:"父亲,自古忠孝难两全,请原谅儿我不能送您。"

渝怀壮歌

田克峰是安徽亳州人，1976年参加铁道兵。他上无兄，下无弟，父母膝下就他这么一个儿子。他常年在外架桥铺路，先是青藏、大秦、侯月铁路，后是南昆、内昆铁路，接着又是渝怀铁路，别说照顾父母，就是每年见上一面都非常困难。

母亲想他都想疯了，把养的鹅当成了他，整天用馒头喂。有时大鹅啄母亲的手，母亲就说："克峰，你多大了，还咬妈的手啊。"

母亲因想他而得病，又因得病而去世。母亲咽气的时候，田克峰没在身边，当时，他是公司内昆铁路项目党工委书记，领着工人正在建墩高110米的花土坡特大桥。

上渝怀铁路不久，家里来电报说父亲得病住院，要他立即回去。接到电报那一刻，他在心里给自己施压，母亲走了，就剩下父亲了，这次就是天大的事也要放到一边，赶回去看望父亲。可当他看到队伍刚上场，工作千头万绪，狠了狠心，还是把电报悄悄地压了下来，等把工作理顺、安排好，一个月后才回故乡探望父亲。

他在父亲身边整整守了12天，12天中，他每天给父亲刮胡子、洗脸、擦背、换尿布，恨不得把多年来父亲的养育之恩，在这短短的几天内全部补上。

父亲心里过意不去，对田克峰说："你走吧，你是国家的人，管着那么大的一个工程，不能光守着我，要是工地上有个三长两短，对组织不好交代。"

田克峰说："爸，我要看好你的病。等我忙完了这个工程，一定把你的病治好。"

父亲说："我的病我知道，你看不好我的病。等我死了，你叫人把我埋在咱田家的园子里就行啦。"

田克峰为了圆一个为祖国修路的梦，多病的父亲一人在家里生活无法自理，只好寄住在亲戚家。他老家的房子由于常年无人住和维修，塌成了一堆瓦砾，宅基上野草齐腰。父亲说死后要埋在宅院里，就是希望能守住那祖辈传下来的基业。

田克峰是项目经理。工地上的事情千头万绪，他不能老待在家里照看父亲。等父亲病情稍微好转后，他把父亲托人照看，自己匆匆地赶回工地。从他们田庄到火车站40里，他流了一路泪。

田克峰赶回渝怀铁路的第二天，干溪沟隧道掘进中发现了大溶洞。在发现大溶洞的一个小时后，家乡来电话，说他父亲去世了。是溶洞抢险，还是回去安葬父亲？他选择了前者，将父亲的后事委托给乡亲们办理，自己坚持在工地组织职工抢险。

一路风雨一路歌

陈光登　韩晋蓉

老船工的心愿

　　2001年,新千年除夕的钟声刚刚敲过,巴渝大地还笼罩在春寒料峭之中。滚滚长江水面,冷风卷起袅袅白雾,寒气袭人。这天,位于重庆市长寿县境内的扇沱渡口北岸川维码头上,来了一群不速之客。这时渡船已经离岸驶向江心,这群急着过江的远行人从车上跳下,只好望江叹息。来晚了一步,只能耐着性子等一下了。就在此时,已离岸几十米远的渡船又返了回来。岸上人正不知何故,老船工发问了:"你们是修铁路的吧?""是的是的",岸上人忙答。渡船重新靠岸了,岸上人上了船,渡船再次向南驶去。

　　这群不速之客不是别人,他们是中铁五局集团二公司的职工,是参加渝怀铁路建设的先遣队伍。按五局集团公司渝怀指挥部的部署,二公司渝怀项目部所辖管段就分布在这万里长江的扇沱渡口两岸,这渡船是他们必不可少的交通工具。

　　当这群筑路人了解到老船工是特意返回来接他们的时候,个个感动得连声称谢。船抵对岸,筑路人照付船钱,老船工却拒收。"你们是来这里架桥修路的,不要钱。你们要感谢我呀,可别再架个'彩虹桥'了!"(1999年1月4日,重庆市綦江县境内跨綦河的"彩虹桥"垮塌,死伤多人。"彩虹桥"一时成为"豆腐渣"工程的代名词。)老船工的话寓意深长,老船工的话寄托着巴渝人民的重托和厚望啊!"老乡,你放心,我们绝不会!"这几个普通筑路人的回答,也是中铁五局集团奋战在渝怀铁路建设工地上的几千名职

工的共同心声。

几天后，老船工找到队上，要见那群过渡的年轻人。这让那些年轻人有些摸不着头脑，以为是不小心损害了老船工的利益。这是一支有着革命军队光荣传统的筑路队伍，违反群众纪律的事，在他们这里小事也是大事。与老船工在队部相见，老船工没有给他们带来指责，而是将一张图纸郑重地交给了为首的小郭。打开一看，原来是一张作废的复印图纸。坐船时他用来垫了屁股，船到岸时扔下了。这时，小郭再看看老船工，他那一脸轻松、踏实的笑，让人很自然地联想到革命战争年代，我地下交通员经过重重困难，生死考验，终于将决定我军胜利的重要指令送达前沿阵地指挥员手里时的那份欣喜和踏实。但是，看着老船工憨厚、质朴的笑脸，谁也不忍心说出那个"废"字来。小伙子们眼里湿润了，再三表示感谢并说这张图纸确实非常重要。这"谎言"是美丽而善意的，它给老船工莫大的安慰和快乐。临走时，老船工还拍着小郭的肩膀，语重心长地说："我知道这东西对你们非常重要，我就送来了。小伙子，以后你可要仔细呀。"

是的，确实不能让那个"废"字出口，这会让老船工扫兴的。老船工送来的岂止是一张小小的图纸，那是巴渝人民的一个心愿：盼望着他们修一条高水平、高质量的渝怀铁路，给巴渝人民带来富裕、幸福，不再让"豆腐渣"工程给群众带来灾难和不幸了。

强将精兵上渝怀

他，北方人，高个，白净脸，板刷式的花白头，腰板笔直，身材不胖不瘦。有人说，如果让他穿上军装，一定像位威武的将军。他就是史凤华。史凤华当过兵，参加过抗美援越，身上有着浓厚的军人气质和作风。

我们这次来中铁五局集团渝怀铁路工地采访，已是渝怀铁路开工三年后的2004年10月12日了。渝怀铁路全线主体工程已全部完工。中铁五局集团承建的铁路线长达72.9公里，相当于渝怀铁路全长625公里的八分之一。此时，渝怀铁路铺架已顺利通过了中铁五局渝怀指挥部的三个标段。我们来晚了。2001年初就金戈铁马上渝怀的指挥长史凤华已经走了。这位中铁五局集团的副总经理、总工程师，渝怀线还未完工就回局里当了顾问。

史凤华，在40年的征战中，先后参加并指挥过贵昆、湘黔、枝柳、京九、西康、株六等20多条铁路干线的建设，还指挥过多条高速公路、多座机场、水利和市政工程的施工，从而积累了十分丰富的施工和管理经验。岁月染白了他的板刷头，却没能压弯他的腰。

他手下共有七个项目经理部，七个经理全部是高级工程师。七个经理部所属的普通工人，基本上也是经过正规学校培养的中专生或技校生。可以说这是一支由精兵强将组成的战斗队，基本体现了"知识密集型"这一特点。日益富强起来的祖国更为他们装上了飞翔的翅膀——各种机械化、现代化高科技的施工设备。比如，铁路施工中用得最多的是混凝土。面对采用人工进料加水的老式混凝土搅拌机，史凤华眉头一皱，说："这不行！"于是，世界最先进的电子技术控制的搅拌设备从国外买回来了。由电子技术控制的泵送灌注，从下料到完成灌注，完全自动化而且绝对保证质量。这是老式机械所无法比拟的。比如过去在隧道里打拱墙，用的是一块铁板、几把铁锨，人工拌合好混凝土后，再一锨一锨地往模板里甩，劳动强度大，精确度差，如有偷工减料的情况发生，还会造成质量事故。现在，用先进的搅拌设备，不但省时省工，还能完全杜绝不按操作规程施工的现象发生。一种叫"电子探测仪"的设备，犹如孙悟空的一双"金睛火眼"，对已经完工的圬工工程，无论是暴露在地面，还是深埋在地底，任何"毛病"它都能"诊断"出来。

凌初华，42岁，1983年毕业于兰州铁道学院，集团公司渝怀指挥部的第三任"掌门人"。他，一米七三的个子，不胖不瘦的标准身材。面皮白，戴眼镜，最大的特点就是张口必笑，说话很有亲和力。

渝怀铁路开工伊始，他就挂了四公司渝怀项目经理部经理的帅印，带领大队人马来到了渝怀线第17标段的郁山隧道出口扎下营盘。隧道全长7 205米，是当时五局集团历史上所承建的一座最长的铁路隧道。凌初华喜欢这个第一，第一是他展现自己的最好天地。

有人说凌初华不但是一个优秀的技术干部，更是一个优秀的

郁山隧道
全长 7 205 米

"指挥家"。指挥家，一个站在庞大乐队前面的至高无上者，凭着手中的一根小小指挥棒在胸前挥来舞去，就能让上百名手持各种乐器的男女演奏家们心领神会，合奏出一支支美妙的乐曲。凌初华被称为优秀的"指挥家"，翻译过来就是优秀的管理者。凌初华来到渝怀线工地，办的第一件事就是竞争上岗。像渝怀铁路这样的大线，要按过去的做法，单是这经理部指挥机关就不会少于五六十人。凌初华采用竞争上岗，能者上，人员精减又精减，整个经理部只用了 23 人。

凌初华带领的四公司施工队伍在经过几个月的前期准备后，于 2001 年 5 月 16 日在郁山隧道出口向顽石宣战了。可是，当第一炮的硝烟还未散尽时，眼前的情景却让他们惊呆了：一个在图纸上根本找不到的大溶洞赫然出现在他们眼前，洞内淤泥夹着大块孤石。经初步勘测，溶洞长达 60 米，紧跟着还有一个小溶洞，长达 20 米。

这一双"姊妹洞"内都塞满了淤泥夹孤石。

治理这种溶洞，谁碰上谁头痛。也许局外人很难明白，他们会说你们不是有机械吗，不是有高科技吗，把它们用上不就成了！没那么简单。所有施工机械都有一个共同特点：不怕硬，再硬的顽石它都能啃下来，越硬它越来劲儿；但它怕软，特别是这样的烂稀泥混合着一块一块的烂石头，它们是一点办法都没有了。巴渝人常说一句歇后语：大水牛掉到枯井头——有劲使不上，就是这种尴尬局面的真实写照。

凌初华把经理部的所有工程技术人员召集到小会议室，冷静而仔细地听着每个人对溶洞治理的意见，他边听边记边思索。凌初华以他的指挥艺术，调动起所有工程技术人员的积极性，人人争当"诸葛亮"。几天后，一个处理溶洞的最佳方案产生了：从隧道口前进方向的右侧，打一个斜井至正洞，对大溶洞形成内外夹击，具体施工技术上则采用弱爆破(减少炸药量)，强支护，搭格栅拱架，稳扎稳打，步步为营。实施这一方案，既加快了对溶洞的处理，又增加了施工作业面，为下一步施工探明了地质情况。在施工过程中，以凌初华为首的经理部领导，轮流住到工地，认真检查和督促每一道工序的准确实施。大型机械派不上用场，只能靠人工开挖，一点一点地刨，一点一点地将淤泥和孤石运出洞外。开初，虽说每个施工人员一天到晚都涂得像个泥人，但进度依然上不去。可是到了7月份，126.62米的斜井打到了正洞，按方案要求已对溶洞形成了夹击之势，治理进度就明显加快。到8月份，近90米长的不良地质带就全部渡过。事实证明他们的斜井迂回方案是正确的。

地狱之门任我行

"地狱之门"一直都在向郁山隧道的建设者们招手。2002年1月，负责出口施工的四公司经理部刚转入全断面开挖阶段，一个巨大的溶槽又出现在了他们面前。那溶槽还拖着一条宽约20米、深约30米,既看不见头,又看不见尾的地下暗河。建设者们越过了溶槽、暗河,把"地狱之门"踩在了脚下。2002年9月7日,他们又正面遭遇了一个大溶洞。溶洞宽10米,深45米,正面跨度18米。要治理,必须先探明溶洞内的情况。怎么探明呢?只有用绳索把人吊下相当于十几层楼房高度的溶洞底部去。这可不是一般的探险旅游,一旦发生坍塌,人就会像肉馅一样被包进地心里,连呼救都来不及,只有等着若干万年后科学家们去研究出土的"人化石"了。危险是明摆着的,但四公司项目经理部的干部职工们都争着抢着要下去。正是这些勇敢者们拼着性命带回来的数据,经过技术人员的计算和论证,很快变成了决胜的方案,仅用10天时间,就跨过溶洞继续前进,将"地狱之门"再次踩在脚下。2003年3月,何翔率领的四公司经理部掘进到3 100米,离总长7 205米的郁山隧道的界点(二分之一处)仅差几百米了。然而,一条长40米的溶槽又摆在了他们面前。槽口不仅占据了隧道开挖断面的四分之三,并顺着隧道前进的中线延伸(即溶槽和隧道走的是一条道),溶槽内混着大量黏土、渗水和重达数吨的大孤石。要动它,太艰难,稍有不慎就可能机毁人亡,真可谓"一夫当关,万夫莫开"。这当然难不住四公司的工人和工程技术人员。他们仅用了9天时间就破"关"而过,再一次将"地狱之门"踩在了脚下。

　　在郁山隧道进口端施工,也连连遭遇到溶洞的阻击。小的不算,光特大溶洞就有6个,组成了溶洞群。其中以3号溶洞规模最大,地质条件特别复杂。此溶洞位于隧道中央,洞内填充物为泥夹孤石,小的孤石几百斤,大的几十吨。隧道开挖被迫停止了。消息传到经理部,项目经理唐定国马上赶到了施工现场,负责施工的二队领导向他作了简短的汇报,并建议对原设计方案进行变更。唐定国1986年毕业于西南交通大学,从实习生到助理工程师、工程师、高级工程师,直至走上领导岗位。在近20年的时间里,他参与和主持过多条铁路大干线和高速公路的施工,足迹遍布大江南北。唐定国和所有筑路人一样,祈盼着自己施工的工程能遇上好石质,但是如果遇上了难以对付的石质,他也不害怕。好医生遇到疑难病症会想尽一切办法为患者解除痛苦。面对3号溶洞,他二话没说,揿亮手中的手电筒,义无返顾地往溶洞中走去。在场的人也无人畏难,尾随而进。这是一座伸手不见五指的地下迷宫。奇怪,再亮的手电筒进了这迷宫都失去了它应有的光泽,只能借着它微弱的光照,隐约可见洞中的情景:到处怪石嶙峋,犬牙交错,犹如无数只大小怪兽张着恐怖的血盆大口,在怒视着送上门来的

"猎物"。"当啷！"什么地方一块悬石脱落，坠入洞底，发出巨大的回声。"当啷！"又是一块……一股股扑面的寒风，让人感到阴森可怕，真像进了阴曹地府似的。再看看此时的唐定国，竟像渐入佳境似的，不知把"危险"二字丢在了何方。随行的职工自然倍受鼓舞，胆子也壮多了。唐定国继续前进，大家紧随其后。唐定国一会儿敲敲洞壁，一会儿观察洞子的形状，其他人也跟着敲敲看看摸摸。经过近两小时的考察，唐定国掌握了第一手资料。出洞后，他一面与设计、监理单位取得联系，一面同项目部、二队有关领导商量新的施工方案。一夜无眠，到凌晨三点多钟，一个完整的迂回导坑施工方案产生了。此方案很快获得了设计部门和监理方的通过。为了在实施过程中确保万无一失，唐定国每天都到现场督战并多次征求专家的意见。经过一个多月的艰苦鏖战，终于战胜了3号溶洞，为隧道掘进连创佳绩扫除了障碍。

郁山隧道施工如此困难重重，那么施工进度又是怎样呢？我们了解的结果只有一个字：快！担任施工的四、五公司项目部自2001年9月创第一个百米成洞起，连续创下41个百米成洞，其中还有14个月实现成洞200米以上，最高达220多米。即使在通过溶洞区时，月成洞的纪录都没有掉下来。吹牛吗？我们开始也有怀疑，可是人家告诉我们的确是真的。有事实为证。当第一个月独头双百米成洞的调度表送到局指挥长史凤华手里的时候，他没有贸然相信，马上就派工程部的技术人员驱车从涪陵指挥部驻地赶到郁山隧道进口，"钦差大臣"们赶了一百多公里的山路，不歇一口气就进洞准备"打假"。他们在洞内一尺一寸地丈量，有整有零地计算，结果不但没有量出"水"，还比上报的数据略有富余，他们留有余地。史凤华踏实了，说话算话，立即兑现了奖金。第二个月，郁山隧道进口又是200米成洞。报表送到史凤华那里，照例派工程部的技术人员去复查，也是真的。史凤华宣布：月成洞200米的，一律给奖！第三个月、第四个月，成洞都在200米以上，按说用不着复查了吧，唐定国的产品应该是"信得过产品了"。

史凤华还是派人去复核。先复核，后发奖，大家心里都踏实。这之后郁山隧道连续14个月200米以上成洞，史凤华每次都派人去复核，结果都是鸡蛋里头挑骨头，无"功"而返。有人说这是白白浪费汽油，局指挥长史凤华说这点汽油"浪费"得值，为的就是图个心里踏实。世界上一切虚假伪劣的东西都怕"认真"这两个字，有史凤华这样认真把关的人，它们骗不过关去。

郁山隧道从2001年5月16日开工到2003年5月12日贯通，比铁道部渝怀总指挥部下达的计划工期提前了整整一年。这成绩也是渝怀铁路全线甚至全国隧道常规机械施工的最好成绩。同行们都惊赞：担任郁山隧道施工的中铁五局集团把常规设备的利用率发挥到了极致，这样的施工速度称得上"极限速度"。

情系巴山渝水间

秀山县石耶镇304公路旁，有一条狭窄的泥泞小道，盘旋蜿蜒伸向右边的山脊，翻过山脊又曲曲折折地下落到山脚。山脚下一条环形流过的小河叫梅江，宽约8米，水深浪急。江对岸属梅江镇，这里有晏龙寨纳村、三角村等四个村子，住着6 000多名土家族、苗族群众。他们出山的唯一通道就是梅江对岸那条小道。河上没有桥，祖祖辈辈过河难。闭塞的交通把穷困紧紧地关在这些村寨里。土家苗寨的父老乡亲盼望走出大山，送走贫穷，迎来富裕。渝怀铁路上马修建，陈树登率领的中铁五局集团三公司的建设者们把喜讯带进了山寨。

2001年元月，陈树登带领三公司的弟兄们来到梅江河岸。他们要修一条便道通往山那边的304国道，在梅江河上架一座便桥通对岸的工点。便道的全称叫施工便道，顾名思义，是为施工服务的，施工完了，便道的命运就跟着完了。所以，这种便道标准非常低。便桥一般都是军用式便桥，用完就撤。为了做到"修一条路，富一方民，利一方民"，陈树登和项目经理部的领导再三筹划，决定将连接304国道的便道提高到三级公路标准；横跨梅江河上的便桥也设计成2台2墩混凝土钢木结构，将临时性便桥修成永久性公路桥。三公司的职工在陈树登的带领下，不顾江水刺骨，提前投入了桥梁的架设。前面的便道还未修通，架桥所需的砂石、水泥无法用汽车运，只能人扛，踏着那条弯曲小道，翻山越岭把材料运到江边。两个桥墩要修建在深水中，是施工的难题。3月的秀山，春寒料峭，河水刺骨，加上河面刮来的寒风，让人冻彻心肺。工人们毫不犹豫地跳进水里，用编织袋围堰，清浮沙，挖墩基，打隔水墙。由于连续三次下雨，梅江水不断上涨，为修桥搭设的连接江两岸的简易便桥被江水淹没，墩台需用的片石、混凝土只能用人工蹚水背运。在梅江桥的钢梁架设中，10吨重的脚手架，18根工字钢，20多方圆木，也用人工抬到江边。作为项目经理的陈树登，指挥到现场，经常和大家一起干，这对员工的鼓舞是巨大的。这座桥只用了46天，于2001年4月29日全部完工，投入使用。连接304国道的公路也同时通车，为渝怀铁路全长2114米的重点工程老寨坳隧道的提前开工创造了条件，同时结束了梅江河上无桥的历史，也结束了晏龙寨纳村、三角村等不通公路的历史。这座跨越梅江河的望龙桥，三公司项目经理部耗资60万元。秀山土家族自治县的领导感叹地说："你们建设渝怀铁路，情系当地群众，这座望龙桥结束了当地数千人长达几百年行路难的历史，当地民众亲切地称它是连心桥。"

老寨坳隧道施工十分困难。在这种情况下，陈树登和他的职工们也没有忘记为民造福。他们利用隧道里挖出的石碴把公路铺进村寨，铺到老百姓的家门口，既方便了群众，又防止了弃碴对环境的污染。不过，这自然要他们投入更多的人力和物力了。

自从有了桥，有了连接国道的公路，贫困村寨人们的日子一天一个变化。农用物资经销部门把化肥农药等送到门口。农副产品可以从村里直接运往秀山、黔江、重庆等地，不仅好卖，价格还高。陈树登他们的隧道还未建好，铁路还未修通，村里已有26户从破旧的木板房搬进了新盖的小楼；有6户买了汽车或拖拉机，当上了运输专业户；有16户开起了商店，购买了电视机；许多农民也用上了移动电话。

2001年10月12日，三公司一队驻地附近的官城村，村民殷拱立的家不幸失火，大火烧毁了阁楼，一家人居住困难。冬季即将来临，如何重建家园成了殷拱立难以承受的负担。就在这时，一队领导代领16名职工将捐助的数百元现金和若干衣物，送到了殷拱立的家中，真是为雪中送炭。

2001年11月4日，三公司隧道一分公司收到一封来自秀山县梅江镇坪南、寨楼两村村民送来的感谢信，信中写道："真诚地感谢三公司隧道一分公司为我们排忧解难……"这是怎么回事呢？事情还得回到当年元月份说起，一分公司刚来到老寨坳隧道安营建点，只见满目苗枯地裂，当地群众男女老少正忙着挑水救苗。经了解，当地不是没有水，是钟灵水库干渠的水看着却用不上，两个村的田地灌溉，上千户人家的饮用水，都只能看老天爷的脸色，靠"望天水"生产生活。隧道一分公司的领导知情后，隧道还未开挖，先帮村民们抗旱。他们主动出资买来15根水管，接通钟灵水库的水，使原来的"望天田"变成了"泡灌田"。老寨坳1 000多户人家再也不必看老天爷的脸色吃饭，可以过旱涝保收的日子了。三公司隧道一分公司还出资7 000元为村民购买和安装了自来水管，使两个村1 000多户的村民都用上了干净的自来水，结束了喝"牛滚塘"水的历史。灌溉有保障，旱年获丰收。村民们打心眼里高兴，就送来了前边提到的那封感谢信。

据统计，三公司项目经理部先后出资120多万元用于"路地共建"，秀山县副县长兼支铁办主任林光动情地说："将来修志，一定要好好写上这些事，让后人知道，吃水不忘中铁五局三公司。"

四公司所在地郁山镇，有个孩子考上了陕西师范大学。可是，借遍了亲朋也凑不够那7 000元学费，喜事变成了全家人以泪洗面的愁事。四公司知道后，职工们纷纷慷慨解囊，很快捐足7 000元，及时送到贫困生家中。

驻在长寿地区的二公司，2002年5月的一个深夜，队长突然被一阵急促的敲门声惊醒。原来，驻地旁一民妇难产，家人向他们求救。时间就是生命，队长立即派车把产妇送进医院。因为及时，确保了母子平安。农村缺医少药，二公司为方便村民就医，其所属各队医务室主动对当地群众开放。

长寿区朱家镇沙溪村六组村民张术云，带领亲友数十人敲锣打鼓将一面锦旗送到了二公司四队领导的手中。原来，一天晚上，张术云90岁老娘独自在家，烧麦秸秆熏蚊子造成房屋失火。正在吃晚饭的四队职工，一见火光，知道有民宅失火，丢下饭碗就赶去救火。因他们及时赶到，火还未酿成大灾，经过半个多小时的奋力扑打，大火扑灭了，老人得救了。张术云闻讯赶回，见此情景感激涕零，就赶制了这面锦旗。

中铁五局集团仅在渝怀铁路用于"路地共建"的资金据不完全统计，有近四百万元。有人说铁路家大业大，多花一点不算啥。这话要放在计划经济时期说，不算冤枉。如今是市场经济，甲方招标时总是货比三家，投标的乙方编标书时总得精了又精，减了又减，稍比别人"叫价"高一点就可能"脱标"，拿不到任务，全"家"饿肚子。现在建筑市场又基本处于"卖的没有买的多"的局面，所以中标价都比较低。铁道部渝怀总指挥部推行的是规范化管理模式，硬化和量化合同管理，要求高，管理严。什么意思？就是执行中标一口价，中途没有任何价钱可讲，就是这低价中标价也还要"降造"百分之二十。这笔钱你能不能如数拿回来，还要看你后天的"造化"。所以，说起来铁路有钱，一条铁路国家要投资上百亿甚至数百亿，但是每一文钱中间都有"眼"，是用"绳子"拴起来的——每文钱都不能乱花。中铁五局集团用在地方民众身上的钱都是职工们用血汗和智慧挣来的，是他们一点点地省出来的。比如洞内衬砌，洞外搅拌混凝土，过去总是宁多勿少，最后剩下点浪费掉也没什么，属于正常。现在为了省下这一点，衬砌到最后，负责搅拌的人员要主动进洞去看，差多少搅拌多少，即使再远的路程也要去，不让一点水泥浪费掉。洞内挖出的弃碴，现在也不能随意丢弃，把合乎质量的石块选出来加工成砂石料，省下买砂石料的钱……"积土成山"，"积腋成裘"，每个职工都知道节约每一滴水、每一颗道钉，把它们用在该用的地方。

"挖祖坟"可是每一个中国人最忌讳、最不能容忍的事，封建王朝把挖坟鞭尸作为一种严酷的刑法来制裁那些敢于犯上者。古今往来，因为祖坟受到侵害而发生的械斗或流血事件不胜枚举。三公司仅临时住房和便道征地就达145亩，需要迁坟300多座。在少数民族地区，处理不好各方面的关系，将会造成"通天"的民族纠纷。陈树登和他的员工们坚信真情可感动天和地，事实也正如此。老百姓说：

谁为我们修了公路，是三公司；

谁在梅江上架设了桥梁，是三公司；

谁把十年九旱的"望天田"变成了旱涝保收的"泡灌田",是三公司;

谁让我们喝上了自来水,是三公司;

谁为我们打开了致富之门,是三公司;

……

于是,300多座坟茔顺利迁离,没有发生一起对抗性矛盾。多好的人民!

钢铁大道铺锦绣

昨日隆隆的开山炮声已经沉寂,滚滚硝烟尘埃已经落定。中铁五局集团承建的渝怀线第7标段、17标段、28标段已全部建成铺轨。他们的"绿色长廊"建得怎样呢?一位来自重庆市的参观者对此作了这样的评价:参观渝怀铁路中铁五局管段,就像游览一座新落成的大公园,无论是隧道、涵洞还是护坡、路堤,就像公园里的雕塑和壁画一样,铁路两旁绿草如茵,林木婆娑,看不到一点植被受破坏的痕迹。

"美丽如画"的"公园"得来自然费工夫。

一公司项目经理部承建的第7标段中的8.09公里,路基工程就在长江边上。有人说,稍不注意,施工中掉下一块石头就可能落入长江里。按要求,这是绝对不允许的。工人们要修一条便道进入界牌坡隧道,初选方案路近,少花钱。如果从降低成本的角度考虑,自然是最佳选择。不过,这样做要穿过一片茂密的树林,3 000棵松树将被砍掉。为了保护长江沿岸的植被,经理周乾大和工程技术人员反复研究,决定舍近求远,将便道线路南移,沿半山腰绕过那片树林。这一来,道路增长了1.5公里,不仅加大了修筑费用,如果再把今后几年施工中增加的运输费用加在一起,可是一笔可观的数目。他们说,这是荫及子孙的好事,多花点钱值!便道开工修建前,他们立即在隧道口砌好挡护墙,修好排水沟,不让一块碎石滚入长江。据统计,一公司自进场以来,在修建便道和临时房屋时,先后避免砍伐树木2万多棵。在三峡库区的每一个施工点,他们都做到了先挡护后弃碴。在隧道和大桥桩孔的施工中,也是作好污水处理、沉淀达标后再排放。

两岸风景如画的郁江是彭水县重要的旅游点和长江中上游水土保持的重点区。郁江,又是流经乌江直接注入长江的重要河流。在郁江河畔施工的五公司项目经理部,承担了第17标段6.88公里的施工任务,全部工程都位于郁江河岸的陡坡上。经理唐定国提出，一切施工安排都要以保护郁江为出发点，多走荒山，少占耕地。他们所修建的十几公里路段以及生产、生活用的房屋，都尽量选在耕地少、林木少的荒坡上。同时，还建立了生活垃圾站，污水处理池，不让郁江受到一点污染。

在秀山县第28标段施工的机械化公司，怕施工的粉尘污染环境，出动洒水车降尘，及时清理施工现场遗留的施工垃圾，施工污水坚持沉淀达标后才排放。在路基开挖填筑方面，施工一段，清理一段，成型一段，包括坡面防护及绿化也同时完成，不给污染留一丝空子。

四公司施工的狗耳泉特大桥，最高的两个墩就在狗耳泉河的两岸。为了防止弃碴掉入河中，他们在狗耳泉河两岸筑起了弃碴场，将挖桥基挖出的弃碴挡在河岸边，直到施工完成后，河水仍然碧波荡漾，没有受到一丝污染。

郁山二号三线大桥有钻孔桩56根，为了避免钻孔的泥浆对环境造成污染，他们在钻孔前就在大桥5个墩旁建起了长3米、宽2米、深2米的沉浆池。经过几个月的努力，5个墩拔地而起。

滔滔地下水

渝怀壮歌

如今，桥梁如飞虹，钻孔形成的泥浆却从来没有"逃"出沉淀池，规规矩矩地被束缚在池内……

施工到哪里，绿化就跟到哪里。该栽树的栽树，该种草的种草。千里渝怀铁路在巴渝大地的大背景中，是一处处景观的集合。一座座隧道外观雄伟，内部精美；一道道路堤护坡浆砌图案，美轮美奂，图案空隙中是生机勃勃的花草。为了让这些花草成活，工人们精心呵护。比如二公司在植花草时，正值天旱，职工的饮用水和施工用水都是靠水车到数公里外去拉。于是，他们把自己得到的水看得格

小站

外珍贵,洗脸、洗脚后端着去浇灌那些干渴的小草。他们是在呵护一个个的小生命呀。为了选用当地的草种,三公司的职工一连遭到多次失败,后来他们派人去访老乡,终于找到了一种生命力极强的草种。

绿草茵茵的环境,就是这样创造出来的。

鏖战圆梁山

雷风行　谢建蒲

（一）

　　武陵山脉横亘在渝鄂黔三省交界处，群山层叠。渝怀铁路就穿行在这武陵山区。位于酉阳界内的圆梁山，是乌江和沅江之分水岭，山势高峻，山体厚大。圆梁山隧道被称为渝怀锁钥。这里，在20世纪60年代就被水文、地质专家判定为隧道修建禁区。

　　随着隧道施工技术的飞速发展，学术界对大自然有了新认识。决策层和专家们坚信：运用现代施工技术、施工方法、施工工艺，有了用高技术手段武装起来的队伍，各种地质灾害都能够被战胜，圆梁山隧道也能如期建成。

　　2001年3月1日。这是早春山区里少有的晴朗日子，隆隆的炮声在山谷间回响，圆梁山隧道这个渝怀全线第一长、第一难的隧道，在西部开发第一年开工了。

　　圆梁山隧道全长11.068公里，是国内隧道建设史上所遇到的地质最复杂、施工难度最大的隧道之一。存在隧道进口端毛坝向斜、出口端背斜；岩溶涌突水、岩溶能突泥、高水压、高地应力、煤层、瓦斯、高地温、断层破碎带、岩堆体等巨大困难。从大量数据资料不难看出，山岭隧道的几乎所有不良地质在圆梁山隧道中均出现，而且是相伴而生。

　　在我国，长大隧道的建设只有几十年的历史，因圆梁山隧道居渝怀铁路控制工程之首，被专家们称为渝怀锁钥，也由于在中国隧道建设中的特殊地位，而被称为复杂地质隧道建设的皇冠明珠。

　　面对中国隧道建设史上地质如此复杂的隧道，铁道部工程管理中心公开招投标。在激烈的竞标中，中铁隧道集团这个国内隧道专业化施工单位中标担负圆梁山隧道施工。摘取复杂地质隧道建设皇冠明珠的重担，历史性地落在了中铁隧道集团的肩上。

　　伴随着祖国铁路建设步伐，中铁隧道集团这支"国家专业队"走过它不平凡的岁月：

鏖战圆梁山

20世纪80年代，修建了至今国内最长的双线电气化铁路隧道——衡广复线大瑶山隧道，获国家科技进步特等奖；修建了国内第一条重载电气化铁路隧道——大秦线军都山隧道，获国家建筑工程鲁班奖。

20世纪90年代，修建了国内最长的电气化双管隧道——侯月线云台山隧道，获国家优质工程金奖；运用TBM（盾构隧道掘进机）技术建成了至今国内最长的单线电气化铁路隧道——西康线秦岭隧道，获国家建筑工程鲁班奖。

辉煌的历史在人们的记忆中没有被淡忘，中铁隧道集团又担负起了圆梁山隧道建设的千钧重担。他们知道，修建长大隧道，特别是在地质类型多变的地区修建长大隧道，可为我国隧道建设事业进行技术积累；探索隧道施工经验，缩短我国与国际间隧道施工技术的差距，是集团应该担负的责任。

为了应对复杂多变的地质，铁道部工程管理中心从实际出发，

圆梁山隧道全长11 068米，为渝怀线之冠

197

果断决定对该隧道实行动态设计,这是现代设计思想的重大突破。动态设计就是根据施工中探明的地质情况进行设计。以往的工程设计都是先设计后施工,而在圆梁山隧道进行的动态设计相当于把设计室搬到了隧道掌子面,但它与"三边工程"有本质区别。动态设计尊重的是科学,体现的是设计与施工的完美结合,目的就是实事求是,战胜不良地质,加快施工进度。

铁道部领导时刻关心着圆梁山隧道的建设,几次来到现场,给广大员工带来巨大的精神动力,又对特殊地质情况下从隧道施工、工程安全到科研攻关等方面作出部署。重庆市政府、渝怀总指挥部和中国铁路工程总公司的领导也十分关注圆梁山隧道的建设,每到关键时刻总是及时出现在现场,为现场解决实际问题。设计、监理单位的技术人员更是长期坚守在工地,配合现场搞好动态设计,做好施工的监理工作。

圆梁山隧道从施工开始就被列为中铁隧道集团第一号工程,集团领导高度重视,对圆梁山隧道的科研和施工进行了周密的安排,确立了"科学组织,合理投入,优质安全,快速高效,不留后患"的总体方案,选派了一处、二处有限公司这两支精良的施工队伍担负隧道进出口的施工任务。集团董事长、总经理郭陕云和党委书记林万里等多次深入圆梁山隧道工地,组织施工生产,开展科技攻关活动。中铁隧道集团在体制设置、科研攻关、队伍安排上,发挥设计、科研、施工、制造四位一体集团专业优势,在广大参建员工的心中都深深地印着2005年1月31日这个总工期,印着"开工必优,一次成优,确保部优,争创国优"的圆梁山隧道建设质量总目标。他们决心通过严格组织和管理,通过科技攻关和先进的设备,通过用现代技术武装起来的广大员工的奉献精神,打穿这个隧道修建的禁区,实现中国隧道建设史上的新飞跃。

(二)

圆梁山隧道地质异常复杂,隧道进口端毛坝向斜和出口端桐麻岭背斜有多处大规模的深埋溶洞,裂隙和断层交互。据专家介绍,这是国内隧道建设中首次在深埋、向斜部位、高压富水、形态类型多变的充满水、粉质泥砂的深部地区中穿过,隧道建设之难属国内罕见,一些世界性技术难题也会在隧道施工中出现。

隧道进口端毛坝向斜为东西走向,西翼高,呈长舟形,为一封闭、可溶、不透水的盆状构造。一位教授级高工说,向斜和背斜犹如两口平放和倒扣的锅连在了一起,方圆几十公里，连接处为挤压断裂破碎带，"锅底"由于各种岩层的叠加不具有透水性，"锅底"装满了高压水，隧道从水压高达 4.42～4.6 兆帕的地层中穿过，隧道上方像顶着一个漏了底的湖泊，且随时都可以倾翻下来。

2002 年 9 月 10 日，中铁路集团第一次体会到了向斜和背斜巨大能量的一次释放。这天，担负隧道进口正洞下导坑施工的一处公司员工正在隧道 DK354+879 处进行除碴时，现场指挥人员发现掌子面右侧底部碴堆有轻微移动，随即停止除碴，撤离人员，相关人员按紧急处理方案分头做准备工作。

现场的工程师和几名员工进入掌子面观察，发现从已经开挖成型的正洞超前下导坑岩石缝隙中，塑状黏性土如孩子们用卷笔刀削铅笔时的铅笔屑被强大的压力挤了出来，并伴随着地层深处沉闷的石块撞击声。现场工程师急忙组织大伙撤离。员工们刚刚离开作业面，就听一声山崩地裂的轰鸣，掌子面发生爆裂。溶洞中填充的塑状黏性土伴着巨大石块，从隧道与地质溶管最薄弱处瞬时喷出，以排山倒海般的强大力量吞噬着已经开挖好的隧道，推动着洞内的电瓶车、矿车和种种工具材料，夹杂着人的尖叫声，

向洞外方向急速涌来。员工们以百米速度逃生，泥石以百米速度追赶。只有半分钟的时间，大自然以其特有的姿态显示出不可抗拒的力量：17平方米的隧道断面就被泥石塞满244米，洞内没有了照明灯光，9名职工不幸以身殉职。高压风和高压水还在咆哮，仿佛在诉说着半分钟前这震撼人心的一幕。

隧道的进度里程被推后了244米，这是一个月的施工进度啊！

大自然的脾气似乎不愿意一次发作完毕。就在人们寻找答案的时候，9月11日和12日又先后两次突泥突水，最大涌水量达每小时72 000立方米，隧道被塑状黏性土充填389米。

人们不禁要问，在隧道建筑水平高度发达的今天，我们不能预测这样的地质灾害吗？

进口端毛坝向斜被多条横向断层切割，它们构成的横向排水通道沟通了一些独立的含水层，在石灰岩与下伏页岩的接口上排泄地下水，形成了标高850～900米局部排水基准面，用专家的话说，这是一种特殊的管涌现象。

9月10日自然灾害事故后，人们在清理现场时发现，用钢板焊接制作的除碴矿车等设备被全部解体，十几毫米厚的钢板被撕裂扯断，运输轨线没有了以往的平行笔直，被扭曲变形的钢轨、钢管乱麻般与泥石交织在一起。

圆梁山隧道出口端桐麻岭背斜像倒扣的锅，地质水在其间自由流动。员工们同样不会忘记2001年7月14日在背斜地段隧道与富水区遭遇的一幕。这天，作业面刚放完炮，一个除碴司机正准备作业时，只见前方百米处一堵黄色的水墙一股脑儿铺天盖地而来，洞内水头高达3米，这名员工及时躲进避车洞。霎时，泥水带着矿车、气瓶等料具沿着已经开挖好的780米隧道一泻而出，冲进了洞外的冷水河，洞外河床被抬高了10米。780米隧道的开挖方量不过5万立方米，而冲出的泥水却达到11万立方米，高出开挖方量的两倍还多。

事故发生后，隧道中仅10 000立方米的突泥突水就发生了30余次，每下一次雨，洞里就出现一次险情。员工们说，天上下雨洞里就涌水，难道说在圆梁山打隧道也要靠天吃饭？

圆梁山隧道的地质灾害严重困扰着施工。请看较大规模地质灾害记录：

2001年6月15日，出口平导PDK361+591处发生泥水灾害，掌子面涌出大量的水、砂和泥。

2001年8月8日,因当天下雨,出口正洞DK361+764处再次发生涌水,洞身被淹,涌水量为每小时12 000立方米。

2001年8月18日,进口平导在PDK353+505处钻孔时,从孔中冲出的可燃高压气体击碎防爆灯泡,突然燃烧。

2001年10月7日,出口DK361+764处涌水,涌水量为每小时6 600立方米。

2001年10月15日,出口平导PDK361+591处发生泥水灾害,掌子面涌出大量的泥砂和水。

2001年10月21日,出口正洞DK361+764处再次突水。

2001年10月,进口正洞下导坑和平导溶洞体发生大规模涌水涌砂涌石,被迫停工。

2002年3月3日,进口平导加固段拱部逐渐出现三处突泥突水,出口正洞DK361+764处突水量增至每小时216立方米,致使洞内施工中断。

2002年4月17日至19日,出口正洞DK361+764线路左侧底部出现大量涌水,运输系统被全部淹没。

2002年4月23日,进口掌子面钻孔注浆时大量泥砂和水喷出,淹没掌子面的注浆机等设备。

2002年10月22日,进口正洞下导坑和平导溶洞体发生大规模涌水涌砂涌石,被迫停工。

面对圆梁山隧道出现的特殊地质情况,人们关注:圆梁山隧道能不能打通?打通后能不能达到通车质量和环保要求?

(三)

在施工多次受阻和施工工期的双重压力面前,中铁隧道集团正视困难,直面现实,采取积极的态度,严格组织管理,开展科技攻关。

科技创新在圆梁山隧道的建设中显示着巨大的作用。在这

溶洞内施工

里，科技力量和大自然的力量融合在一起，科技和施工相伴而行，比翼双飞。尤其在自然灾害面前，广泛开展的科研攻关活动发挥了它特有的威力。

针对圆梁山隧道的特殊地质，铁道部科技司和工程管理中心确定了《圆梁山隧道地质预测预报技术研究》、《岩溶粉细砂中帷幕注浆技术》、《高应力地区工程受力结构分析》等部级科研项目6项，并在现场先后召开9次专家技术论证会和科研会，圆梁山隧道科研投入达950万元之多。

由中铁西南科学研究院、铁二院、西南交大、北方交大和中铁隧道集团组成了科研机构,从现场的工程师、大学教授到工程院院士都加入其中,在圆梁山隧道建设工地组成了科研工作网络。

依靠科技战胜不良地质、建成圆梁山隧道,是中铁隧道集团各参建单位的共识。集团董事长、总经理郭陕云在圆梁山隧道开工前就组织集团科研部门,会同施工单位对圆梁山隧道的特殊地质进行了深入研究,制订了全面细致的科研攻关计划,有针对性地确定了几十项科研课题。

他们还抽调爆破、量测、注浆、通风、试验等专业技术人员组成现场科研部,自上而下成立了科研课题小组,重点解决施工中遇到的实际问题,同时进行了大量的经费投入,配置了较为先进的科研和技术设备,他们要用科技的手段为圆梁山隧道快速施工扫清道路。

中铁隧道集团对圆梁山隧道科研项目高度重视。集团副总经理兼渝怀铁路指挥部指挥长张继奎亲自担任科研课题组组长,全面领导现场的科研攻关工作;集团设计部、科研所还抽调100多人深入现场;技术设备上汇集了地震波探测仪、红外线探水仪、地质雷达、气体成分检测仪、瓦斯自动报警仪、跨孔CT、水平钻探、数码成像等工具。在一个隧道内同时使用如此众多的地质预测预报技术设备,在国内尚属罕见。

圆梁山隧道科技攻关渗透进了每一道工序,以科技为先导促进了施工生产,隧道施工实现了重点难点突破。

为加快施工进度,确保工程质量,集团设计部采用超前地质预测预报手段,对综合预测预报取得的资料进行分析和研究,及时准确地掌握隧道掌子面前方的地质情况,提高了施工中对地质灾害的应变能力。他们用地质雷达在5 348米长的隧道底部和其他出水部位可能隐伏的溶洞进行探测,用红外探水技术设备进行了459次探测,为施工提供了科学的指导数据,综合预测预报达到国内领先水平。

2002年2月1日，在PDK354+250～270一个充填粉质黏土的溶洞中，发生了严重的突泥突水，最大涌水量达每小时10 000立方米，曾出现了高达3.6兆帕以上的动水压，致使地质钻机钻杆被泥水推出，钻孔内射出高压水，射程达30米。集团科研所的技术人员克服困难，采用多种工艺、方法和材料对隧道开挖轮廓一定范围内的岩石进行加固，并施加了超前管棚，才解决了这一地段难题。他们还多次组织专家组就圆梁山隧道的注浆堵水施工进行研讨，以技术设计为基础，反复论证和实践后，编制了《圆梁山隧道富水段注浆堵水施工方案》，并根据现场实际组织实施。超前预注浆、径向注浆等多种注浆技术在隧道施工中得到广泛的运用，突破了圆梁山隧道一个个溶洞区。

为了不使已经开挖成型的隧道结构受到威胁，他们在隧道内进行了围岩受力和变形测试，共埋设隧道拱顶下沉、周边收敛等监测点47个，在隧道进口端毛坝向斜和出口端桐麻岭背斜部位共埋设地表变形点100余个。他们还在隧道进口山顶建立了观测站，进行大气降雨、重点地段地表沉降、井泉水量观测，为隧道内围岩注浆堵水和加固、防排水体系施作提供技术支持，实现了信息化管理。

长大隧道的通风在技术上是一个难题，几千米以上的独头通风难度更大。由于圆梁山隧道属岩溶隧道，含有石油、瓦斯和天然气，施工危险性极大。为了加快施工进度，平导必须超前正洞施工，同时开展多个工作面，这就对通风提出了很高的要求。他们根据各个作业面风量、风压情况，确定设备的配置及现场安装方法，采用轴流风机相结合的平行双洞通风技术，辅助通风设备采用空气引射器和水幕降尘技术，用于驱散瓦斯和天然气等有害气体的聚集和快速降低粉尘，使独头通风距离突破5 000米，并在掌子面爆破作业后通风15分钟就使洞内空气达到规范要求的标准，有效地保证了洞内空气清新，防止了瓦斯及其他有害气体对施工安全的威胁。

圆梁山隧道穿过地区生活着5万人民群众，生态环境的保护尤为重要。如果隧道内水的排放任其自然或将有毒的化学物质作为工程用料，就会对生态造成极大影响，给当地村民生产、生活用水带来危害。因此，他们专门制订了绿色工程建设管理办法，并在实际工作中严格实施。

隧道进口端高水位富水地区在施工中大量排水会引起岩溶地下水水位大幅度下降，造成隧道两侧暗河出水量减少；由于隧道和地下水的埋深较大，地表松散层很薄，可能产生大面积岩溶塌陷；局部溶洞充填物或蚀漏斗由于覆土层被岩溶水不断携带，可能产生局部地面岩溶塌陷。为防止隧道修建对环境产生危害，他们按"以堵为主、限量排放"的原则实施各项工程措施，杜绝了地表沉降等对环境造成的破坏。

以往的隧道施工一般采用的注浆材料有一定的化学成分，对环境容易造成破坏。中铁隧道集团对环保提出了极高的要求。按照修建绿色工程的总体目标，他们在注浆工艺和选材上进行多项方案对比，选择了具有结石强度高、可灌性好、抗渗透、抗腐蚀、无污染、耐久性好、抗分散等特点的浆材，虽然提高了费用，但很好地保护了生态环境。经过对环境的广泛监测，证明周围地区的水体保持了原有状态，施工和环境这个长期以来难以解决的矛盾在圆梁山隧道工地得到解决，严格的环境监测技术及控制技术，确保了建设绿色环保工程目标的实现。

圆梁山隧道的施工实践表明，中铁隧道集团无论在施工管理还是技术管理上都有许多重大突破，为我国在复杂多变地质中修建长大隧道探索了成功的路子，积累了宝贵的经验。

（四）

圆梁山隧道工程凝结着几代中国隧道建设者的智慧和汗水。在如此复杂的地质和众多自然灾害面前，科技攻关取得重大突破，施工进度大幅度超前，生态环境得到很好的保护，这与科技人员的不懈努力和广大参建员工的吃苦奉献精神是分不开的。在圆梁山隧道工地，人们看到的是一幅幅动人的画面。

作为渝怀铁路的头号控制工程，圆梁山隧道建设的成败直接关系到渝怀铁路建设的成败。在隧道的建设中，广大员工付出了艰辛和汗水。他们知道自己肩负的责任，在每一个普普通通的事件中都体现出中铁隧道集团特有的精神风貌，体现出平凡背后的伟大……

离2001年春节还有一个星期的时候，一处公司和公司的参

建员工进入阴雨霏霏的圆梁山隧道工地。进点之初，天上冷雨纷飞，地上泥泞难行，道路坑洼不平。没有居住的房屋，他们就用旧风管在山沟潮湿的地面上搭起简易的帐篷；没有食堂，就用方便面充饥。2001年的春节令他们终身难忘。当人们欢度新年的时候，大年初一，他们仍在寒风冷雨中做着施工前的准备。他们冒着风雪在短时间内修通了150公里的施工便道，完成了工程前期筹备工作。

担负隧道出口施工的二处公司为了早一天形成生产规模，实现快速掘进，专门成立了一支由160名青年员工组成的平导突击队，开展以"比进度，保安全，创优质，争第一"为主题的社会主义劳动竞赛，制订了严格的奖罚制度，对各个工序实行进度和质量控制，工序用时大大缩减，平导开挖日循环最高达到八次，正洞开挖也由刚开始日循环两次提高到三次，施工进度不断加快，当年隧道出口段平导累积开挖2 420米，提前45天完成年度施工生产计划。

一位隧道专家这样说："桐麻岭背斜的岩溶发育远远大于原先的设想，隧道出口有1 000米建在岩溶管道发育网状区，直接堵水造成岩溶管道内部相互串水，使没有设防的衬砌开裂、基底上浮，要靠我们不断的探索和大胆实践，这就是修筑圆梁山隧道的风险。"

2002年4—6月，这是一个战突泥、斗涌水极为艰难的时期。在隧道出口正洞DK360+873处出现多个溶洞，大股含有泥砂的强水流喷射而出，涌水量达每小时10 000多立方米，施工一度陷入停滞状

1　探查
2　监测
3　巡视

态。突击队队长黄升龙带领 10 名员工对岩溶突泥突水进行整治，终于将突泥突水制伏，扫除了施工障碍，使施工通过不良地段。员工们还根据围岩类型，不断优化钻爆设计，经过反复试验，使爆破成型效果大大提高，循环进尺也大幅超前。平导施工实现了月掘进 462 米的好成绩，刷新了我国铁路隧道月掘进的全国纪录。伴随着全国纪录的产生，隧道出口涌现出了以火车头奖章获得者刘洪金为代表的一大批先进人物。

突泥突水像梦魇一样困扰着圆梁山隧道。2002 年 2 月 3 日，一处公司平导突击队在作业时，出现一宽约 12 米的大型溶洞，内含大量淤泥、砾石。困难横在前进的道路上。然而，困难面前是一支曾在大瑶山隧道、青山隧道立过战功的钢铁队伍。员工们说：我们是新时代义勇军，多少困难在我们面前倒下，多少纪录在我们手中诞生，没有困难要我们这支专业化队伍来干什么？这天出碴时，由于岩溶对平导的侧压，直径 108 毫米的注浆管被挤到了一边，钢架移位，岩溶泥浆被挤出，片刻，整个平导掌子面底部成了一片泥海，水沟被塞满，钢轨被淹没，泥浆溢出近百米远。面对险情，平导突击队的全体员工冒着危险，迅速封堵掌子面。

队长卢永友带着大家战斗在工作现场，一干就是十几个小时。大家的手被磨出了血泡，鞋里装满了泥浆，衣服也湿透了，但没一个退却，目标就是要战胜涌泥涌水。

圆梁山隧道可以说是多灾多难。员工们面对的是洞内各种各样的地质灾害，还要承受来自洞外大自然的挑战。夏季的一天，隧道进口工地狂风大作，电闪雷鸣，倾盆大雨夹杂着冰雹向工地袭来，洪水汇成的条条水龙像脱缰的野马，从高达 900 米的山上飞流直下，巨大的轰鸣声震撼着山谷。顷刻间，泥石流进了隧道，空压房、充电房、料库、炸药库等无处不在告急，情况非常危急。隧道施工的全部生产设施就建在洞口，大量的机械设备和物资材料也在这里停放。奔腾咆哮的山洪以排山倒海之势，把施工便道、生产房屋、有轨运输线等多处淹没，115 米的施工弃碴挡墙、300 余米的有轨运输轨道被冲毁,生产房屋被冲垮近600平方米。

　　没有命令,也不用动员,许多员工急速赶到现场。一处公司副总经理带领大家跳到波涛滚滚的洪水中,不顾十几米高的矿堆随时垮塌和被洪水卷走的危险,筑成了一道坚不可摧的人墙,他们的心愿就是要保卫企业财产的安全。于是,有的疏通河道,有的装沙袋打围堰堵洪水,大家就这样整整地与洪水搏斗了三个多小时,终于控制了险情。

　　优异成绩的背后,饱含着员工们为建设圆梁山隧道所付出的努力。经过中铁隧道集团广大参建员工艰苦卓绝的努力,渝怀锁钥在他们的手中被启开,复杂地质隧道建设的皇冠明珠也应属于为它的建设而付出智慧和汗水的人们。在实践中,他们向祖国交出的永远是最完美的答卷,他们谱写出的永远是最壮丽的篇章!

渝怀竞技展雄姿

罗朝政

上篇：重庆城郊树精品

在中铁十五局集团承建的渝怀铁路5标段的工地上，竖着一块醒目的绿色广告牌，上书："内美为根本，外美塑形象，整段创优质，全线争一流。"

工程创优，这是中铁十五局集团的建设者们始终不渝的追求，也是他们向共和国铁路建设事业作出的庄严承诺。

从南昆到渝怀，他们从云南高原向巴蜀大地一路走来，工程创优始终是建设者们不变的情怀

中铁十五局集团的建设者们对大西南情有独钟。十多年来，他们转战在大西南的崇山峻岭，所承建的工程如座座丰碑，耸立在大西南各族人民的心中。

——在南昆线，他们承建的石林至安家田区间段，46.8公里管段整体创优，近30项单项工程被部南昆指评为优质样板工程。

——在内昆线，他们承建的六盘水南编组站工程任务，工程大面积创优，整个编组场和6项单项工程被部内昆指评为优质样板工程。

——在株六复线，他们承建的2标段和5标段，在瓦斯隧道群连片的情况下，两个标段整体创优。

渝怀壮歌

坦途

　　从南昆线带领广大干部职工左冲右突，一路拼杀，闯过了无数"暗礁"、"险滩"的集团公司副总经理、指挥长王大贤，有一种不服输、争一流的精神。渝怀铁路开工在即，队伍一上场，王大贤提出，渝怀线要在株六复线管段创优的标准上再上一个台阶。工程质量，是维系企业生存、发展的根本。王大贤率领工程技术人员和参建单位的项目长，逐一勘查每一个施工点，根据施工现场的实际情况和业主对工程质量、安全、工期的要求，制订下发了一系列操作性强的管理制度和措施，从原材料的采购、选用到有关工序的控制和工艺的操作流程都作了详尽的具体界定和说明，使施工过程中的各个环节都在受控范围之内。

开工不到两个月，十五局集团三公司就给了渝怀总指和参建的兄弟单位一个惊喜，他们在一片稻田的烂泥塘中创建了全线的第一个精品工程，DK47+410.5双孔5米盖板涵，渝怀总指号召全线所属参建单位到5标段观摩学习。重庆主城郊外的唐家沱打破了往日的宁静，一条满是泥泞的施工便道往来穿梭着一辆辆各式小车，一个偏僻的小山村引来了无数客人观摩。

初战的成功，并没有使十五局集团的建设者们沾沾自喜，因为他们深知，渝怀铁路建设才刚刚拉开激战的序幕，后面的工程任务还十分艰巨，还有许多"地堡"、"暗道"等待着建设者们去攻克、去战胜。

高起点、高标准、高质量、高水平的"四高"理念，造就了一支创优劲旅，更铸就了新世纪的筑路之魂

在中铁十五局集团处级施工单位中，西南公司属"小"字辈，他们好不容易挤进了王大贤执掌"帅"印的渝怀铁路建设大军的行列，承担了1.5公里的施工任务。管段内的朝阳河大桥，不仅有51米的高墩，而且施工技术比较新。这座桥是5标段最大的一座桥，是渝怀总指确定的重点难点工程之一。

开工初期，项目长孙百峰没少挨王大贤的训斥。年近50岁的孙百峰当初简直是一百个不适应，在背地里偷偷抹过无数次眼泪。但又一想，西南公司揽这么大工程还是第一次，施工没经验，其他方面正在逐步完善、充实，与实力雄厚的大工程处相比，的确有许多不尽如人意的地方。孙百峰多次召开项目部工程分析会，

双水桥墩施工

找出自身存在的不足,并走出去向兄弟单位学习、取经,努力变自身的弱势为优势。通过建立健全规章制度,强化施工过程中的管理和监控,在局指的大力帮助指导下,西南公司这位"小弟弟"逐步成熟,一天天变强变壮。他们施工的两座盖板箱涵被渝怀总指评为第一批优质样板工程,朝阳河大桥也被渝怀总指指定为预备精品工程。通过不适应到适应,在短短的几个月时间内取得这么好的成绩,王大贤笑了。在检查西南公司施工的黄连嘴大桥工地时,看到这座内实外美,墩面光洁如镜的桥墩、桥台,王大贤高兴地竖起了大拇指,称赞这座桥才算精品中的精品。没想到西南公司后来居上了,王大贤对其他参建单位的项目长说,你们这些大哥哥应该感到有压力。

每一道浆砌施工新工艺开工前,局指都要首先做一个标准段,让施工单位参考，并不折不扣地照着去做，而且在质量上只能超过标准段，不允许落后。高标准就需要高投入，对此个别单位有不同看法。王大贤把大家领到标准段工地，掰着指头给大家细细算了一笔账，结果按优质优价核算，不仅不赔，反而有赚头。就看你怎样做才能既提高质量标准，又把住成本这个源头，还能强化施工过程中的监管。王大贤说，这才是一个管理者的真功夫。二公司施工的DK42+173.17至DK42+250挡墙，线形、外表、泄水孔布局规则，沉降缝在一个垂直面内，渝怀总指的领导和监理在工地检查时，对这段挡护工程的质量十分满意，称他们克服了所有质量通病，是5标段一道亮丽的风景。

"以质量为本，以质量兴企，以质量取胜"，建设者们将忠诚再一次书写在祖国大西南的巴山渝水间

中铁十五局集团对已竣工交付运营的铁路、公路、隧道、桥梁工程开展了一次大回访活动，结果表明，以王大贤为指挥长组织施工的近20项路内外大型工程，每项都不存在质量隐患。这正如王大贤经常挂在嘴边的一句口头禅："我们亲手建设的每一项工程，都能让我们每个人睡得着安稳觉。"

王大贤敢夸海口，这与他平时抓工程质量"宁当恶人，不当罪人"的强硬监管是分不开的。因为，在王大贤和他的同事们心里有本账，只要真正付出了艰辛，付出了真情，就会有实实在在的回报。

渝怀铁路工程质量全部采用雷达监测手段，工程质量标准普遍要求高。在渝怀铁路建设中没有隐蔽工程，只有高标准地干好每一道工序。中铁十五局集团在渝怀铁路的建设中，始终注重每道工序施工过程的控制，购买了先进的卫星雷达监测仪，对每项工程进行监测，发现不合格的质量问题及时纠正。在施工现场严

格实行"二控制、三不交接、四个把关、五不施工"的管理制度,哪怕附属工程或隐蔽工程也不放过。"二控制"是:严格工序控制和工艺控制。"三不交接"是:上道工序不合格,下道工序不办交接;施工现场不整理好不交接;出现问题不查明原因和不采取整改措施不交接。"四个把关"是:把好图纸审查关,把好测量关,把好试验关,把好工地计量关。"五不施工"是:未审核图纸不施工,未进行技术交底不施工,无安全、质量保证措施不施工,现场设施不完善不施工,机械材料不到位不施工。这些管理制度不仅要贴在办公室的墙上,而且要记在每个施工人员的脑海里,并逐项落实在施工的过程中。

一公司负责施工的唐家沱车站,处在一片稻田中,地表淤泥深达7米,要打碎石桩43 000多米,还有170多万立方米的站前土石方需要清除填筑,工程任务相当艰巨。项目长林跃庭带领职工昼夜奋战,平均每月完成土石方都在20万立方米以上。林跃庭动情地说,他最感动的是职工施工情绪高涨,不计个人得失。有的职工一天要干十四五个小时,有时疲劳到了极限,但为了十五局在渝怀线施工中不挡道,苦点累点,他们都认了。在一次采访中,林跃庭给记者介绍了挖掘机司机胡志明。小胡技术特别过硬,每个台班8个小时,他要装土1 500立方米,比其他司机多装300多立方米。2002年春节,小伙子刚刚举行完婚礼,蜜月还没度完,他便依依不舍地告别新娘,回到了火热的渝怀工地,一头扎进了挖掘机的驾驶室,与工友们没日没夜地战斗在唐家沱车站的工地上。唐家沱车站不仅建设速度快,路基填筑的厚度、粒径的控制、路面平整度、压实密度都十分规范,为全线提供了样板,监理公司要求其他施工单位到唐家沱车站学习取经。

在重点难点工程的施工中,局指党委在一线党员、团员中开展了创建"党员先锋战士号"工程和"安全质量监督岗"活动,大大激发了党员、团员的责任意识,为施工的顺利进行起到了很好的促进作用。唐家沱公路中桥和唐家沱铁路中桥均要横跨繁忙的渝长高速公路,在这么复杂的地段施工,稍有闪失,就会酿成不可挽回的损失。在施工中还不能污染路面,不能让往来穿梭的车辆经过施工地段时减速,施工难度相当大。局指党委在这两座施工风险极大的中桥开展"创建党员战士先锋号"工程活动,重点部位的关键工序由共产党员负责,并由所在项目部的党支部同负责每项工序的党员同志签订责任状。这两座中桥开工时渝怀总指领导都为他们捏着一把汗,而两座中桥提前竣工后没有任何不安全事故的苗头,工程质量合格率100%,优良率达到96%以上。

下篇：阿蓬江畔鏖战急

  阿蓬江是重庆黔江一处著名的风景区。乘船逆流而上，沿江两岸绿树成荫，成群结队知名或不知名的小鸟在绿树丛中和江面上自由自在地飞翔、追逐、歌唱，一条条小溪从陡峭壁立的悬崖上飞流直下，美景让人心旷神怡。然而，就在这风景秀丽的阿蓬江沿岸，正在建设中的渝怀铁路 20 标段，在翠绿掩映下的古滑坡体上遇到了种种意想不到的难题。承担该段施工任务的中铁十五局集团渝怀铁路的建设者们，也经受了一场异常艰难的考验。

阿蓬江大桥

初战告捷，被职工私下称为"巴顿将军"的指挥长王大贤脸上终于露出了少有的笑容

　　20标段在渝怀铁路600多公里的建设战线上，从工程的设计难度而言，算不上难点工程。全线60项重点工程建设项目，20标段只占两项，最大的铁路桥500多米，最长的隧道也不过900多米。然而，就是这段不足22公里的普通标段，在施工过程中着实使设计院、渝怀总指和施工单位伤透了脑筋。

　　五公司在20标段十五局参建的三个单位中真可谓"龙头老大"，不仅五公司投资比重占整个标段将近一半，其中的阿蓬江大桥是全管段施工难度最大、技术含量最高的重点工程，是一座集渗水、高墩、圆形空心薄壁、预应力钢构连续悬灌于一体的铁路桥。同时，五公司工程质量的整体创优水平、现场标准化管理、工程进度在20标段也是顶呱呱的。其实，开工初期，由于阿蓬江大桥沿岸地势险峻，不仅没有进场的路可走，就连找一块立足之地都非常困难。然而进场选点安家、摆放设备、做好开工准备工作的时间却迫在眉睫。五公司项目长张翼举不会忘记那段艰苦岁月。2001年2月27日，修便道的队伍刚动第一锹土，十五局集团公司副总经理、渝怀铁路指挥长王大贤就乘车来到工地，只给张翼举硬邦邦地丢下一句话："3月2日上午，我要把车开进阿蓬江大桥看工地。"当时正值连天大雨，机械设备进不了场，全靠人工大卸八块抬进工地，修临时房屋的材料也是工人们肩挑背扛运进工地的。2001年的2月只有28天，2月27日上午到3月2日上午，满打满算仅3天时间，要在3天内修3公里多便道，而且是在这陡峭的山崖上一点点冒雨开凿，简直就是在开玩笑。

　　王大贤的脾气说一不二，张翼举了如指掌，他的话没有半点开玩笑的意思。张翼举只得发动指挥部所有人员吃住在临时搭建的工棚里，与一线工人共同奋战。采取"步步为营"的开凿方法，3天时间他们搬了六次家，在烂泥塘里滚打了72个小时，终于把一条标准的便道修到了阿蓬江大桥工地。3月2日上午8时，王大贤的"丰田"指挥车准时从新修的便道开进了工地。王大贤一向板着的面孔露出了欣慰的笑容，并竖起大拇指夸张翼举带了一支特别能战斗的队伍，为提前进入渝怀铁路建设决战赢得了宝贵的时间。王大贤当场给五公司奖励现金6万元。

重中之重，难中之难，阿蓬江特大桥成为黔江一道亮丽的风景

阿蓬江大桥是20标段重难点工程，一共8墩2台，其中4号、5号墩处在深达19米的江水中。十五局集团第一次干15米以上的深水工程，没有经验可以借鉴，全靠工程技术人员在施工实践中进行摸索、总结。据该项目部总工程师林仁坤介绍，阿蓬江大桥有三个施工难点：一是水深浮力大，钢围堰很难一次安放到位；二是河床经过局部爆破后，倾斜面在10度左右，钢围堰抗下滑力的难度加大；三是每个深水墩基础要灌注混凝土1 800吨左右，钢围堰封底后做到滴水不漏更是一道科研难题。2001年，阿蓬江大桥被列为该局第一个科研项目，并拨专项科研经费18万元；同时，被中铁十五局集团列为2002年度全局的重点工程建设项目。

今天已是长桥飞跨阿蓬江，然而建设者们对经历的艰苦岁月却记忆犹新。最难忘的是3个深水墩建设者们经过日夜奋战，攻克一道道技术难关，采用钢围堰注水加压，先解决抗滑难题，然后再封底钻其他桩，像解数学多元方程式一样，一步紧跟一步，一环紧扣一环，没有半点捷径可走。开工初期记者到工地采访，正值施工人员紧张地做4号墩钢围堰下水的准备工作，工地上焊花闪闪，工人们往来穿梭，忙个不停。现场工程技术人员介绍，该处水深达19米，江面上悬着一个像大铁桶的钢围堰内径21米、外径23米、高17.5米。顺利的情况下，也要用30天时间钢围堰才能就位。在江的右岸，停靠着一条机动小木船，项目长张翼举告诉记者，这条木船为阿蓬江大桥的建设立下过汗马功劳，工程材料、小型设备、施工人员上下班全靠这条木船运送。木船的主人李应文告诉记者，他在外闯荡了大半辈子，还没有见过这么能吃苦、能干活的建筑施工队伍。不要说没日没夜在工地上干活的工人，连

他来回摆摆渡都有点吃不消了。阿蓬江大桥的工程质量、安全、工期都得到很好的控制,2002年初被渝怀总指评为预备优质样板工程。张翼举充满自信地告诉记者,阿蓬江大桥没有成为渝怀铁路建设的"拦路虎"。

如今,阿蓬江特大桥以它雄伟的身姿横卧在阿蓬江上,并创造了五个"一次成功"的新纪录,即深水爆破一次成功,双壁钢围堰下水一次成功,深水钻孔桩一次成功,封底一次成功,连续梁挂网安装一次成功。它向世人昭示:在中铁十五局集团建设者的手中,又一座丰碑树立在西南大地上。

"牛不进"、"填不满"、"烂塘湾",这些当地老乡随口叫的小地名,分布在20标段的阿蓬江沿岸,建设者们由衷地发出"蜀道难"的感叹

在20标任务分割时,局指挥长王大贤充分考虑到三个参建单位的实力。与四公司、五公司相比,七公司建筑分公司和机械化分公司的实力肯定有所不如。于是局指就把中间地势比较平缓,看似工程难度不大的地段分给了建筑分公司和机械化分公司。然而事与愿违,这段地质结构复杂,软土路基出现了顺层、膨胀土、溜坍、滑体,除了岩崩外,地质学上的五种不良地质这里就占了四种。紧邻工地的319国道有一处100多米长的路段,每到雨季就出现塌陷,养路区的工人师傅们就要进行填筑修补,年年如此。因此,当地老乡就把这段地质叫做"站不住、填不满、牛不进、烂塘湾"。七公司机械化分公司项目经理黄汉涛在记者面前诉苦,在他们管段内修的便道,一夜之间经过暴雨的冲刷,不仅路面填的大量片石不见了,就连路基也塌得一塌糊涂,不见了踪影,他们不得不进行第二次征地修路。

施工单位提出了520多项治理软土路基的建议,被设计院和渝怀总指采纳了390多项。如在DK312+712到DK325+714处3.8公里地段,要打150根抗滑桩,最深的达29米,最浅的也有15米,最大的一根抗滑桩要灌注反而成了附属工程。铁道部第二设计院的专家们抱怨说,他们负责配合渝怀铁路全线的施工技术指导,20标段这一不到4公里的路段,却牵扯了他们很大的精力。

曾在南昆铁路草庵隧道施工中战胜了70多次大塌方、大涌水而名震云岭的"十八勇士",也加入了渝怀铁路建设的行列,他们所在的公司为四公司五分公司。项目长王

勇时年27岁，是渝怀线上屈指可数的"少帅"。尽管曾经有骄人的战绩，但建设者们从不敢有丝毫的懈怠，要求每一项工程的每一道工序都做到完美无缺。经他们浆砌的挡护工程，不超标搞人为的装饰，按设计要求全部采用片石浆砌，水面石光洁，钻纹路横竖规则统一，成为20标段的典范。渝怀总指的领导到现场检查指导时，称赞四公司浆砌的挡护工程放在北京的长安街也不逊色。

精品出自平凡

江耀明

从重庆市区出发,走319国道溯乌江而上,经过400公里的艰难跋涉,才能到达位于重庆市最南端的秀山县城。渝怀铁路25、26标段,就穿行在重庆市酉阳县和秀山县境内。

由中铁十二局集团承担施工的25、26标段,是渝怀线由一家承包商施工连续里程最长的管段。这一段,没有一项工程进入渝怀线控制工程和重难点工程排行榜,然而在渝怀铁路建设总指挥部组织的劳动竞赛综合评比中,参赛单位39家,在没有"重点"的地方,却夺得第二名奖杯。

一座长只有251米的小浩大桥,两跨运输繁忙的319国道,"几"字形公路中间是一个狭小的洼地,在一个只有几平方米的小舞台上要唱一曲大戏,对于导演和演员都是一个难题。通过几套方案的比选,三公司的管理者将这个小舞台的每一点空间用足用够,在狭窄的沟底设一座搅拌站,水泥堆放在一个坡面上,一条空中索道将这个现场连成了一个十分精密紧凑的整体,没有占用一块绿地。桥墩扎在草丛中,不细看还以为是山上"长"出来的。对桥墩混凝土颜色的试验观察,调配出一种对桥墩本色没有任何影响的脱模剂,不让一点污渍破坏整体画面,大块模板一次定型,每一个墩台都"面"不改色"心"密实。铁道部渝怀铁路建设总指挥何明新,检查工作途经这座桥时,立即拨通了中铁十二局集团渝怀铁路常务副指挥王法岭的电话,明确指示,将这座桥定为渝怀全线的样板工程。由于工程点多线长高度分散,混凝土集中拌合困难,仅三公司就在沿线布置12个拌合站,他们通过各种质量控制手段,将12个拌合站办成混凝土生产"连锁店",如同一个拌合站生产的混凝土,在不同的区域"克隆"出一个个肤色完全一样的桥墩。

全长436米的朱瓦大桥,在全线的大桥中可谓"小字辈",但它却是全线第一座主体竣工且整体创优的桥梁。此后每次评比,这座桥都榜上有名。这座桥离319国道还有8公里,靠一条施工便道进去,它不靠公路,没有区位优势,却是铁道部领导、有关专

精品出自平凡

家和兄弟企业参观的热点。

在一座特大桥上施工可以实现规模生产，产生规模效益；而众多分散的小桥梁很容易导致生产要素投入上的浪费。四公司项目部采取的对策是，集中优秀管理人员和生产设备打歼灭战，避免生产要素的重复投入。由于桥梁受环境和设计的影响特别大，设计单位都追求新颖和个性，追求与周围环境的协调，新颖的桥往往一条线一种设计、一座桥一种设计，甚至一座桥有不同的墩台设计。公司项目部以打歼灭战的方式快速建好墩身，然后立即把这套新模具以成本价的70%卖掉，而买旧模具的企业也由此降低了30%的成本。

全长935米的苦竹坝隧道，没有工期压力。出口没有场地，承担施工的四公司建设者就从单口独头掘进，减少设备投入。结

大山深处

221

果这座隧道同样创造了亮点：不到一年时间提前贯通，洞门第一个做成。

  一个小小的涵洞与一条钢铁大动脉相比，可谓微不足道，但每一座涵洞都干好了，就是一串珍珠、一串翡翠，让人赏心悦目。由公司施工的第一座涵洞完工后，渝怀铁路建设指挥部就将这座涵洞树为渝怀全线第一个样板涵洞，号令全线各单位在涵洞施工中，以这座涵洞为榜样。一座小涵洞全线扬名！

  将平凡的工程变成精品，平凡就变成了非凡。每一项工程都有很高的质量定位标准，都有严格的工艺要求，所以，在他们手中，生产出的产品件件是精品。他们自己研制出一种锯石机，如同车床一样对顽石任意切割，变成所需的多维切面，大石块锯料石、中石块锯片石，小石块碎成石碴，物尽其用，不浪费一颗石子，不但满足本项目部工程所需，还为其他项目部提供料石产品，生产能力得到最大发挥，实现了规模生产。到中铁十二局集团视察的铁道部领导，称赞这里不像是工地，倒像是工厂。2001年11月，铁道部质量监督总站在渝怀线检查了24个施工单位的108个工程项目，表彰了28个优秀工点，中铁十二局集团榜上有名的就占11个。中铁十二局集团共有21项工程进入排行榜。

  其实，重难点控制工程只是相比较而存在的，它的存在与销号与施工企业的管理水平紧密联系在一起的。由一公司承担施工的印家坡梅江1号大桥就是一个实例。这座全长只有30.91米的大桥，位于秀山县梅江与妙泉水库交界处，有两个桥墩要"植"入14米的深水中，而桥墩的基底岩层起伏，形成高达4米的石梁，使钢围堰无法落底就位。这种特殊基础的桥梁，其施工难度超过了普通基础的特大桥。曾在长江、黄河、黄浦江、嘉陵江以及跨海大桥建设中积累了丰富经验的第一工程公司，要将这座设计上不是重点的大桥，一直保持在非"重点"的位置上，就必须付出艰苦的努力。潜水员潜入水底，首先摸清基础的地质状况，然后对钢围堰内河床进行水下爆破，将基底找平，然后将钢围堰成功封底，开始桩基钻孔。与此同时，狭窄的江面仍保持正常通航，下游电站发电机组正常运转。

东大门奏鸣曲

尹传才

工期啊，工期

渝怀铁路工程是中铁四局集团有限公司继大京九铁路之后，承建的规模最大的铁路工程。集团公司领导非常重视，自工程开工后，很多领导多次到"工指"检查指导工作，解决疑难问题，走访慰问职工，为参战职工鼓劲。集团公司领导要求"工指"既要创造优质工程，又要确保合同工期，做到质量、工期两不误。

由于怀化地区的征地拆迁工作相比其他地区更加难做，造成39标段各工点开工普遍较晚，又由于39标段是渝怀东段铺轨的起点，客观上要求工程完工比其他标段更加提前。另一方面，作为渝怀铁路的"东大门"，兄弟施工单位的水泥、道碴、护轮轨、通讯电气设备等材料，都要通过这里运进去。因此，"东大门"能否按时打开，不仅关系到"工指"和集团公司的形象，还关系到兄弟施工单位的工期和效益。

在这样的背景下，加快施工进度，确保施工工期，成为"工指"除了创优质工程之外的另一个"重头戏"。

"工指"领导高度重视，精心研究部署，制订了"组织线下工程决战，确保如期铺轨，超额完成投资计划，安全质量再上新台阶"和"29标抢上碴，39标攻挡护"的工作目标和思路，各单位迎难而上，奋勇攻坚，掀起施工大干高潮，施工进展快速有序。

与此同时，"工指"党工委组织党员开展了"党员先锋岗"、"创岗建区"、"党员身边无事故"等活动，组织团员青年开展了争创"青

渝怀壮歌

铺架进秀山

年文明号"、"青年安全监督岗"等活动。还按照渝怀总指、工总渝指"渝怀线社会主义劳动竞赛"和集团公司"重点工程夺锦旗"等活动的要求，把组织开展劳动竞赛作为促进生产的主抓手，做好劳动竞赛的组织和评比工作，调动广大职工的生产积极性、主动性。各经理部党组织也根据"工指"党工委的统一部署，有针对性地开展了"大干80天，安全保铺轨"、"大干100天，确保铺轨，确保验交"等各项活动。

经过上下的共同努力，抢回了因多种不利因素影响而耽误的时间，圆满地完成了各项奋斗目标。2002年9月29日，在渝怀铁路"东大门"的磨沙溪隧道出口处，彩球腾空，鼓乐喧天，由中铁四局集团有限公司主办的东段开铺典礼隆重举行，铁道部、渝怀总指、地方政府和中铁四局集团有限公司等各级领导参加了这一盛大仪式。上午9时50分，随着铁道部部长傅志寰的一声令下，中铁四局集团有限公司装饰一新的大型铺轨机轻轻地将一组轨排端放在路基上，这标志着渝怀"东大门"已按时打开。

"工指"承担的铺架任务包括湖南怀化至重庆黔江正线铺轨309.228公里，架设桥梁1220孔。在三百多公里铺架战线上，面对工期紧张、各种干扰大等困难，铺架经理部经理甄天星创新管理思路，合理使用人才，组织了凉水井、沙坝、复兴、秀山、酉阳、黔江等战役，施工各环节紧密结合，大干高潮迭起。铺架职工以"钢人铁马"的精神，夜以继日、争分夺秒地把线路向前推进。

在架设凉水井大桥过程中，铺架职工不顾炎炎酷暑和蚊虫叮咬，一举创下24小时架设10孔32米梁的集团公司架桥新纪录。在秀山战役中，他们创造了24小时铺轨5.05公里的集团公司铺轨新纪录，充分展示了铺架雄师"召之即来，来之能战，战则必胜"的英雄本色，受到渝怀总指、工总渝指的高度赞扬。

2005年4月4日，铺轨到达黔江（渝怀线东西两段铺架在此合龙），比合同工期提前了133天。规模浩大的渝怀"东大门"战役取得了决定性胜利。

道碴啊,道碴

道碴在新线建设中需求量极大,因为它单价低,重量大,属于地产地销的建筑材料。渝怀铁路线路道碴设计为一级,而沿线可供开采的道碴基本为二级以下。若从外地购进,以渝怀铁路东段为例,距离最近的广铁集团下属湘乡道碴厂运距也在 400 公里以上。更致命的问题是,湘乡厂的道碴产量有限,无法保证向外足量、按时供应。渝怀铁路建设面临着"无米下锅"的窘境。也难怪渝怀总指指挥长何明新多次在各种会议上,不无忧虑地指出:"渝怀线有很多像长江大桥、圆梁山隧道这样的施工困难。但是,所有这些困难,都不如道碴供应困难。"

道碴啊,道碴!一时,一级道碴供应成为整个渝怀铁路备受关注的热点难题。

为找到质量合格,价格合理的道碴,工指物资部部长章根才,材料工程师刘克保、朱伦宏,会同"工指"怀化工地材料厂人员,跋山涉水,历经艰辛,耗时一个月,寻找生产一级道碴的厂家,但一无所获。

一级道碴供应这个难题时刻牵动着"工指"每个人的心。因为它直接影响到渝怀"东大门"能否顺利打开,直接影响到渝怀线能否按期完工。

一次偶然的机会,章根才意外得到一份《辣子湾矿床地质报告》,上面标明贵州省松桃苗族自治县沙坝乡辣子湾有一级道碴矿床分布。他觉得也许机会来了,便立刻打电话向"工指"常务副指挥长赵开祥报告。赵开祥喜出望外,果断作出决定:现场考察、取样送检。赵开祥和当时负责 29 标段施工的"工指"副指挥长、现任集团公司工管中心主任王爱平亲自带队,多次去辣子湾考察。辣子湾位于松桃苗族自治县沙坝乡的偏僻山区,距渝怀线沙坝站有七八公里路程,没有大路可通,只有断断续续的"羊肠山道",去那里只能步行。天一亮,他们就从沙坝站出发,请老乡做向导,沿着崎岖的"羊肠山道",

蹚水渡过普觉河,一路风尘,直奔辣子湾。

进入辣子湾,放炮、采样,把重达200多公斤的大块岩石抬出山,运到凤凰县城,请锯材厂把大岩石切割成6块长200毫米,宽160毫米,高140毫米的试件,连同200公斤成品道碴,一齐运到北京。铁科院的专家一检验,嘿!达到一级道碴标准,于是铁科院签发了材质合格的"检验报告"。

刚进入2002年,居住在辣子湾的大桥村村民们高兴地发现,连接辣子湾与沙坝站的"羊肠山道"被那些建设渝怀铁路的工人们修成了6米宽的二级公路,每隔一段路还增建了会车平台。辣子湾随之热闹起来,只见一辆辆大卡车运来了一台台机器,运来了钢筋、水泥和砖头。高压电线架设进来了,厂房建造起来了,设备安装完毕了,"中铁四局渝怀道碴厂"的牌子也挂出来了。村民们的喜悦写在脸上,因为那条给道碴厂修建的公路也为他们出行带来了方便。

2002年7月13日,这是个值得记住的日子。中铁四局渝怀道碴厂生产出了第一批合格的一级道碴产品。之后,产量从最初的每天200立方米,增长到每天1500余立方米。

价廉物美的一级道碴源源不断地运送到了施工现场。道碴厂的建成,不仅解决了工指两个标段的施工用碴,而且帮助兄弟单位摆脱了"无米之炊"的困境。据统计,道碴厂共为中铁三局、中铁十五局、上海局(现划归中铁十局)等14家单位供应道碴近20万立方米。渝怀总指领导称赞:"中铁四局为渝怀总指解决了一大难题,为渝怀线的建设作出了重要贡献。"

啊,我的大篷车

"山依水,水依山,二省一市渝怀牵。绘彩虹,绘锦绣,大篷车上把家安。九二九,把礼典,掀开建设新一篇。穿群岭,跨河川,铺架铁军战犹酣。风里来,雨里去,不惧酷暑和严寒。苦和累,脏

渝怀壮歌

和险，为国筑路我心甘。有寂寞，有思恋，无悔无怨好儿男。讲拼搏，作奉献，时代精神我们展。我自豪，不自满，四海为家天地宽。满情怀，志不减，放歌一曲荡河山……"读着由铺架经理部党委书记刘世鸣创作的这首诗歌，我仿佛置身于紧张繁忙的铺架现场。诗中的"大篷车"是指一列由18节旧客车车厢改装而成的宿营车，它不仅是铺架经理部铺架队职工生活和学习的地方，也是大伙儿心目中的"红色大篷车"。

铺架经理部铺架队是一支由109名职工组成的年轻队伍，平均年龄30岁，队长王青元和队党支部书记肖智勇都是28岁的小伙子。为发挥基层党组织在铺架生产中的战斗堡垒作用，铺架经理部及其上级党组织决定在铺架队开办"大篷车"业余党校。2002年10月，"大篷车"业余党校正式挂牌成立。

从此以后，"大篷车"业余党校成为培训党员、职工、入党积极分子的阵地，学习和宣传党的基本理论、基本知识和施工生产专业技能的阵地，党性锻炼的熔炉。

铺架队党支部还依托"大篷车"业余党校，以创建"党员先锋工程"为目标，开展"创岗建区"活动。"一个岗位、一面旗帜"，全队26名党员就是26面旗帜，带动全体职工投身到施工大干之中。"一带十，十带百，党员做表率，职工齐跟进"的风气在渝怀铺架工地形成、发展。

"在艰苦的环境里，党员奉献最多；在紧张的施工中，党员贡献最大；在安全质量上，党员意识最强。"铺架队党支部书记肖智勇这样评价党员的带头作用。

架桥作业时，共产党员吴昌友、邓卫国主动承担起架桥机大臂的看守工作。他们的任务是确保大臂运行方向正确与安全，工作时需要沿着大臂从一个桥墩走到另一个桥墩。架桥机大臂长56米，宽只有1.2米，支立在几十米甚至上百米高的桥墩上，可谓人在高空，脚底流云。铺架全天候作业，冬天雨雪冰冻，大臂上异常溜滑；夏天烈日当头，大臂上酷热难耐。2003年12月5日，在架设龙池至小浩区间印家渡梅江1号大桥时，正值重庆秀山县几十年不遇的大雪。为争分夺秒地抢速度，吴昌友顶风冒雪坚守岗位，全神贯注地察看架桥机的运行情况，当最后一片梁定位时，他被冻得连说话都语不成句了。

隧道内铺轨，柴油发电机排出的尾气是长期影响铺架进度的难题。在采取通风措施都无济于事的情况下，共产党员余金荣、邓宇韬、谢海军、邓卫国、薛超五人大胆构思，与技术人员一起，经过反复试验、改进，制作了柴油机尾气过滤箱，解决了长大隧道的空气净化问题，大大改善了作业环境，确保了员工的身心健康。

2003年5月,在架设铜鼓滩大桥第五孔时,架桥机吊梁一号天车滑行电缆突然出现短路,不能正常前进,当班电工绞尽脑汁也没查出原因。若更换电缆,从订做到收货更换至少需要15天至20天。正在家中忙于机械维修的谢海军得知情况后,立即赶到工地,经过仔细排查,发现是吊梁天车电缆因经常来回收卷,造成断芯发生短路。他大胆提出另附同型号单芯线代替电缆断芯线的方案,及时解决了问题。既节省了时间,又节省了一万多元的电缆购置费。

被工友们称为"黑脸小超人"的青年党员薛超,只有28岁,但在机电方面是个多面手。他自费购买了电脑,一有空就坐到电脑前,一点一滴地认真学习。为了积累技术资料,他把铺轨机和架桥机的资料、数据输入电脑,并把有关电气的原理图在电脑上绘出来。2003年11月,他在集团公司首届职工技术大赛中,以扎实的基本功、精湛的技艺,战胜众多高手,获得第一名,被集团公司授予"技术状元"称号。

共产党员、副队长段清末,是个有二十年铺架经验的老同志,他言传身教,把"吃苦耐劳、顽强拼搏"的铺架人的光荣传统带给年轻人,同时在工作中,时刻不忘安全生产,堵漏洞、查隐患、婆婆嘴、菩萨心,生活上与职工打成一片,谁有困难,都少不了这位热心的"老大哥",为此赢得了全队职工的普遍尊敬。

路地情依依

"修一条铁路,交一批朋友,播洒一路文明,造福一方百姓"。如今,当渝怀铁路建成通车的时候,我们咀嚼这句话,也许会有更深刻的感受。

2001年3月底,贵州省松桃苗族自治县普觉镇西门坎村小学开学了,松桃苗族自治县县委副书记、县长龙海碧亲自参加了开学典礼。"工指"下属七经理部经理何开兵被推选为该小学的名誉校长，这是怎么回事呢？这其中有一段筑路人支助贫困山区教育事业的动人故事。

七经理部驻地位于贵州省松桃苗族自治县普觉镇西门坎村，这里村民生活十分贫困，很多儿童因此失学。据村长介绍，该村唯一的一所小学校，因为没钱请教师，学生也没钱交学费，学校被迫停办，校舍一直废弃在那儿。

看到这种情况，何开兵与经理部党支总书记朱宏民研究决定，尽一切力量资助地方教育。经理部出钱出力，很快把校舍整修好了，并制作了一些课桌椅。可是没有教师怎么办呢？说来也巧，经理部一位外聘高级工程师叫王思隆，他的老伴李媚英也跟随住在经理部，照顾老王的生活，她退休前是小学教师。能不能请她代课呢？何开兵在介绍了村里儿童失学情况后，试探性地问李媚英是否愿意给孩子上课，谁知李媚英老两口爽快地答应了，并表示不要报酬，义务教学，为贫困山区的教育出一份力量。经理部于是决定，解决李媚英老师的吃住费用。同时买来课本、本子和文具，发到每个孩子的手中。

很快一年半时间过去了，经理部的工程也完工了，李媚英老师就要离开这所小学了。师生们含着泪，依依不舍地道别。孩子们多么希望他们敬爱的教师能继续留下来啊！

直到现在，西门坎小学仍然正常开课。因为李媚英老师离开后，普觉镇政府又安排了几名志愿义务教学、不要工资的老师轮流教课。

让我们再把目光投向松桃苗族自治县的另一个偏僻的小镇——孟溪镇。在这里，有一支由"工指"中心卫生所医护人员组成，被当地人誉为"比亲人还亲"的特殊医疗小分队。

40岁的村妇简淑仙慕名来到卫生所，经B超检查，她腹腔内有一巨大的良性包块，必须立即施行手术。而工地卫生所手术条件并不好。"十里八村都知道你们心眼好，技术好，服务好，我哪儿也不去，我相信你们。"手术成功后，病人家属激动地拉着手术大夫安正和黄修燕的手，哽咽地就要下跪感谢"恩人"。三分治疗，七分营养。面对一贫如洗的病人，大夫们你5元、我10元地捐款140多元，食堂人员一次次将可口的饭菜端到床前，真情的关爱多次使她泣不成声，"我永远忘不了他们！"康复后她逢人便夸，"是铁路恩人救了我。"

"早就听说你们风格高，没想到那么快你们就赶来了，我代表全县人民谢谢你们！"一天，松桃苗族自治县县长龙海碧拉着王长安的手动情地说。原来，2002年10月8

日，地方的一辆中巴翻入30多米的深沟，车上17名乘客当场死亡9人，8名重伤员急需救治。卫生所得知消息后，在第一时间派出救护车抢救伤员。按车辆设计，救护车内每次只能躺一人，情急之下，司机何卫国卸下一排座位，一次拉两名重伤员赶赴110公里外的铜仁医院，连续抢救7个小时，饭都顾不上吃，使8位重伤员得到了及时抢救。

在松桃苗族自治县，还传诵着筑路人为民架桥、情真意切的佳话。事情是这样的：在大路河乡，村民祖辈历来涉水过河。一经理部主动出资40万元，修建了一座宽8米、长129米的混凝土永久性大桥，解决了车辆和行人通行的问题，使大路河两岸近3万群众从此告别了蹚水过河的历史。时任贵州省铜仁地委书记的肖永安为该桥题名"路地情桥"。

中铁四局人为地方百姓办的实事还有很多。如：五经理部青工郭志湘冒险从山洪暴发的河水中勇救落水苗族老人，护送其回家并捐款200元；二经理部在2001年大旱期间，主动打水井两口，解决了驻地大部分村民饮水紧张和庄稼灌溉的难题。据不完全统计，仅2001年，"工指"及下属经理部为当地修建大中小桥25座，新修和增修便道42公里，提供机械设备35个台班，修建学校，捐资助校8所，工地医院抢救急危重病人8人次、义诊600余人。

三　山高水长情依依

　　喜讯传遍城乡村寨，巴渝儿女像当年迎接刘邓大军一样欢迎筑路大军，踊跃支援铁路建设。筑路大军为沿线群众修桥补路、助学济贫，为青山绿水添秀色。路地连心情依依——那是一段如歌的岁月。

三 山高水长情依依

和谐渝怀　路地情深

1 重庆市支援铁路建设领导小组组长王鸿举在重庆市支援渝怀铁路工程建设工作会上讲话

2 热切的期盼

山高水长情依依 二

1
—
2

1　重庆市支援渝怀铁路工程建设工作会（2001年6月）

2　渝怀铁路沿线区县负责人签订征地拆迁责任书

重庆市政府副市长童小平（女）在黔江视察铁路建设工地

2002年12月16日渝怀铁路建设总指挥部挂牌，重庆市支铁办工作人员与铁道部工程管理中心副主任兼渝怀铁路建设总指挥部指挥长潘厚德（中）合影

1/2

万水千山的记忆

蔡碧林

> 这是一个梦,一个千年的梦。
> 沉睡的内陆渴望奔向浩瀚的大海。
> 这是一幅图,一幅构思了百年的蓝图。
> 它将沟通落后的西部与发达的东部。
> ——作者题记

2005年4月6日,上午9时,重庆黔江正阳火车站。

两支分别从重庆和怀化出发,穿越万水千山,历经五载风霜的渝怀铁路铺轨队伍就要在这里胜利会师。

没有礼炮,没有锣鼓,没有招展的彩旗,没有大幅的宣传标语,平常得不能再平常的施工现场出奇的宁静,一如武陵深处静谧的山谷……当最后两节轨排胜利合拢的时候,抑制不住的泪水和着我的思绪不禁飞回到了如火如荼、人声鼎沸、机器轰鸣的施工现场,飞回到了苗家山寨、乌江纤道和雄奇险峻的大山深处……于是我便捡拾起散落在高山峡谷、或大江大河、或幽深隧道、或跨江彩虹间的记忆。这些记忆片段,却是一个全过程经历渝怀铁路建设的见证人,对那段震撼人心的历史的真实记述和对数万铁路建设者的讴歌。

留住青山碧水

在长江三峡库区的上游,有一块古老而神奇的土地。这里峰峦叠嶂，沟壑连绵，江河纵横，好一幅青山碧水、莺飞草长的自然画面。然而，这美丽而富饶的地方却是"绿水青山枉自多"。这个"枉"就是铁路不通，交通不便。

2000年12月16日，伴随着新世纪临近的脚步，被列为西部开发十大基础建设项目之一的渝怀铁路拉开了建设帷幕。渝怀铁路起自重庆市，经贵州铜仁，至湖南怀化。渝怀铁路的修建，结束了长江上游24万平方公里土地上没有铁路的历史，在东西部之间架起一座新的大陆桥，使东南沿海地区的信息、技术、资金、人才源源不断地涌向西部。与沿海同步，与世界同步，渝怀铁路将把西部落后的山区带向繁荣富强。

在人们肯定修建渝怀铁路的历史意义和现实意义的同时，也不得不关注一个新的严峻课题：铁路建设将给生态环境带来什么样的影响？按照工程设计总量，全长625公里的渝怀铁路拥有桥梁372座、隧道195座。也就是说，要在青山碧水间占用土地3.5万亩，凿出24.1万延长米的隧洞和架起7.5万延长米的桥梁，填筑6266万立方米的土石方，其中仅弃土、碴场就有1200处。而近万台（套）的机械设备和6万余名上场人员，将不可避免地造成噪音、大气、固体物质、电磁辐射等各种污染以及大量的粉尘、垃圾。这对本来就十分脆弱的生态环境，无疑将带来一场浩劫和灾难。以环境为代价的铁路建设会变得毫无意义。造福不遗祸——保护环境，保护生态，成为渝怀铁路建设的头等大事。

渝怀铁路状况如何？党中央、国务院在关注，铁道部在关注，沿线老百姓在关注，全国人民在关注。

2001年8月14日至18日，国家环保总局"从未有过先例"地对开工仅半年多时间的渝怀铁路进行了执法检查。执法检查的结论回答了人们的关注。渝怀铁路在建设过程中"有组织、有措施"地做到了环境保护与工程建设、施工、投产的"三个同步"，完全符合国家有关环境保护的法律法规，把造成沿线生态环境的影响降到了最低限度。

渝怀铁路开工以来，建设总指挥部在环境保护方面进行了不懈的努力和探索。

他们抓的第一件事就是保证资金的投入到位。渝怀铁路建设专项投放9亿多元人民币用于环保，比西方发达国家同类建设用于环保投入的比例高出50%，比国内一般工程环保投入的比例高出2至3倍。正是资金的高投入保证了人员、设备、措施的到位、运行与实施，把渝怀铁路全线的生态保护措施落到了实处。

为了沿线生态环境不遭破坏，开工伊始，他们就在全线广泛开展环保意识教育，健全施工、监理、设计和建设单位"四位"一体的环保组织机构。各参建单位坚持环境保

万水千山的记忆 三

1　在渝全国人大代表视察重庆北站工地

2　在渝全国人大代表在渝怀总指挥部听取情况汇报

1/2

护这一基本国策，在全线形成强大的宣传攻势，使环保意识深入人心，留住青山碧水成为广大参建职工的自觉行动。建设、设计、

施工、监理单位都层层设立有主要领导挂帅的环保工作机构,形成一整套行之有效的环保管理体系。总指挥部各个部门对全线各工点环保实施情况进行经常性的跟踪监督,定期组织检查。监理单位增加了环保监督的职责,手持"尚方宝剑"随时随处抽检和处罚。各施工单位不仅在正式工程中,而且在附属工程中也按照正式工程的要求去做,完全排除了可能引起水土流失的隐患。

在建设过程中,他们紧紧抓住"环保措施到位"这个主线不放松,这也是渝怀铁路保持生态环境的有力保障。全线对所有弃土、碴场都设置支挡防护工程,施工完毕后及时平整场地和石护坡、喷播草籽、土工布等多种措施进行防护;对因铁路噪声影响超标地带采取种植绿化林带、修建隔声墙和隔声窗等措施进行防护;施工期间产生的废液按国家有关法律、法规处理,隧道地下水的排放均有完善的排水系统,有污染的地下水一律经处理后排放;对容易造成地表水流失而引起人民群众生产、生活不便的用水隧道,严格按照堵水

2002年夏,国家环保总局调查组检查渝怀铁路工地生态环境保护情况

方案进行施工，做到不渗不漏；对施工场地产生的扬尘，加强洒水除尘措施；施工期间产生的建筑垃圾、生活垃圾集中堆放，施工完后及时掩埋处理；施工过程中发现的文物，迅速采取有效措施，防止遭到破坏、被盗或遗失。

青山常在，碧水常流。渝怀铁路沿线生态已经恢复，植被茂盛，环境优美，到处是一派生机盎然的自然景象，一条"绿色通道"正渐渐掩映在青山碧水之间……

善待自然，保护自然，顺应自然，应该成为每一个铁路建设者的自觉行动。"造福不遗祸"应该作为座右铭时常回响在我们的耳边。看到渝怀铁路对沿线自然生态保护的成果，似乎看到了我们民族宽厚仁慈的胸怀，也看到了落实科学发展观、建立和谐社会的希望。这个话题虽然显得有些沉重，但对我而言却多了几分慰藉。只想通过这段短语，让更多的人们关注渝怀铁路建设者的环境保护工作带给人们什么启示，有什么经验和教训值得后来者汲取，若如所愿足矣！

近年来，随着党中央、国务院实行积极的财政政策，加大基础设施建设，扩大内需，以及实施西部大开发战略，中国铁路建设进入了前所未有的大发展时期。一条条铁路新线在祖国的版图上延伸，一列列满载旅客和货物的列车在高山大川和无边原野间飞驰，给所经过地区的经济发展和人民生活及社会进步带来了勃勃生机。

这无疑是大建设积极的一面，但铁路新线大多穿越人迹罕至、生态环境完好的大自然"自留地"。搞铁路建设就必然要凿洞、架桥，填筑路基，抛弃废碴，大量机械设备和上场人员将带来噪音、粉尘、污染和垃圾——铁路建设对生态环境不可避免地要造成负面影响。一条铁路新线，对于人民群众而言是降福的天使，而对于生态环境则可能是劫难。怎样把对生态环境的影响降低到最低限度，渝怀铁路建设做出了有益的探索和尝试。

在铁路建设中保护生态环境必须以自然为本。广泛宣传发动,深入教育培训,使每个铁路参建人员牢固树立热爱自然、顺应自然的理念和掌握保护自然的技能,彻底改变以往施工中开挖随丢、乱弃乱放的习惯,形成铁路建设与自然和谐共处的局面。

在铁路建设中保护生态环境必须加大资金投入。铁路建设要舍得在环保上花钱,做到一次性资金投入到位,彻底消除铁路建设对生态环境可能造成的隐患,从而避免先破坏再恢复的那种"亡羊补牢"式的更大的投入。

在铁路建设中保护生态环境必须以制度为保证。通过健全的组织机构、严密的制度办法和法律法规的约束,使铁路建设环保工作自始至终处于受控状态。没有制度的保证和法律的约束,要在铁路建设中保护生态环境只能成为一句空话。

以自然为本、用制度作保证和加大资金投入,是渝怀铁路建设跳出"边建设边破坏"怪圈的三条行之有效的基本经验。

山里娃行队礼

记得还是第一次下工地,当汽车行驶在彭水、黔江、酉阳、秀山一带,看到这样一种景象:三五成群系着红领巾的小学生们一见到过往的渝怀铁路施工和指挥车辆,就自觉地立定行庄严的少先队队礼。据说这种现象自渝怀铁路开工建设以来,已经司空见惯。我带着几分感动和疑问向沿线各位区县领导讨教以后得出了结论……

山里娃行队礼表明渝怀铁路深入人心,又深得人心。作为西部大开发战略中一项宏大工程,渝怀铁路的修建把党中央、国务院"饮水思源,勿忘老区"的温暖送到了沿线千家万户,使老区的男女老幼无不感觉到了党的亲切关怀,把修建渝怀铁路看成是党给老区人民带来的"第二次解放"、"第二次翻身"。娃娃们行队礼就是沿线人民群众对党的关怀发自内心的感激和崇敬。

山里娃行队礼又表明渝怀铁路让沿线百姓感到甜头,又尝到甜头。是渝怀铁路使长期处在封闭中的山里人走出了大山,领略了外部世界的精彩,呼吸了现代文明的气息。他们的生活在筑路机械的轰鸣声中发生着翻天覆地的变化:砖瓦取代了茅草屋,陈旧衣衫换成了新潮服饰,摩托车、拖拉机、四轮机动车已不再是农户家中的罕物,几代人的富裕梦变成了现实。娃娃们行队礼就是山区人民对幸福生活的期盼和向往。

山里娃行队礼更表明沿线人民群众不仅热爱铁路,而且支持铁路建设。为了这条

万水千山的记忆 三

彭水县农村小学师生到铁路建设工地慰问

铁路的修建,纯朴而善良的沿线父老乡亲献出了祖祖辈辈赖以耕作的土地和栖身的房舍。出劳力、献猪羊、供路料、让居所,对筑路大军可谓是要风给风,要雨给雨,再现了革命战争年代"红嫂乳汁哺战士"和修建川黔铁路时"南瓜里生鸡蛋"的一幕幕动人情景。就像中国革命胜利离不开人民群众的支持一样,渝怀铁路建设同样离不开人民群众的大力支持。娃娃们行队礼就是老区人民对渝怀铁路建设者的希望和厚爱。

向渝怀铁路建设者行队礼!向沿线人民群众敬礼!

进得山来景更宽

越野车从乌江岸边的319国道一转弯,驶入一条光洁平整的盘山道。道两旁,花坛鲜花竞放,草坪一碧如小船坞,树木葱翠欲

245

滴。不知情的人还以为进入了都市里的公园,其实这是中铁十九局集团承建的渝怀铁路黄草隧道施工现场!

　　渝怀铁路建设总指挥部的工作人员都这么说,看了15标段的工程,就看到了渝怀铁路的质量水平。中铁十九局集团承建的15标段,位于重庆市武隆县和彭水县境内。在这个全长20公里的标段上,看到的路基、隧道和桥涵工程如出自同一位艺术大师之手的作品。路基坡面整齐,路肩圆顺,排水畅通;隧道线条明晰,大面平整,不渗不漏;桥墩接搓规范,颜色均匀,表面光洁;涵渠砌筑考究,沉缝整齐,内实外美。美化、绿化、净化、亮化的现代文明工地取代了过去尘土飞扬、机器轰鸣的"热火朝天"的施工场面。铁道部副部长蔡庆华看了后说:"中铁十九局的工程质量、进度都很好,值得全线推广学习。"国家环保总局环境监督司司长祝兴祥看了后说:"没有想到,施工工地这么干净、整洁、漂亮。"前来观摩的全线各参建单位指挥长看了说:"什么是标准,什么是样板,这下全知道了。"

　　中铁十九局集团之所以在群雄逐鹿的渝怀线上脱颖而出,缘于他们"永争第一"的精神。就如何争第一,思路清晰的集团指挥部副指挥长丁维利在介绍情况时,给我念起了严、新、细、实的"四字经"。

　　严——临建工程,统一规定临时房屋的结构、尺寸、色调。便道施工,统一规划,浇注了混凝土路面。施工工区统一栽植了花草、树木。就连彩门、路徽、标语都统一了规格、尺寸和字号。

　　新——隧道施工,对传统衬砌台面和小模板拼装进行技术改造,使衬衔接更加圆顺、美观,解决了错台、错缝的质量通病。桥梁施工,采用组合式小钢模板拼装成定型模板和内层铺贴保丽板,保证了墩、驶向在表面的光洁、平整。涵洞施工,采用砌石勾缝木条脱模工艺,精雕细琢。

　　细——细化安全、质量、效益、现场管理、队伍管理、精神文明建设等各项工作标准和规范,并进行了严格考核。管理人员不能熟记《规范》《标准》的不准上岗;现场施工人员考试不合格者不准上岗。

　　实——凡立的规矩、订的制度,务求落到实处。指挥部规定在隧道里发现一个烟头罚款2 000元。检查人员在一座隧道里捡到了22个烟头,按规定处罚了负责施工的项目部4.4万元。

　　丁维利最后感慨地说,一项工程一旦做成精品,就是一幅极具观赏价值的艺术作品，从它的身上能够折射出一个时代的建筑风格。此时此刻，我想起了世界文学巨匠雨果的一句名言："人类没有任何一种重要思想，不是被建筑艺术写在石头上的。"渝怀铁路不正体现了21世纪中国铁路的精神风貌吗？

重庆经济发展的加速器

2002年6月，渝怀铁路开工建设已经一年半了。沿线各级政府怎么看？人民群众怎么看？我陪同《人民铁道报》记者专程采访了看着渝怀铁路"成长"起来的重庆市副市长赵公卿。

"渝怀铁路是建国以来重庆市投资最大的基础设施建设项目，对重庆市的经济拉动巨大，促进了加快'长江上游经济中心'建设的步伐，证明党中央、国务院的决策是正确的。"赵公卿在接受我们采访时如是说。

这位主管基础设施建设工作的副市长说："建设比预想的要快、要好，一条铁路大动脉的雏形已显现出来。对工程质量、工期、环保和路地共建工作，市政府是满意的，人民群众是满意的。特别是渝怀铁路促进了过境13个县区的经济发展，给当地百姓带来了实实在在的好处。"

谈到渝怀铁路给重庆市带来的变化，赵公卿的情绪显得十分兴奋。他给我们算了一笔大账：渝怀铁路在重庆境内的投资130多亿元，其中30%可直接转化到对地方经济的拉动上，仅去年一年，重庆市为境内铁路施工单位就提供了6 000多吨钢材、40万吨水泥、300多万方沙石料、数千吨炸药和大批的劳务。如此大的"胃口"，大大地刺激了当地经济的增长，城乡居民的生活发生了明显变化。在去年重庆市遭受百年不遇的特大旱灾、农业生产受到严重影响的情况下，沿线13个区县农民年人均收入反而增加了79元。此外，为境内4万多"铁路人口"提供生活保障服务，使沿线一些商业活动很弱的地区活跃了起来。商业的活跃，从根本上转变了农民自给自足的传统观念,城乡商贸呈现出一派欣欣向荣的景象。可以毫不夸张地说,渝怀铁路已经成为重庆经济发展的加速器。

赵公卿饶有兴致地向我们描绘了一幅重庆市经济发展规划蓝图。这个蓝图就是江泽民提出的"把重庆建成长江上游经济中心"、商贸中心、科教文化中心和交通枢纽、信息枢纽以及高新产业基地。借助渝怀铁路建设势头,加快公路、机场、码头、城市轻轨等基础设施步伐,构建起铁、公、水、空立体交通体系。有了这样的交通体系,就能实现"把重庆建成长江上游经济中心"的目标。

说到渝怀铁路在重庆市长远经济规划蓝图中的作用,赵公卿感受颇深。他说:"过去我们有很多想法,由于没有铁路而无法实现。"他举例说,市政府几年前就计划在彭水县建一个装机容量140万千瓦的大型电站,但是苦于大型设备、大量水泥等建筑材料运不进去而不得不搁置。现在有了铁路,不仅电站项目可以马上启动,而且规划中的秀山大型锰矿、黔江和涪陵的绿色食品、武隆和酉阳的旅游开发等大批项目都可以付诸实施。他补充说,渝怀铁路建设还增加了外商在渝的投资信心,许多外商或抢滩占点,签订意向书,或增加投资,扩大项目规模。重庆市迎来了前所未有的商机和对外开放的大好局面。

赵公卿认为,铁路作为国民经济的"火车头",其建设投资与公路比例差距太大。他希望国家进一步加大铁路建设投资,加快铁路建设步伐,完善西部地区铁路路网布局,缩短东西部之间铁路运能的差距,以适应实施西部大开发战略的需要。

这是赵公卿副市长的心声,也是重庆市3 200万人民的心愿。

又过松桃县

从贵州铜仁出发一路西行,汽车沿渝怀铁路行驶在凹凸不平的公路上。突然,一阵喧闹声把我从朦胧的睡眠中惊醒,这才发现我们已陷入了车水马龙的包围中,欲进不能,欲退不得。"松桃县到了。"司机老尤告诉我们。这难道就是我们一年前来过的松桃县吗?松桃县变得已经让人认不出来了。是什么使原来冷清萧条的县城变得如此兴旺?县城里的居民都说:"是渝怀铁路。"

松桃县县长龙海碧如数家珍般地向我们列举了过境40公里的渝怀铁路给全县带来的种种变化。

铁路施工便道的修筑,使沿线 6 个乡镇的公路交通得到明显改善,全县公路通车里程增至 800 多公里。许多过去偏远和交通不便的乡镇,随着铁路的修建反而成了交通条件最好的乡镇。

随着铁路的开工,农村产业结构不经意间发生了根本变化。县城周边过去几乎没有专业菜农,其他乡镇更是停滞在自给自足的原始经济状态中。如今,沿线各乡镇都涌现了出一批以蔬菜生产为主的队伍,品种也发生了很大变化。大批菜农过去仅在屋前屋后种菜,现在已开始大面积种植各种蔬菜。

铁路建设让孟溪、普觉等一批小城镇如雨后春笋般迅速崛起。过去,普觉、孟溪两镇像样的餐馆仅有两家,现在两镇有一定规模的餐馆已发展到十多家。2001 年以前县城仅有干洗店 3 家,复印传真设备只在县委有一台。到今年上半年,干洗店已发展到 13 家,各种电脑、传真、打印设备逾千台。空调、电视机、电冰箱等高档电器走进了寻常百姓家。

铁路建设给全县带来了前所未有的商机。1998 年全县招商引资项目仅 5 项,2002 年铁路开工当年跃升到 22 项。浙江民营企业投资新建的 10 000 吨电解锰厂一期 3 000 吨已投入运行;湖南省金瑞公司在该县投资 1.2 亿元新建的 15 000 吨高纯度电解锰项目已经开工建设,已于 2003 年建成投产。

全县 2001 年国民生产总值 11.9 亿元,比上年增长 12.46%;农业总产值 9.5 亿元,比上年增长 4.6%;工业总产值 2.4 亿元,比上年增长 23.9%;地方财政收入 0.4 亿元,比上年增长 14.14%;农民年人均收入 1 242 元,比上年增加了 56.74 元。全县农民基本实现了越过温饱线的目标,人民群众的生产生活条件和质量逐步得到改善和提高。

龙海碧县长并不满足眼前发生的这种变化。就松桃县如何打好渝怀铁路牌,他向我们展示了一幅令人振奋的经济规划蓝图——充分利用渝怀铁路大通道,发挥松桃县矿产、旅游、劳务及农副产品优势;以城镇带动乡村,南下北上,东进西出,融入重庆、长沙、贵阳经济圈,跟上周边经济发达城市的步伐。

渝怀铁路的建设,已给松桃县这个国务院最早确定的苗族自治县插上了经济腾飞的翅膀。

我相信,随着这条黄金大道的开通,松桃的明天会更加美好。

大山深处好邻居

金洞乡杨家村,重庆市黔江区一个名不见经传的土家族行政村。

是渝怀铁路建设的开工礼炮,将铁路和这个村子紧紧地联系在了一起。渝怀铁路驻地施工单位与金洞乡杨家村共同创建的路地共建"安全文明小区",被重庆市委、市政府命名为"市级安全文明示范小区"。

金洞乡杨家村位于黔江区东南55公里处,是一个大山深处的贫困山村。随着渝怀铁路开工建设,中铁十六局集团三处、四处、机械化处的大批人员和机械开进了杨家村,长期封闭沉寂的山乡一夜之间喧闹了起来。

杨家村和铁路施工单位,一个要抓住发展机遇,实现脱贫致富,一个要维护正常秩序,创造和谐的外部施工环境。动机不同,目标一致,创建安全文明小区就成为双方共同的愿望。金洞乡政府趁势为路地两家搭桥牵线,本着"路地联动,营造文明氛围,制定合理规划,发展特色经济"的指导思想,共建"安全文明小区"。

为使"安全文明小区"建设工作开展得有声有色,善始善终,路地双方你唱我和,广泛发动群众,小区内展开了安全文明一条街、平安大道、安全文明工地、花园式学校、文明农家院落等丰富多彩的活动。

路地共建安全文明小区,给铁路施工单位带来了宽松的外部环境。去年10月,当地农民承建的铁路辅助工程,因质量问题导致路地双方在劳务报酬上发生分歧,出现少数人到铁路工地阻工的行为,乡村两级干部多次到现场调解,最终使双方握手言欢。一辆外车为中铁十六局集团三处拉材料,在运费上发生意见分歧,车主没有大吵大闹,而是找到村委会调解。一年多来,乡村两级共调解大小纠纷10余次,调解成功率100%。铁路职工感触颇深地说,原以为乡村两级干部难免会厚此薄彼,谁知处理问题却如此公道。

路地共建安全文明小区,给金洞乡老百姓带来了实实在在的好处。三处投资50

万元整修扩建金洞乡中心校，安装水电、电视闭路系统和绿化美化校园，使原来破旧的校舍变成了花园式的学校；四处投资50万元整治马喇至金洞的公路，投资20万元建成一座小康式农家院落。集团指挥部及所属6个工区通过捐资助学、硬化街道、改善校舍、修桥补路、扶贫助困等多种方式为老乡办实事。被乡政府和村民誉为"幸福街"、"连心桥"、"爱民路"的扶贫工程就有10余项。施工单位还引导老乡种菜养猪，兴办家庭副业，一方面供应施工队伍，一方面销售市场，不仅使村民们生活富裕起来，也使他们彻底转变了自给自足的传统生活观念。

如今在杨家村，扶危济困、互助互爱、相敬如宾已蔚然成风，随处可以看到铁路职工与当地干部群众见面互致问候、拉家常、吐真情的和谐融洽场面，成为人见人夸的好邻居。

中铁十六局集团渝怀铁路指挥部所属施工单位，与驻地乡村开展路地共建"安全文明小区"的活动很值得提倡。

如果说，当年红军长征是宣言书、宣传队、播种机的话，那么，铁路建设大军则是文明的使者、致富的使者和传播新思想、新观念的使者。铁路施工队伍每到一个地方总要给老百姓修道路、架便桥、平土地、打水井、帮困扶贫、捐资助学，让老百姓真正感受到铁路给老少边穷地区带来的实实在在的好处。铁路延伸到哪里，就把现代文明带到哪里。文明一条街、平安大道、花园式学校、文明农家院落等新生事物，如一棵棵生机勃发的幼芽，在封闭贫瘠的山乡破土而出。老百姓在脱贫致富的同时，也受到了现代文明、现代科技和新思想、新观念、新道德的感染。

欲取之必先予之。铁路建设给沿线人民群众带来福音的同时，也不可避免地因要占用耕地、房屋、山林而打乱老乡们的生活习惯，损害乡亲们的切身利益。如何将这些消极因素转化为积极因素，铁路施工单位与驻地乡村共建"安全文明小区"的做法不失为一个可贵的探索。铁路建设者以文明使者、致富使者的形象赢得了人民群众的理解、支持和尊重。扯皮的现象少了，阻工的事件消失了，路地真正成了其情浓浓、其意融融的一家人，铁路建设良好的外部环境自然也就形成了。

传递真情的白鹅

在重庆市酉阳县龙潭镇村民杨和书简陋的院子里，不时传出阵阵鹅叫声。这些人见人爱的白鹅讲述着一个"铁路大哥送白鹅"的动人故事。

50多岁的杨和书家庭异常贫困，他左脚上长着一个碗口大的瘤子，三四年溃烂不愈。体弱的妻子只能算半个劳力，一对儿女都在上中学。唯一的经济来源就是为一个单位守抽水机房，每月能挣100元钱，生活举步维艰。

2001年，中铁十二局集团施工队伍进驻龙潭镇。这支队伍里有一个叫何光军的食堂管理员。这位从事铁路建设32年、足迹踏遍千山万水的"老铁路"，朴实而厚道，一生助人为乐。与他相随奔波多年的妻子也是一位心地善良的人，夫妻俩走到哪里就把好事做到哪里。施工队伍上场后不久，为了改善职工们的生活，老何夫妻俩自己掏腰包买了20余只鹅仔，在工地圈了一小块地饲养起来。几个月过去，这群鹅全都下了蛋，职工食堂的菜谱里从此多了"咸鹅蛋"这道美味。

当老何了解到村民杨和书一家的困境后，便主动伸出援助之手，决定将这群鹅全部送给杨和书。把这群亲手喂养大的白鹅白白送人，作妻子的还真有些舍不得。但老何的话很有道理：我们今天送他点粮明天给他点菜，只能解决一时，救不了一世。有了鹅可以生蛋，杨和书一家的生活也就有了着落。

当老何把这群鹅赶到杨和书家时，杨和书一家甭提多高兴了。这群鹅每天差不多可捡20个鹅蛋，能卖8元左右，一个月就有240元的稳定收入。两个孩子读书的费用解决了，过去一两个月也难见的肉腥儿现在经常可以吃到了。在老何的带动下，其他职工也给这户困难家庭捐赠了衣物及孩子们的学习用品……

杨和书一家忘不了铁路的恩情，亲切地称老何为"铁路大哥"，他们逢人便讲起"铁路大哥送白鹅"帮他们度过艰难日子的故事。

写完这则故事，我想起了一句古语："细微处见精神。"是啊！作为一名普通铁路建设者，何光军用个人的绵薄之力去帮助一位素昧平生的异乡人摆脱生活的窘迫，其精神真是难能可贵。

铁路新线大多途经老少边穷地区,沿线老百姓中有相当一部分人生活处在贫困线以下,他们的年收入不及全国人均收入的30%,甚至于更少,是党和政府重点扶贫的对象,也是全社会应给予同情和关心的弱势群体。

在铁路建设中,施工单位牢记"人民铁路为人民"的宗旨,心里装着老百姓,出资金,出劳力,出机械,为沿线人民群众做了大量有口皆碑的好事。但这些毕竟是有限的,不可能惠及每一个人。一条铁路新线建设,上场人员少则几千,多则数万,如果每一个职工都能够像何光军那样,根据自身的经济条件一帮一、一对一地访贫问苦,扶危济困,那该又有多少老乡从贫困线中摆脱出来。

人人献出一份爱,世界将变成美好的人间。

"代表路"与"代表桥"

渝怀铁路开发建设以来,在重庆市江北区鱼嘴镇一条新建的乡间道路上,每天人流如织,车水马龙,煞是热闹,透着山区老百姓日子的红火。

这条路讲述了一个感人的故事。2001年初,担负渝怀铁路第5标段的中铁十五局集团大批人员和设备进驻鱼嘴镇,筑便道、搭便桥、建营房、牵扯电线,迅速掀起了施工热潮。短短几个月时间,使那里约6 500名村民从此结束了祖祖辈辈不通公路的历史。

然而,这条便道若按原设计施工,将会导致铁路修通以后被截为数段的遗憾,活路变成了死路。集团指挥部指挥长王大贤认为,既然是为老百姓造福,就不能留下这样一条残缺不全的路。于是,他果断作出决定,多投入一些资金和人力,把施工便道增长到铁路桥涵之下通过,将被铁路截为几段的便道再连接起来,死路又变成活路。当地的父老乡亲看在眼里,记在心头,无不拍手称快。鱼嘴镇政府领导亲自带人敲锣打鼓登门致谢,称修建施工便道兼顾地方经济发展和群众利益的做法为"三个代表"之美举,并

渝怀壮歌

郁江施工索桥

特意把这条施工便道命名为"代表路"。

中铁十五局集团修建施工便道是如此，修建施工便桥也是如此。当地原有的朝阳河人行便桥由于桥墩低、桥面窄，每年雨季河水都要漫过桥面，行人无法通行。为了彻底解决当地百姓这一忧患，集团指挥部在修建施工便桥时，主动增加12.5万元投资，把原设计的临时便桥改为永久性桥梁，并把桥的长度延长了3米，桥墩抬高了1.5米。望着眼前这座崭新的桥梁，全鱼嘴镇男女老少众口一词地夸奖此举是铁路建设者落实"三个代表"的又一实际行动。这座施工便桥也因此被命名为"代表桥"。

"不以善小而不为，不以恶小而为之"，是中华民族区别于西方世界的文化内涵和价值取向，经过几千年的传承而历久弥新。我不禁由此而感叹我们民族的伟大、人民的善良！"仁德善良"不正是"和谐社会"、"世界大同"这座伟大建筑需要的元素吗？

铁路建设工程竣工后，沿线难以数计的施工便道和便桥自然而然地留给了当地，继续履行为百姓造福的义务。这在铁路建设中已成惯例。中铁十五局集团渝怀铁路工程指挥部的做法值得称道就在于：施工中时刻把百姓的利益放在首位，宁肯多花一些钱，多费一些工,也要千方百计地为百姓排忧解难。事实上,渝怀铁路全线各参建单位都是这样做的。

为给沿线群众提供更多的便利,顺便把施工便道延长一些和把施工便桥抬高一些,这对施工单位来说,不是一件难事,甚至是举手之劳。然而,正是这举手之劳却为当地人民群众办了一件件长期想办而办不了的事情。施工便道延长一点,施工便桥抬高一些,看似是一桩不起眼的小事,但却真实地把党的温暖送到了人民群众心窝里,既充分体现了"人民铁路为人民"的宗旨,更是落实"三个代表"重要思想的实际行动。其意义之深远,不亚于铁路新线建设的本身。

古人曰:修桥补路善莫大焉。筑大路"善莫大焉",修小路亦"善莫大焉"。

为了那片绿荫

我乘坐越野车行驶在渝怀铁路中铁十七局集团管段的便道上,发现这条便道一路绕行了好几处小树林,使本来就弯弯曲曲的便道更加难以通行。陪同我的集团渝怀铁路工程指挥部指挥长王国钧,给我讲述了一个礼让挡路树的故事。

中铁十七局集团担负的渝怀铁路工程18标段全部隐没在峰峦叠嶂的大山深处。队伍进场后的第一件事,就是修筑施工便道。由于通往各工点的施工便道大多盘绕在悬崖峭壁之间,给施工带来了难以想象的困难,队伍一站一站地先后搬了四次家,才把施工便道铺设到工点。

在修筑施工便道过程中,历尽艰辛的职工们没有忘记保护自然、保护生态的天职。每当遇到树林子挡路时,他们宁可绕行,也不忍心践踏这些大山的精灵。虽然工程量增加了,道路更加弯曲了,但当职工们看到那一片片在微风中摇曳的绿叶时,就会油然产生一种难以形容的满足感。而那一棵棵茁壮成长的小树,又像绿色天使般日夜守护在道路旁，为过往车辆和行人送去片片绿荫。

"职工们就像保护自己的眼睛那样保护这里的一草一木。"望着眼前图画般的青山绿水，王国钧无限深情地说。他告诉记者，管段自开工第一天起，集团指挥部就严格执行环保设施与正式工程同时设计、同时施工、同时竣工的"三同时"原则，制定完善的规范和措施，将环保作为管段内施工管理的主旋律。针对本标段自然环境特征，集团指挥部对环保进行全方位规划。加大资金、人力和物资的投入，设立专门机构，指定专人负责，要求技术人员在技术交底的同时做出环保交底，尤其是弃碴挡护必须符合要求，并对水污染、大气污染、垃圾污染进行综合防治。集团指挥部还从做好施工组织安排入手，对较易造成环境破坏或水土流失的工程，尽量安排在枯水期施工。确需在雨季施工的也采取了加强排水构筑物等切实可行的保护措施和方案。王指挥颇为得意地说："我们刚刚从重庆市彭水县人民政府抱回了环境保护先进单位的奖牌。"

交谈间，越野车又绕过一片葱郁繁茂的小树林，我不由自主地在心底默默地祝福小树们平安并茁壮成长……

苗家老汉走出大山

"我要走出大山，看看外面的世界"——是深居武陵山腹地的七旬老汉曾书尚期盼了一辈子的夙愿。渝怀铁路筑路大军打通了进山的道路，终于让曾书尚老汉走出了大山。

曾书尚老汉居住的财坝村，是重庆市酉阳县最偏远的一个苗族村寨。村民们祖祖辈辈在大山深处贫瘠的土地上，日出而作，日落而息，过着与外界隔绝的自耕自给式的简单生活。村寨到县城的70多公里山路，如同一道无形的屏障阻挡了山里人的脚步，就是年轻人进城也得走上两三天。而村里像曾书尚老汉这样的老人，对外面精彩的世界只能望山兴叹。村里一个苗胞突发急病，乡亲们用担架往县医院送，半路病人就停止了呼吸。这一切都缘于不通公路。

2001年4月，担负渝怀铁路圆梁山隧道施工任务的中铁隧道局集团，经过近3个月的突击，将县、乡政府修了8年也未修通的乡村公路一气拉通。一条平坦的施工便道，从县到乡直通圆梁山隧道进口所在地的财坝村，结束了村寨不通公路的历史。2001年9月，曾书尚老汉乘上中巴车，到酉阳县城逛了个够。

通向未来中国

在中国铁路建设史上,没有哪一条铁路像渝怀铁路那样倍受关注,也没有哪一条铁路像渝怀铁路那样承载着那么多的历史责任。孙中山先生曾经把它写入了治国方略和他规划的铁路建设蓝图之中;毛泽东同志在加快西南铁路建设的电文中圈划了酉、秀、黔、彭(重庆市四区县)的线路走向;邓小平同志的改革开放为它的立项创造了大背景。今天,党中央、国务院西部大开发战略的实施奏响了渝怀铁路建设的号角。

全长624.5公里的渝怀铁路,西起我国最年轻的直辖市重庆,经贵州铜仁进入湖南怀化市,一线挽三省市,天堑变通途。正是这条铁路,将渝、黔、湘三省市与中东部和沿海发达地区紧密连接起来,在东西部之间架起一座新的"信息桥"、"资源桥"、"致富桥",促使西部广大民众跟上中华民族全面建设小康社会的步伐。

人们不会忘记,大西南有着自己的骄傲与困扰,重庆秀山、贵州松桃、湖南花垣素有中国"锰矿金三角"之称;梵净山自然保护区、仙女山国家森林公园、乌江画廊、龚滩古镇、凤凰古城、郁山书院……迷人的景色令人神往。然而铁路不通、交通不便,使这美丽的山区陷入冷清的境地,富饶的土地变成贫困的地区。

随着渝怀铁路的建成,中国大西南一块幅员24万平方公里的区域,将结束没有铁路的历史,沿线46个小城镇崛地而起,焕然一新,2 300万贫困人口将彻底摆脱贫困。

渝怀铁路沿线地区多为我国苗族、土家族等16个少数民族的主要聚集地。这些曾在革命战争时期作出巨大牺牲和贡献的革命老区,由于交通不便长期处在封闭状态,经济发展落后,人民生活贫困。此间的一份统计资料表明:1997年,上述地区全年人均收入为全国平均水平的44.5%,尤其是重庆市酉阳、秀山、黔江、彭水四区县,全年人均收入仅为全国平均水平的24.8%至33%,被国家定为重点扶贫地区。渝怀铁路的开工建设,使沿海发达地区的信息、技术、资金、人才源源不断地涌向西部,反过来,西部丰富的资源又为沿海经济持续发展插上腾飞的翅膀。建设中的渝怀铁路已使沿线 72 个城镇 1 300 多万人口逐渐从贫困中摆脱出来,并满怀豪情地走上全面建设小康社会的金光大道。

渝怀铁路途经两省一市,受益最大的当属过境 461.684 公里的重庆市,其边区包括酉阳、秀山、黔江、彭水四区县。

重庆市计委(现改为发展改革委)算了一笔"账":渝怀铁路在重庆境内投资 130 多亿元,其中 30%可直接转化到地方经济的拉动上。渝怀铁路作为建国以来重庆市投资最大的基础设施建设项目,对重庆市经济的拉动巨大,有力地促进了加快"长江上游经济中心"建设的步伐。

其实,这笔"账"的背后还有许许多多令人振奋的数字。

据重庆市社会科学院经济专家称,渝怀铁路在重庆市境内 30%投资额的直接转化,只不过是"种子",收获的"果实"要远比"种子"多得多。据分析,渝怀铁路建设在重庆市境内投资的 130 多亿元,带来的拉动效益可达 2 060 亿元,这足以使该市沿线地区国内生产总值在 20 至 30 年内保持 9%以上的增长速度。

渝怀铁路仅在开工的第二年,铁路施工单位就"吃"掉重庆市境内 6 000 多吨钢材、40 万吨水泥、300 多万方沙石料、数千吨炸药和大批的劳务。如此大的"胃口",大大地刺激了当地经济的增长,城乡居民的生活发生了明显变化。在当年重庆市遭受百年不遇的特大旱灾、农业生产受到严重影响的情况下,沿线 13 个区县农民年人均收入反而增加了 79 元。

渝怀铁路途经重庆市境内 17 个区县,共新建车站 62 个,极大地推动了沿线城镇化的发展。而为境内 4 万多"铁路人口"提供生活保障服务,使沿线一些商业活动很缺乏的地区活跃了起来,为沿线城镇化建设起到了催化作用。有关人士估计,渝怀铁路建设期间,借沿线建站的契机,至少要崛起 40 个城镇,成为区域内新的经济增长点和商业流通小中心,预计超过 200 万的农民将丢掉锄头务工经商。

渝怀铁路开工建设以来,使沿线许多过去想办而办不了的事情变成了现实。重庆市政府几年前就计划在彭水县建一个装机容量为 140 万千瓦的大型电站,但却苦于大型设备、大量水泥等建筑材料运不进去而不得不搁置。如今,不仅电站项目可以马上启动,而且规划中的秀山大型锰矿、黔江绿色食品生产基地、武隆和酉阳的旅游开发等大批项目都可以付诸实施。渝怀铁路的开发建设,增加了外商在三省市和西部地区的投资信心,许多外商或抢滩占点,签订意向书,或增加投资,扩大项目规模。上海一家工程塑料高科技企业,特意将分公司设在渝怀铁路的起点重庆市。这家企业高层管理人士称,铁路沿线对工程塑料的大量需求令人心动,渝东南乃至整个西部市场前景看好。与这家企业一样深谋远虑的公司和企业大有人在,长松集团等数十家大型企业纷纷涌入,在渝怀铁路沿线各城市建立起自己的"根据地"。

经过力争让渝怀铁路"拐了个弯"的黔江区,铁路建设在其境内投资为90多亿元。仅此一项,黔江区在渝怀铁路建设期间每年增加社会固定资产投资20亿元至30亿元,高峰期超过40亿元。2001年,黔江区社会固定投资比上年增加了117.6%,创该区的历史最高纪录。

黔江区与彭水县交界处,渝怀铁路在居住人口仅100多人的沙坝乡政府所在地设了个小站。当地官员介绍,在渝怀铁路建设的5年期间,这个乡将建成一个人口达千人的小集镇。渝怀铁路全线唯一的区段站设在秀山县。该县的"父母官"称,待渝怀铁路建成后,秀山县城的面积将比现在扩大一倍,届时秀山就是渝、黔、湘交界处的一个重要边贸城市。

对渝怀铁路建设所带来的实实在在的好处,感觉最深的还是沿线人民群众。彭水县郁山镇一位姓高的居民,以前空守着100多平米的住房,年租金不到1 000元。渝怀铁路开工后,随着大量人员的涌进,住房年租金打了几个滚达3 500元。一位名叫李克华的民工原是家乡县粮食局下岗职工,如今在重庆市渝怀铁路江北车站工地上打工,每月净收入800余元。家乡人看到他收入可观,纷纷从东南沿海返回家乡到渝怀铁路打工。地处渝怀铁路圆梁山隧道建设工地的财坝村村民赵国仙,替铁路职工洗衣服,还种菜养猪出售给施工单位,一年收入上万元,儿子上大学的费用有了着落。

渝怀壮歌

与重庆市一样,黔、湘两省广大地区在铁路建设的带动下发生了翻天覆地的巨大变化。贵州松桃县便是其中的一个。过境40公里的渝怀铁路给其带来种种变化:

铁路施工便道的修筑,使沿线6个乡镇的公路交通得到明显改善,全县公路通车里程已增至800多公里。许多过去偏远和交通不便的乡镇,随着铁路的修建成为交通条件最好的乡镇。

农村产业结构在铁路建设的带动下发生了变化。县城周边过去几乎没有专业菜农,如今涌现出了一大批以蔬菜生产为业的队伍,蔬菜品种也发生了很大变化。

2001年以前县城仅有干洗店3家,复印传真设备只有县委一台。如今,干洗店已发展到10多家,各种电脑、传真、打印设备逾千台。空调、电视机、电冰箱等高档电器进入了寻常百姓家。

铁路建设给松桃县带来了前所未有的商机。1998年全县招商引资项目仅5项,2002年铁路开工当年一跃达22项。浙江民营企

文艺演出到工地

业投资新建的10 000吨电解锰厂一期3 000吨已投入运行;湖南省金瑞公司在该县投资1.2亿元新建的15 000吨高纯电解锰项目已经开工建设。

乘渝怀铁路建设的强劲东风,松桃县向世人展示出一幅长远经济规划蓝图:充分利用渝怀铁路大通道,发挥松桃县矿产、旅游、劳务及农副产品优势,以城镇带动乡村,南下北上,东进西出,融入重庆、长沙、贵阳经济圈,跟上周边经济发达城市的步伐。

渝怀铁路沿线各级地方政府和广大人民群众并不满足眼下种种变化。他们正在紧紧抓住铁路建设的大好机遇,依托大动脉,谋求大发展。

当开山的炮声已经远去,当机器的轰鸣已经停止,数万渝怀铁路建设大军铸就的这座历史丰碑,将永远矗立在中国西南的崇山峻岭之间,永远矗立在西南人民的心中。在大西南美丽而神奇的土地上,这条腾飞的钢铁巨龙将满载西南人民的梦想,驶向更加灿烂美好的明天。

(作者系原渝怀铁路建设总指挥部副指挥长)

构筑和谐连心桥

王业苗

2006年1月15日，伴随着渝怀铁路首列货运列车的缓缓启动，承载着渝北人民多年致富梦想的又一致富引擎正式开启！人们兴奋、欢呼、雀跃，当大家怀着幸福的喜悦憧憬着美好未来，赞美铁路建设者伟大之时，蓦然回首，会发现一群为铁路建设默默服务，无私奉献，无怨无悔的人们。是他们，为铁路建设提供了建设的平台，是他们用一颗颗公正、无私的心成功地化解了各种矛盾，可以说，铁路建设成功的"军功章"里也有他们的一份功劳。

砖厂为铁路让道

"看着一趟趟繁忙的列车从我原来的厂址上疾驰而过，看到铁路给大家带来那么多直接和间接的好处，与铁路建设这样的大项目相比，我个人的损失只能算是小事了。"这位曾经在渝怀铁路渝北段原八斗村路基上投资近200万的砖厂老板杨志文感慨地说。2000年，杨志文与徐开静四处筹资近200万元在洛碛镇原八斗村兴建的砖厂建成了。那时，正值渝北区房地产市场迅猛发展的时期，市场上对砖的需求极大，杨志文的砖厂刚投入生产就呈现出供不应求的热火场面。他信心百倍地期待着能提前收回投资成本，可砖厂刚建成不到半年，渝怀铁路的征地拆迁通知就下来了。从征地红线图上看，征地的范围将他的砖厂划去了一大半，这下子，杨志文心里犯难了，崭新的厂房不到半年就要被拆掉，太可惜了。厂一拆掉，拿什么去还朋友的钱，如今厂里的生意这样红火，换了谁也舍不得把这赚钱的买卖扔掉。一开始，杨志文对征地的事儿抵触情绪很大。"门难进、脸难看、话难听"是杨志文最初给支铁办有关工作人员的"礼遇"。但支铁办的工作人员对杨志文的反应给予了充分的理解。从支铁办到洛碛镇政府，到原八斗村的村干部，多次上门找扬志文做思想工作，给他讲铁路建设是造福子孙后代的大事，千方百计说服他服从大局支持国家建设，并与他对砖厂的拆迁、补偿进行了详细的商谈，在大家的耐心说服下，杨志文终于同意尽快关闭砖厂进行拆迁，并积极配合支铁办的人员对厂房面积和地面的构附着物进行丈量。

二次搬迁为铁路

"我家为建渝长高速公路已搬迁了一次。不到两年时间，现在为建渝怀铁路又搬迁了一次，如果不是村里的干部忙着给我们找地建房，现在，我们一家人还不知道在哪里安身呢！"洛碛镇土塘村村民彭开素说。在土塘村5社，像彭开素这样为建渝长高速公路和渝怀铁路搬迁两次的村民就接近二十户。

"磨破嘴皮子，跑烂新鞋子！"这是土塘村村支书代前培回忆起当初动员、帮助这近二十户村民二次搬迁的真实写照。在农村，修建新房算是农民人生中的一件大事，几乎是动用全家的人力与物力。这近二十户的村民在第一次搬迁后，几乎家家都在原补偿金基础上又投入了一笔资金用于对新房必要的装修。从感情上来说，让他们搬离曾付出大量精力、财力和物力建成的新房，他们不情愿也舍不得。另一方面，从土塘村5社现存的土地来看，因为先后两次被征地，可用来建新房的宅基地已经没有了，即使村民们同意搬迁，宅基地也只能在周边其他社去调剂。这又涉及对被调剂社村民的土地征用、补偿问题。面对这样的困难，村里采取了村干部分责任包户说服的办法。用代前培的话说："我们做到了既讲政策，又讲感情。"村干部们挨家挨户向村民们宣讲铁路建设的重大意义，又利用该社村民与各村干部间多少有一点沾亲带故的关系，村干部们与各户拉家常，谈感情，心交心，情换情，这近二十户二次搬迁的村民终于在规定的时间内搬出了让他们难舍的新屋。

对国家对群众负责

"这里头的故事可多了,几乎每一个人都曾经是故事的主角。"这是支铁办的人员说起对拆迁征地面积丈量,构附着物数量统计时发出的感慨。

在对渝怀铁路渝北段进行征地面积丈量,构附着物数量统计的时候正值春末夏初之季,多雨、高温是这两个季节最大的特点。原支铁办的成员从年龄结构来看,既有经验丰富,熟悉情况,接近退休年龄的老同志,又有刚参加工作,具备良好专业素质的小同志。丈量统计工作是做好拆迁补偿工作的基础,涉及到对国家资金与群众利益负责的问题。耐心、仔细,做到不漏计、不多计是对支铁人员责任心的极大考验。因为时间紧、任务重,无论晴天、雨天,在规划红线内,无论是在森林里、庄稼地,还是村民们的房前屋后,都能看到支铁人员们手拿测量仪器、统计册,忙碌的身影。有时,一趟统计下来,常常全身汗湿,衣服被植物的汁液浸花。在树林中穿行,被毒虫叮咬是常事,遇上下雨,连雨靴里面也会灌满泥浆。可是仍然有部分村民在工作人员统计时因为构附着物的数量与赔偿不满意,对支铁人员进行谩骂的事也时有发生,但支铁人员们都通过动之以情,晓之以理的方式让群众理解、认可。

2001年7月的一天,当时艳阳高照,室外气温接近40度,支铁办的人员正在一个小山丘上清理一片玉米地,当时年近60岁的唐大贵因气温高,又累又热,鼻子突然血流不止。不一会儿,鲜红的血液浸湿了衣衫,大伙连忙找来纸巾让他塞住鼻孔,并准备送他上医院,可倔强的唐大贵却不领大伙的情,说这是小事一桩,休息一下就好。他仰着头休息了一会儿,等鼻内的血不再往外淌后,又加入了统计的队伍。

乡村道路变了

"修建渝怀铁路,还解决了咱们村近5个社的交通出行!"太洪村的村民们如今走在近3公里平坦宽阔的乡村道路上,无不对修建渝怀铁路的施工队伍表示感激。原来,现在的乡村道路曾经是施工队伍进场的临时便道,为解决施工材料的运转,这条临时便道要占地40亩,一开始,村民们对此颇有微词。因此,支铁办多次与施工方协商,同时也与村干部一道给占地村民们做工作,最后达成共识,双方互让一步,由施工方出资给予适当补偿,村民们也做出一部分牺牲,让出一部分土地。很快,这条近3公里的临时便道便在支铁办的努力协调下顺利通车了。当渝怀铁路建成,施工队伍撤场后,该村依照临时便道所形成的雏形,对便道进行了硬化,使许多村民在家门口就可以乘车,极大地方便了生产与出行。在渝怀铁路渝北段,因施工修建临时便道而方便附近村民出行,施工队伍帮助附近村民挖塘、修路的例子还有很多。

路地同唱建设歌

晏春明　张明万

　　2006年1月16日15时，家住重庆市长寿区江南镇天星村的村民陈宝明听到"呜"的一声长鸣，他从家中的窗户看到一列长长的火车从铁路上驶过。这条他亲自参与修建的铁路，打破了他和乡邻与外界的闭塞，实现了他祖辈就开始的期盼。

　　五年啊！在13公里长的战线上，撒下了几多辛勤的汗水，有多少困难被克服，有多少铁路建设新技术诞生……

　　五年了！曾涌现出的可歌可泣的事迹还记得吗？那些工程师们的身影又在哪一个铁路建设现场移动？抢铁锤的民工大哥还是

那么健壮么……

让我们把历史的画面翻回到 2000 年……

心系铁路支援忙

2000 年 5 月，一份由长寿县政府办公室签发的〔2000〕40 号文件送到当时的朱家镇、扇沱乡和政府相关部门。文件宣布成立长寿县支援渝怀铁路建设领导小组，由时任副县长的文竹清任组长，相关单位负责人作成员。自此，一个与铁路建设息息相关的官方机构开始全面运作了。

在原朱家镇镇长、现任晏家街道办事处主任蔡书明的民情日记里记载着这样一件事：2001 年 12 月 12 日上午，因施工需要，该镇石门村下湾社和晏家湾社 3 口水井被填埋。但由于施工单位和村民之间未就每口井的补偿达成一致，村民因此想要找施工单位讨说法。得到消息后，镇支援铁路建设领导小组副组长高兴怀带着工作人员一面赶往现场一面向县政府汇报。

他们一到村组就找干部了解情况，并分别做群众工作，与建设单位协调相关问题。到中午时分，一个让双方都较为满意的补偿方案摆到桌面上，群众饮水问题得到及时解决，施工工程也顺利向前推进。

2001 年春节前夕，渝怀铁路长江大桥施工单位驻地来了一支队伍：他们挑着猪肉、大米，提着桶装的食用油——他们是县领导和县镇两级支铁办的干部，代表全县人民来慰问看望施工人员。施工单位负责人握着走在前面的文竹清的手很久没有松开："长寿人民的深情厚谊我们无法用语言来表达，只有用最快的速度修建高质量的铁路来回报你们！"

此后，每逢节假日，历届政府领导都发扬了这个传统：到工地看望和慰问战斗在一线的工人们，感谢那些为长寿建设而背井离乡的铁路建设者。

2001年5月,当得知渝怀铁路长寿中心车站施工驻地没有电视看的消息后,朱家镇政府立即安排文广站把闭路线接到施工现场,为他们送去了党和政府的声音。

由于铁路占地是细长型的,在许多村社都可能涉及到每家每户的小部分土地或占用部分生活设施,这给征地拆迁工作带来相当大的难度。但在县(区)、镇(乡)、村、社各级政府干部的努力和群众的大力支持下,所有问题都迎刃而解。因为,他们考虑问题、处理事务都围绕着渝怀铁路建设这个大局。

2001年10月,中铁五局二公司因为施工需要,要在原扇沱乡(后在区划调整中并入江南镇)的天星村陈家湾建施工基地,在下坝村、天星村修6条施工便道,建4个弃土碴场。所有这些都必须在1个月内完成。

面对如此紧迫的任务,扇沱乡党委政府几乎组织了全部党员干部去协调土地、搬迁群众。江南镇副镇长何斗锡说,那段时间是他们最忙的,所有周末都没有休息。一个月下来,所有参与该项工作的人员都不同程度瘦了。一位女干部事后自嘲道:铁路建设的协调工作是免费的减肥药。

在2004年渝怀铁路川维支线和化工园区专线规划建设的关键时期,区委书记凌月明、区长燕平不但积极与上级有关部门协调,还多次到现场就征地拆迁、线路走向等有关问题进行现场办公,并要求政府所有部门要为渝怀铁路建设开绿灯。

据不完全统计,渝怀铁路开工建设5年来,支铁办先后会同晏家街道(原朱家镇)、江南镇(原扇沱乡)的分管领导和支铁干部,以及区交通、国土、房管、水利、供电、教育、文物、气象、通讯、环保等部门负责人到现场100余次,协调解决了各项设施搬迁,水利、通讯、学校、电力、交通等设施的复建和水土保持、文物保护、环境保护等问题,解决了800余户村民的相关赔偿问题。

如果说党员干部的奉献是应该的,那么群众的牺牲则是更圣洁的。

位于江南的王家坝火车站土层厚达十余米,由于施工切坡和路基填筑造成地表拉裂、位移,给中湾社43户家房造成不同程度的损坏。在未采取任何救灾措施长达半年的时间里,中湾社145名受灾群众在当地政府的组织下进行简单的修缮,他们在严寒的天气下,在帐篷中度过了三个月。让人感动的是,期间没有一个人上访。后在市政府的关怀下,由市政府和渝怀总指挥部共同出资140万元,将受损户的房屋全部异地重建。

中湾社群众说,渝怀铁路是国家和人民的,不是哪个公司的。修建铁路,我们大家今后都有好处,现在作点牺牲是应该的。

正是沿线人民都具有像中湾社村民一样的胸襟、情愫,理解和支持,才避免了房屋拆迁、破损补偿、避让搬迁等制约铁路建设的瓶颈问题,才克服了土地征用、地灾损毁、耕地补偿、闭路电视、通信、电力、道路、水利等专业设施复建的困难,为渝怀铁路创造出良好的施工环境,确保了施工畅通和工程进度。

沿线党委政府和群众的支持,铁路施工单位看在眼里,反应在行动上。他们除了优质快速地修好铁路,还尽其所能帮群众修房建桥补路,为群众的生产生活提供便利条件。

原朱家镇石门村晏家湾社因修火车站要搬迁20户村民,当他们在新址上建房时,中铁五局二公司派出挖掘机、推土机等大型机械,为全体建房村民免费平场。

在扇沱乡原有一条下河路,施工单位需用此路作为码头通道。乡政府提出将此路硬化作为移民公路,中铁大桥局当即拨款10余万元进行硬化。此路建成后,当地群众向大桥局送去一面锦旗,双方关系得到进一步融洽。

2002年8月的一天,原朱家镇沙溪村姚家坝某村民家中失火。当时,村中多数村民都不在,失火者家里没有人。看到房屋突然冒烟,正在附近施工的中铁五局二公司职工迅速赶到现场灭火,避免了群众遭受更大的损失。

在建设过程中,长江大桥西岸引桥10号墩基础与当地移民公路交叉,当扇沱乡政府向施工单位提出帮助解决部分挖方问题时,施工方马上改变施工方案,将地方建设与桥梁施工统一起来,为移民公路建设提供了良好的基础……

与此同时,施工单位还保持铁道部队的良好传统,帮当地群众打扫街道、填埋垃圾、维修道路之类的事不胜枚举,受到当地居民一致好评。

绿色长廊现巴渝

铁路施工由于岸线长，其隧道、桥梁、高切坡等施工将产生大量的弃土，对沿线植被产生大面积的损坏，进而可能对沿线环境产生不小的破坏。但在渝怀铁路施工中，不但没有破坏环境，反而因为注重环保，在沿线形成了一道绿色长廊。

在风景如画的长江畔施工的大桥局和二公司，从开工伊始就高度重视环境保护工作，认真落实环保、水保措施，深受当地政府和群众的好评。

二公司的管段长度为9.39千米，共有隧道5座，施工中需要针对顺层、岩堆、软土等不良工程地质情况以及相应的地质水文、气象情况，分别采取相应工程措施进行施工。

从保护美丽的长江作为出发点，经理部领导将基本国策放在心上，以保护生态环境为宗旨，反复研究，决定以沿线民众利益为重，多用荒地，少占耕地和林地，修建了20多公里的施工便道。此举虽然增加了相应的费用，但减少了对林地的破坏。与此同时，在各开工点，经理部坚持先挡护、后弃碴，杜绝发生任何可能破坏环境的行为，避免水土流失。

在渝怀铁路长寿长江大桥建设中，施工单位首先是加强干部职工环境保护和水土保持意识，订购了有关法律法规的单行本发放至班组，通过有关会议或宣传栏进行宣传学习；在施工生产中从一点一滴做起，做到弃碴、排水规范，无尘土飞扬、污水横溢现象，打砼后的水泥袋与当地收购站联系收购，无任何丢弃现象。在全部建设过程中没有因为施工对长江造成污染。

绿色长廊现巴渝

笔者从江南、晏家两个街镇了解到，所有的施工单位为了减少污染，专门修建了垃圾站对生活垃圾进行集中处理，厕所也与当地村民商量后选址修建，并进行无害化处理。

为了让环保意识深入人心，二公司、五公司等还制作了大型宣传牌，进行有针对性的宣传，使大家意识到环保工作人人有责。

笔者实地采访时了解到，铁路路基及附属工程在填筑路基前就做好了基底处理，对于淤泥地段采取先清淤碾压再填土，软土路基段先进行软基处理后再施工填方。

在桥涵和隧道工程中，涵洞台身及涵洞流水面都采用条石镶面，涵洞盖板全部采用现浇；五座隧道除老鸦冲隧道采用正台阶法施工外，其余隧道均采用全断面开挖施工，爆破采用光面爆破技术，喷射混凝土采用湿喷技术。这样，既保证了质量，又避免了环境污染。

为了避免因施工给沿线群众留下后患，施工单位还在工程接近尾声时对有关病害进行了整治。

路基护坡芳草萋萋

王家坝车站在2002年土石方填筑过程中，因雨季及地质原因，大部分路基出现滑动，地表开裂、下沉，有些地段距离路基90米处的地表出现2～4厘米宽的裂缝。

经过地方地质部门、铁二院的多次勘探，找到了滑动的原因。2003年5月，通过设计院、建设单位、监理单位及施工单位一起变更设计方案，在原有一排约束桩的前提下再增加了19根约束桩和30套托梁桩基、桩基托梁、路肩挡墙等防护工程，避免了滑坡等地质灾害带来的环境污染。

对于隧道渗漏水等影响环境的因素，施工单位在施工完成后，邀请专家召集科技人员一起分析原因，制定措施。裂纹的产生有各方面原因：有偏压导致的，有水压力导致的，有围岩变形导致的等等。针对这一系列的原因，施工单位都相应采取了加强衬砌结构、在侧沟打眼排水释放水压力、在裂缝处凿槽埋管引水再用特殊砂浆处理表面等措施。目前，隧道表面没有渗漏水现象，以及水流形成的水土流失现象。

笔者沿渝怀铁路长寿段走了一遭后发现，沿线两边绿树葱茏，切坡和隧道口植被茂盛，映入眼中的除了绿色还是绿色，铁路简直就是一道绿色的长廊。

致富之路促发展

时任长寿区（县）支铁领导小组组长、现区人大常务副主任文竹清谈及渝怀铁路对长寿经济社会发展的意义时说道："没有渝怀铁路，就不会这么快诞生两个园区，也就没有长寿今天的社会发展和进步！"

长寿在渝长高速公路开通之后，交通优势让长寿向前跨越了一步，但没有铁路这个物流大动脉的支撑，其工业和第三产业想要有飞跃式的发展，无疑是痴人说梦。铁路作为大宗物资的运输通道，为长寿的大发展注入了兴奋剂。

作为长寿区内的龙头企业——四川维尼纶厂是最能感受到渝怀铁路好处的企业。以前，他们的产品销售都要先从水路运到江津火车站，再转由铁路出境；原料货物购进，分别从江津火车站或重庆火车西站转运到水码头，然后用船送到川维码头，再用汽车转运到厂区。这一进一出，不要说高昂的水路运费，单单是转运时所花的人工费和耽误的时间，对企业来说就是不小的成本。

川维厂一许姓负责人说，现在他们的产品和原料，就在离厂不到500米的地方上下车，既方便快捷，又省钱省力。

作为大型氯碱化工企业长化公司，其大量的产品要输送到全国各地。长化公司是长寿第一家通过渝怀铁路火车进行货物出入境的企业，该公司销售处秦姓负责人告诉笔者，长化产品主要销往中南、华东和其他沿海发达地区，以前产品外运要用汽车或轮船运到重庆，再装上火车。现在省了上重庆这一环节，运输成本至少降低10%。

笔者从长寿区支铁办获悉，在铁路建设的5年中，因为施工需要，在长寿境内就开办了采石场30个，采沙场7个，石灰场7个，餐饮和地方企业50余家，施工单位历年的消费逾1 000万元；在建设中，沿线村民从铁路上获得的劳务收入在500万元左右。

江南镇党委书记孙世才告诉笔者,原扇沱乡在渝怀铁路建设之前,只有两台小卡车,一家食店,全乡没有一家旅馆。自铁路建设开始后,江南群众自购汽车20余辆从事运输,旅馆、酒家等三产场所发展到12家。

渝怀铁路建设除了给企业发展带来机遇,给群众带去直接的现金收入外,还打破了多年的闭塞,为沿线群众带来了新的观念。

扇沱村扇沱社村民邱德英,起初是1个人给铁路建设采购石子、河沙、水泥等,后来组织了7个经纪人专门为各施工单位提供建材,年纯收入超过20万元。现在,她走出扇沱,当起了一家建材厂的销售人员。她说,没有渝怀铁路,就没有她发家致富的机会,更不可能有做销售人员直至后来当经纪人的想法。

说起渝怀铁路的好处,江南天生村陈家湾社的田小林如数家珍:以前只有分家时分得的2间土墙房,通过到铁路工地务工,5年后建起了3间一楼一底的砖瓦房。现在,从务工中学到一些技术的他,开始走出大山,到外面去打工挣钱了。

晏家石六村村民李丕,以前在家门前开一家小食店,勉强能够糊口。渝怀铁路开工后,他搬到中心火车站附近,现在办了一家物流公司,专门为车站装卸货物,开始步入小康了。

渝怀铁路为企业和群众带来直接的利益,也为长寿发展带来良好的机遇。

笔者在长寿化工园区和晏家工业园区采访时了解到,化工园区北区陈家湾变电站处,一条双向四车道的道路正在进行路沿完善。连接火车站的化北路七里山段,基础工程已接近尾声。

据化工园区开发公司董事长陈金山介绍,目前化工园区每年200万吨货物的进出量,60%左右都依靠铁路运输。渝怀铁路长寿中心站货运的开通无疑将打破这一制约企业发展的瓶颈,同时进一步彰显园区的区位交通优势,提升园区的总体竞争力。

晏家工业园区现有每年近千万吨的原材料和产品吸纳量,其主要的途径就是铁路。当渝怀铁路长寿中心火车站投运后,对入园企业和园区发展，无疑是个天大的利好消息。

"随着渝怀铁路长寿火车站运行，城区到火车站的公路已纳入城市公共交通体系。"长寿区交通局局长陈正伟介绍说，届时将形成城区、园区、车站的客运体系。

陈正伟说，根据全区"十一五"规划，将新建长寿主城区至晏家工业园区的城市干线公路，建成覆盖城市商业、行政文化、工业园等各功能区和大型社区的公共客运交通系统，形成以外环线为纽带，城市各主干道相互连接的、呈发射状的客运公交线路网络。

渝怀铁路，这条承担川渝地区往湖南、江西、福建等地区货运量一半以上的交通大动脉，不但使川渝地区与东南沿海地区的客货运输途径分别缩短270公里和550公里，还解除了沿线"老少边穷"地区多年闭塞的状况，为沿线群众带来了致富的路子。

渝怀铁路，伴随这条绿色长廊的是一路欢歌，是一路欣欣向荣。

钢轨,在我家门前延伸

张　毅

当渝怀铁路过长寿,跨长江,入涪陵,穿越崇山峻岭蜿蜒而来,在"中国榨菜之乡"的重庆市涪陵区载满货物,渡乌江,一路驶向东南的时候,这条涪陵历史上的第一条铁路,承载了几代涪陵人的梦想,如今终于迎来了它通车的时刻。回首渝怀铁路五年建设中的风风雨雨,那每一寸钢轨、每一座隧道,无不凝聚着建设者和当地政府以及支援铁路建设领导小组人员的心血、汗水和智慧,是他们的脊梁,支撑着铁轨不断向前延伸。

他们逢山凿洞,遇水架桥,在古老的巴渝大地上演绎了一曲曲令人震撼的战歌,定格成一幅幅壮美的画卷。

一个夙愿——
火车驶过家门口

自打火车从家门口经过的那一刻起,涪陵区龙桥镇沙溪村的徐大爷,似乎从中找到了一种乐趣——钢轨上发出的特殊响声,就好比远方飘来的天籁之音,竟令他如此的着迷。

这是一个美好的夙愿。

一个涪陵老人一辈子的梦想。

如今,这个梦想终于实现了。

渝怀铁路从徐大爷的家门前不远处穿过。每天,不管是通勤车还是货运车,当列车的隆隆声响起时,他几乎总会不由自主地带根小方凳,坐在离家附近的山坡上,盯着钢轨看上老半天。

拿徐大爷自己的话来说："我活了70多岁，以前还从未见过火车。这下安逸啰，在自家门口就能见到这个大家伙啦！"

"这铁路走得了好远呢？要装好多东西哟！"

说这话时，面带微笑的徐大爷那布满皱纹的眼睛痴痴地望着铁路延伸的方向……

跟徐大爷一样，那钢轨，那火车，甚至连那从远到近的"呜"声，无不牵动着涪陵百姓的心。

无论是渝怀铁路涪陵段开始建设，还是2006年1月中旬货运列车试运行，无一例外都引起了涪陵广大市民的高度关注。

打开涪陵民间创办的一家门户网站，只见"我爱涪陵"的论坛中，有关渝怀铁路的帖子数量竟然成百上千。粗略计算，涪陵网民点击阅读帖子的累计次数至少有9 000人次。时至今日，还不断有新的帖子在相关主题跟进、热议。

一大巨变——
火车一响，黄金万两

渝怀铁路在涪陵区境内全长约74公里，途经石和乡、石沱镇、蔺市镇、龙桥镇、荔枝办事处、天台乡、白涛镇、武陵山乡，设有6个客站和1个货站，另有2个企业自建的专用货场。

"渝怀铁路，使龙桥镇成了物流工业镇。"涪陵区龙桥镇党委书记黄明斌激动地如此说。

渝怀铁路在龙桥镇有17公里并设有一客一货两站，是涪陵各段中最长的一段，共计投资约10亿元。渝怀铁路通车，势必带动龙桥镇物流业以及其他相关产业的发展。

该镇属于高温高湿地区，并非农业发展最适应的地区。铁路开修后，新涪豆油公司、PTA项目、中化涪陵化工专用货场都选择在车站附近落户，"这样一来，整个镇的产业发展方向就变了。"黄明斌说，大批企业落户，增多了就业机会，仅新涪豆油公司就请了搬运工上千人，"这对当地老百姓来说，无疑是一个增加收入的好机会。"

此前，龙桥镇支柱产业仅中化涪陵化工、龙桥电厂两家，年工业产值2亿元。目前，该镇工业产值已超过30亿元，中海油油库、四川乐山等8亿元的项目正在洽谈中，

钢轨，在我家门前延伸 三

中化涪陵化工200万吨化肥基地正在加紧建设，"项目上马后，产值还会翻一番！"黄明斌非常有信心。

而涪陵区发展计划委员会副主任张毅则说："铁路还没建好，运力就饱和甚至不堪重负了。渝怀铁路虽然规模比三峡工程小，但对地方经济的拉动作用要大得多。"

在铁路建设中，一个显而易见的例子就是蒿枝坝的石子，一车就涨了20元钱，让当地人受益不浅。

外国友人考察铁路附近新兴小城镇

而家住新妙街上的农民许新国连续搬了两次家，从三间土坯房搬到了三层小洋楼。"修房的钱都是修铁路赚来的。在家门口打工，比往年到沿海打工挣钱多。"

龙桥镇北拱街上一栋三层小洋楼前，有一个醒目的招牌：北拱荣昌挂面。楼下是手工面加工作坊，压好的面整齐地挂在杆子上。洋楼旁，还有一个宽阔的场坝晒面。

面店老板方定芬以前就住在火车西站。据说她做的面在涪陵小有名气，煮第二次都不会浑汤。"以前住的都是穿逗房，要垮不垮的。手艺再好，人家都懒得来买面。"她说，"移民后，每天做400斤面都供不应求。很多人都开着小车来买面，一买就是几十斤。"如今，她月收入在2 000元左右，比从前翻了三番。"以后把面条注册，用铁路卖到湖南去。"有人为方定芬支招。

据测算，铁路在涪陵地段花了20亿元，其中至少3亿元落入了本地人腰包。涪陵人均纯收入连续三年增长了300多元，铁路建设的投入可以说占了一定的份额。

"铁路一修,稍微平整一点的地,就被那些一涌而入的企业征了。"张毅说,特别是涪陵西站附近几公里区域,前望长江背靠青山,成了商家必争之地。目前,在此落户身家上亿的企业就有5家,仅是涪陵西站的企业货运量便有160多万吨。此外,涪陵还有大宗化肥、榨菜需要运出,年货运量可达到300万吨。

"涪陵产"物流大通道变得更加便捷和畅通。2006年5月16日,涪陵当地主要新闻媒体——《巴渝都市报社》记者在位于涪陵区龙桥镇的火车西货站看到,一些工人正忙着将"娃哈哈"饮料及化肥等货物装运上车。

渝怀铁路涪陵火车货运,因其突出的运价优势和宽广的铁路网络,成为本地企业货运的首选,更使"涪陵产"物流大通道变得更加便捷和畅通。企业的产品不必再用汽车运到重庆九龙坡火车站上车,再运到全国,而是直接从涪陵上渝怀线。渝怀铁路使涪陵到上海的时间从原来的42小时缩短至30小时左右,到广州也只需20小时。

现在,涪陵平均每天有六个60吨车皮的货物,发往北京、上海、广东、广西等地。

"火车一响,黄金万两"不但是企业发展和老百姓致富的期盼,更会给当地经济、社会的发展带来前所未有的变化。

一根脊梁——
支援铁路建设者之歌

渝怀铁路的建设,是涪陵人民的又一条脱贫致富之路,是一条振兴繁荣的希望之路。

渝怀铁路涪陵段,分别由驻贵州贵阳的中铁五局集团、驻吉林长春的中铁第十三工程局、驻山西太原的中铁第十七、十二工程局和驻四川成都的中铁第二工程局及其下属的14个工程处(公司)承建。

早在2000年5月,涪陵区政府就成立了以常务副区长任组长的支援铁路建设领导小组及办公室,并在铁路经过的各乡镇也成立了支铁工作机构。

当地政府和支援铁路建设领导小组的同志们,是他们用坚实的脊梁,支撑着铁轨不断向前延伸。

钢轨，在我家门前延伸 三

掠影一：

　　涪陵区支援铁路建设领导小组在涪陵区委、区政府的领导下，他们冒严寒、顶烈日，踏遍了铁轨沿线的山山水水。他们脚踏实地，埋头苦干，重实际，务实事，求实效，扎扎实实地开展了各项协调服务工作。

　　在铁路建设初期，沿线有少数农民对工程建设不理解，给征地工作造成了难度。涪陵区支援铁路建设领导小组和当地政府负责人一道，每家每户上门做工作。5年里，在长达几十里的工程施工中，只要哪里出现矛盾、纠纷，支援铁路建设领导小组人员总是第一个赶到现场排解。是他们辛勤的付出，工程建设才得以顺利推进。

　　同时，涪陵区政府还出台文件，统一认识，理顺关系，明确要求，调整充实领导小组成员，明确领导小组的职责，为渝怀铁路涪陵段的建设工作创造了良好宽松的环境。

　　铁路沿线各乡镇按照涪陵区政府的安排，还主动为铁路建设单位让出办公室、厨房等，通过积极动员、广泛宣传，使支铁工作深入人心、家喻户晓。

外国友人访问铁路搬迁居民

掠影二：

　　征地拆迁工作是支援铁路建设的重要内容，政策性强、时间紧、任务重、涉及面广，下设在支铁领导小组的涪陵区渝怀铁路

279

征地拆迁办公室规范了征地拆迁工作，依法、及时征用土地，为确保铁路建设单位的用地需要奠定了基础。

涪陵区龙桥镇党委书记黄明斌说，在涪陵区支铁办的领导下，龙桥镇为建铁路共迁移310户860人，没有一户是强迁的。

掠影三：

由于渝怀铁路涪陵段地形、地质条件复杂，水土流失、滑坡等现象较为严重，特别是线路沿乌江岸边穿行于崇山峻岭之间，工程艰巨，使得铁路沿线的生态环境尤为脆弱。

涪陵区支铁办和环保、水保、林业、矿管等相关部门，积极以主人翁的姿态，把涪陵段的生态环境管理当成自己的事来办。

中铁二局白沙沱隧道弃土场需办理环保手续，涪陵区环保局上午看了现场，下午便把环保选址意见拿了出来，保证了工程建设的顺利进行。

加强现场管理，严格依法办事。如龙桥镇隧道弃土场出现挡土墙滞后的问题，涪陵区支铁办和环保部门现场检查发现后，施工单位迅速建好了挡土墙。

同时，渝怀铁路涪陵段各施工单位均重视生态环境的保护工作。在风景如画的乌江上修桥，最担心的就是污染。涪陵段有座被称为"乌江第一跨"的乌江铁路桥，建桥时，施工单位专门为此修建了70多个倒碴场，未向乌江倾倒一方土石。

彭水山乡唱新歌

刘明平

彭水"地铁"

渝怀铁路彭水段，长 68 公里，投资 24 亿元。一节短短铁道，穿越 21 座隧道，跨过 19 座桥梁，87 座涵洞。桥、隧、涵长达 54.59 公里，占线路总长 80%。其中，最长的彭水隧道达 9 028 米，其他在 3～7 公里以上的隧道就有 7 座之多。而且埋深都在 200 至 500 米以上，人们无不惊奇和感叹，这是一条只有车站才出露地面的"地铁"。为建这条"地铁"，路地共同挥汗洒血，联手拼搏。

如今，这条"地铁"终于建成通车，在彭水大地上也留下了许多佳话。

乡情路歌

5 年前的元宵，5 个铁路指挥部，15 个施工项目单位的领导、专家、骨干，一齐在大山深处，安营扎寨。这年县城灯火格外明亮。彭水宾馆列阵的乐队、鼓队，队队精神饱满，鼓声、锣声，声震云霄；路灯、街灯、霓红灯、摄影灯，照得宾馆里里外外、上上下下灯火通明，人人脸上绽放出的喜悦与激动更似朵朵鲜花。

盛大的元宵晚宴上，县委书记举起酒杯，在欢迎和祝福铁路大军时说："彭水人民是铁路的主人，纵有重重困难，也要披荆斩棘，至始不渝与'铁军'一道，创造优良的建设环境，保证铁路按时建成通车。"

铁路施工队伍与驻地群众共庆建党八十周年

这一夜，修路人醉了，盼路人也醉了！

同年，五·一国际劳动节，全国人大代表、全国劳动模范、全国优秀党支部书记钱书远，听说县委、人大、政府、政协要组织文工团、山歌队和机关团体合唱队去彭水名镇保家楼慰问铁路大军，他从70公里外的黄荆村，杀了一头猪，宰了一头羊，装了一车山货，送到了铁路慰问现场。这一天，铁路沿线乡镇的群众都同铁路大军一起唱响了《铁路修进苗家土寨》这首县文工团自己编写的歌曲。

这年"七一"，彭水为庆祝党的生日和铁路修建，特意邀来重庆市歌舞团在县城一个万人广场上演出。消息一下传遍彭水乡寨村落，数万人从四面八方赶来。结果，道路堵了，街道堵了，演出现场堵了，真是一个从未有过的人如潮涌的场面。

这年岁末，评选10个外籍彭水优秀公民。消息公布后，铁路建设单位一下推荐了50人参评，争当彭水公民。经初步核实，铁路单位进场后，当年共向学校、农村捐水泥108吨，修路10条，捐赠学生书籍、文体用具折合人民币5万元，供贫困家庭子女上学、病人看病2万元。中铁十七局四处渝怀项目部全体员工，听说汉葭镇有个学生考上大学，因父母双双下岗，母亲患病而无法上学的消息后，每个员工自发出资 100～200 元，共筹资金 10 500 元，解除了这个学生当年的入学困窘。

拆房迁坟

2001 年元宵刚过，承担彭水隧道重点工程任务的中铁十八局三处渝怀项目部，便要求县支铁办、县国土房管局支持他们开工。而且还要请中央电视台记者来报道他们放响"渝怀铁路线上开工第一炮"的壮举。当时，征地拆迁房屋政策还未敲定，而且开工地点就有两幢民房。是强行拆、动员拆，还是农民心甘情愿自觉拆？第三天，我们去现场，既未动员，也未说服，两幢房子不见了，现场的炮声也响了。问起原因，这两户人回答："还怕政府拆房不给钱吗？我先拆了早点修路，以后政策出台兑现就行了。"三个月过去了，征地拆迁文件下了，补偿资金发到了他们手中。

高谷陈家村铁路修建路段上有几十座坟墓需要迁走。国土部门按一坟 250 元标准补给农民迁坟，但农民坚持不迁。承担施工任务的中铁十九局和县支铁办的工作人员一起上门做工作。通过走访、调查终于找到了问题的症结：坟主怕迁坟动了"龙脉"，坏了"风水"，灾难降临后人。路地工作人员尊重民族风俗，买来香烛、纸钱和鞭炮，逐户动员坟主："迁坟时先给你们祖宗烧钱化纸，上香，照烛，请他们让出宝地，给子孙修铁路。"坟主纷纷应允。之后，他们不要补钱，不要磕头，只要祭品就把坟迁了。被感动的工作人员，每迁一坟，仍亲临现场，祭扫"神灵"。

拆房后的铁路拆迁户住进了破旧、低矮、潮湿的临时过渡房，而重新凿基造

铁路施工单位负责人走访群众

屋,建好新房,短要三月,长则一年半载,过渡的日子真是难熬。

高谷有个四口之家的铁路拆迁户,自2001年4月住进过渡房后,两个女儿就挤一张床。过渡补偿费仅有800元,但他不找铁路,不找政府,买些旧房料就在自留地上搭建了两间过渡房。墙是破木板,瓦是牛毛毡,柱是粗木棍。8个月后新房才建起。问起那段时日,他说:"我无怨无悔。虽然失去了许多,但也得到了许多。我现在建了两楼一底的钢筋水泥结构新房,并有两间店铺,每年租金近万元。女儿还有了单独的书房。等铁路通了,我还要亲自送她们坐火车去读大学。"

新房新街

高谷火车站建在乌江边上的陈家村。过去,从陈家村到高谷场镇的路段上不过二三十户人家。而今,修建的一栋挨一栋的新房,一直连到了高谷场镇。五年间,等于又造了一个新高谷。

保家楼火车站也建在离场镇3公里的地方。铁路开工后,县委、县政府就开始想法把场镇和火车站连起来,并请来铁路单位的专家当参谋,设计规划了一条3公里长、12米宽的新街,从场镇一直连到火车站。如今,铁路通了,新街也建起来了,现在的街道,虽然还不繁华,但二三年内,一定会有模有样。山西有家生产硫酸钡产品的企业,几年前就知道彭水莹石、重晶石等矿藏丰富,一直因交通运输条件差,不敢轻率闯入。火车一通,这家企业就在保家楼火车站旁边,破土动工建一个产值超过5 000万元的工厂。目前,厂区已经平整,水、电、路指日可通。预计年底就能投入生产。县委、县政府看到这种发展趋势,已决定紧靠保家楼火车站规划一个3平方公里的工业发展园区,并开始先行基础设施建设,依托铁路,筑巢引凤。

便道便桥

渝怀铁路彭水、黔江、酉阳是渝怀线上地质最复杂、道路最崎岖、施工最困难的路段,彭水则比黔江、酉阳更为艰险。

干溪沟火车站,地处深山大峡谷。施工"铁军"绕山峰,跨峡谷,分别修了3条5公里长的施工便道,才将车站建在了这个"猿猱欲渡愁攀援"的地方。施工也使这里三乡

彭水山乡唱新歌 三

八里的村民有了出山之道。

郁江河峡长数十里，谷深数十丈，水流湍急。河西凤鸣、长滩两乡十村数万人赶集走镇要渡船绕道才上路。铁路开工后，施工单位先在河西修了施工便道十几里，又花 200 万元在郁江河道上架起一座能通过重载汽车的铁索桥。在满足施工要求的同时，又方便了人们出行。中央电视台、重庆电视台曾经报道这是一座便民桥、富民桥、连心桥。

彭水 60 多公里长的铁路线，穿山越岭，直连东西。但弯来拐去的施工便道却连通了彭水 7 个乡镇、近 100 个村民小组。铁路建起了，施工大军离开了，但是至少有 80 公里长的公路留在了乌、

郁两江的山头岸边，留给了苗家土寨。这些路是贫困水乡群众通向社会主义新农村的希望之路。

借路发财

彭水是个国家级贫困县，但也是个劳务输出大县，每年有10多万人外出打工。铁路开工后，成千上万青年男女回流家乡，走进了铁路大军以及为修路服务的各行各业。五年间，本地乡民中也出了不少老板"商贾"。

保家有个村民，名叫代其书，苗族汉子，三十开外，曾任村民小组组长。因种田入不敷出，丢下"村官"南下广东。2001年，转家乡，包得挖方、砌坡等工程，每年收入至少10万元。他建了楼房，购买了彩电、冰箱、空调等现代生活用品。2006年1月15日，列车开通营运之日，他又去重庆购买了"北京现代"轿车一辆，并在当日驾起它沿铁路走向的柏油公路赶回了老家。这是铁路建设创造的一个打工仔的神话。

心连心　心相印

王玉忠

（一）

"黔江人硬是'凶'，铁路都掰个弯弓弓！"

这句顺口溜说的是渝怀铁路建设中的一个"怪"现象：谁都知道两点之间直线最短，可渝怀铁路偏偏走了个曲线，在重庆市黔江区多花了3亿元，拐了一个"弯"。

"公路犹如鸡肠带，坐车没有走路快，电报要用汽车载，要打长途跑省外。"的确，曾经生活在这样一个环境中的黔江50万土家、苗、汉儿女太需要这条铁路了。与渝怀铁路接轨，是他们多年以来梦寐以求的事。最终，靠着他们精诚所至、金石为开的精神，费尽九牛二虎之力，将原来走直线的渝怀铁路硬生生拉出一个弯，让梦想成真了。而渝怀铁路的这个拐弯，也给黔江带来了巨大的"拐弯效应"，现在，所有正在建设的交通要道都在跟着渝怀铁路拐弯，黔江从原来交通极度落后的地区正在变为渝东南的交通枢纽。

2005年4月6日，渝怀铁路的最后一块枕木在黔江区正阳镇落下，标志着渝怀铁路胜利接轨。2006年1月15日，渝怀铁路货运开通，从此，来来往往的列车就像沸腾滚滚的热血，流淌在武陵山区，把黔江带入了一个全新的时代。

（二）

2000年12月16日，是黔江人民永远也不会忘记的日子。这天,彩旗飘飞,鞭炮齐鸣,渝怀铁路全线开工了,那时,黔江人热血在奔涌,黔江人的激情在澎湃,他们奔走相告:黔江也终于可以有铁路了!制约经济发展的交通"瓶颈"从此将被打破!

当浩浩荡荡的铁路建设大军开进这里的时候,黔江区委、区政府早已向全区人民发出了号召,要像解放战争时期支援前线那样支援我们的铁路建设,为铁路建设者提供好的建设和生活环境,尽我们最大的努力为他们排忧解难,齐心协力把造福黔江人民的铁路建设好。于是,一股股支援铁路建设的热潮铺天盖地而来,在武陵山区的大山深处谱写了一曲曲激荡人心的支铁壮歌。

事实上,还在铁路勘察之时,黔江人民就对渝怀铁路倾注了极大的热情。那是1999年的10月16日,听说铁道部副部长孙永福来黔江调研了,黔江区正阳镇近万名各族群众,带着花生、核桃等土特产,冒着绵绵秋雨,聚集到拟建渝怀铁路黔江站附近的田边地角,敲锣打鼓,载歌载舞,以土家族、苗族最高的礼仪迎接孙永福一行的到来。当孙永福一行走入人群中,各寨子选出的白发老人向孙永福呈上他们致党中央和国务院的信和万人签名盼望铁路早日开工建设的横幅。当孙永福走进一徐姓土家族农民的家,问及主人支持不支持铁路建设时,这位土家汉子毫不犹豫地说:"要人我就上,要地我就让。"

一位老铁路专家回忆起当年在黔江考察的情景时仍感动不已。听说铁路专家要来村寨的消息,黔江的老百姓像当年欢迎红军一样欢迎他们的到来。这一天,土家苗寨的乡亲们早早起床,煮好鸡蛋,蒸好粑粑,老老少少排着队,敲锣打鼓地在村口迎接考察队伍。"有一位70多岁的老太太捏着鸡蛋硬往我怀里塞。"老专家说,"若是让老区人民失去了铁路带动致富的机会,那将有违天地良心。"

(三)

黔江人既然能把铁路"掰弯",这就表明了他们对铁路的热爱和期盼。看着好不容易争来的机遇,他们能不好好珍惜?早在2000年上半年,黔江区委、区政府就成立了以时任区委副书记、区长,现任区委书记刘学普为组长、区直15个有关部门负责人为成员的支援渝怀铁路建设领导小组,下设办公室,专门负责铁路建设的有关协调工作。铁路沿线各乡镇也分别成立专门机构,从全区抽调了100余名精干人员从事支援铁路建设工作。

　　同时，区委、区政府明确提出各级各部门要在通力配合、为铁路建设单位搞好服务的同时，努力争取"建材就地化、劳动力就地化、建设资金就地化、后勤保障就地化"，确保服务到位、拉动到位、发展到位。各部门要围绕铁路建设深入调研，结合实际，超前规划，切实做好经济发展这篇大文章。渝怀铁路黔江段正式动工后，又迅速作出了"铁路建设所涉地方事项一般问题在3个工作日内解决，重大问题在5个工作日内协调落实"的支铁承诺，努力营造宽松的建设环境，力争早日建成。

（四）

　　这是一条黔江人民企盼了近百年的交通大动脉，这是一条能让黔江从此走向富裕的金光大道。当一声开工令下，地处武陵山

2001年2月召开重庆市支援铁路建设动员大会

1　2002年8月在武隆召开重庆市支援铁路工作会议。此种会议每年都要举行

2　2001年7月重庆市支铁办、渝怀总指联合召开重庆市渝怀铁路物资供需信息交流会议，供需各方企业踊跃参会

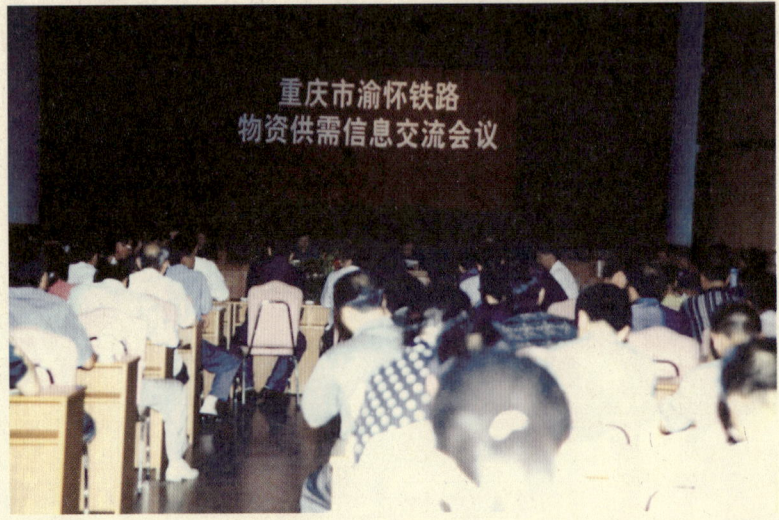

1
2

心连心 心相印 三

$\frac{1}{2}$

1　参加渝怀铁路物资供需信息交流会议的企业代表在交换资料

2　市政府召开新闻通气会，请渝怀总指介绍渝怀铁路建设进展情况

291

区的黔江就一下子就沸腾了,从区领导到部门负责人,从机关干部到一般群众,都投入到了支援铁路建设的大军之中。刘学普、刘作禄、石小川、陈登榜等黔江区领导多次深入建设工地看望慰问铁路建设者,了解他们的生活、住宿、娱乐等情况,并要求全区各级部门全力以赴,支援铁路建设。

浩浩荡荡的建设大军和支铁大军,在茫茫的武陵山区绘就着世纪的交通蓝图。可以说,哪里有建设大军,哪里就有我们的支铁人员。在黔江区支援铁路建设领导办公室,人们忙碌的身影穿梭在前线指挥部里,为保证铁路建设的顺利推进,他们深入开展铁路沿线社会治安综合治理,全力协调和排解在铁路建设中出现的各种矛盾和纠纷,彻底解决阻工问题,营造和保持了全区铁路建设良好的施工环境。在路地纠纷的协调过程中,黔江的支铁人员们始终把握:既要保证渝怀铁路工程建设的顺利推进,又要维护当地群众的切身利益,加大统筹力度,创新工作方法,硬是把无数的矛盾化解得无影无踪。

从2000年开始的几年时间里,黔江区各级支铁组织始终把处理日常矛盾、纠纷化解、营造良好的施工环境作为工作的重点,得到了境内各路建设大军的高度评价。他们穿行在渝怀铁路各建设工地,不分白天黑夜,也不在乎日晒雨淋,发现问题及时调处,确保了渝怀铁路的顺利建设。

(五)

路地共建,文明花开。几年来,铁路建设大军顽强拼搏,克服了施工难度大、生活条件艰苦等困难,保证了黔江境内各项工程的顺利推进。同时,黔江各级支铁组织、服务部门、沿线地方政府注重加强与铁路建设者联系,做到支持与拉动结合,服务与发展并重,确保实现路地双赢。为此,区委、区政府多次召开会议要求,全区各级支铁组织、全体支铁工作人员和各级部门必须要有清醒的认识,切实增强支铁工作的整体推进,并全力做好节日期间的慰问工作和铁路施工的保障协调工作。各级各部门要真心实意地支持铁路建设,尽可能地为铁路建设排忧解难。

路基在建设者们的脚下延伸,巨龙在武陵山脉中逐渐显现。随着工程的顺利推进,越来越多的建设大军涌向黔江这片红色的土地,他们需要生活,他们需要娱乐,同样,他们也需要求医问药。对此,黔江中心医院向建设者们承诺,医院将尽最大努力,为施工一线建设者的身体健康和生命安全提供最优质的服务,凡是铁路建设者来院就医的,医院将采用先进的医疗设备,调集医术精湛的医生,及时准确地为他们治疗,同时在收费上予以最大限度的优惠。医院还决定做好院外服务,定期组织医疗队深入工地,开展义诊活动。

黔江卷烟厂也积极支持渝怀铁路的建设。他们组织开展了支铁慰问演出,把一个个精彩的文艺节目送到建设工地,与建设者们联欢,并为建设者们送去了香烟、矿泉水等,把全区干部职工的关爱送给了建设者。

沙坝隧道是渝怀铁路十大控制工程之一。由于当地远离城镇,交通、通讯、生活条件极差,沙坝乡党委、政府在施工单位到来之前就安排政府食堂工作人员要竭尽全力保障施工人员的吃饭问题,在开工建设后,又把唯一一部电话让给施工单位使用,还腾出9间住房,无偿提供给施工人员使用5年。

铁路沿线各地方政府、村级组织也积极行动起来,努力为铁路建设营造良好环境。原正阳乡群力村的文书陈坤元,为了铁路建设,几乎忘了自己的家。他整天奔走在群力村的铁路施工段上,解决铁路施工过程中遇到的一些如征地、补偿之类的问题,被铁路建设者们誉为"铁路文书"。在寒冷的大冬天,他毫不犹豫地腾出自己家的砖木结构新房,让给铁路建设者住。由于铁路工程指挥部距正阳乡政府较远,打个电话来回要跑40多分钟,陈坤元就拿出500元安了一部电话方便建设者。工人们都说:"陈文书想得太周到了。"

(六)

逶迤的武陵山脉作证,清澈的阿蓬江水作证,西部大开发重点工程渝怀铁路经过4年多时间的建设,于2005年4月6日在重庆黔江的正阳镇顺利接轨了。那一时刻,铁路建设者们欣喜若狂,黔江的全体支铁人员们欣喜若狂,黔江50万各族儿女更是欣喜若狂。

　　这是全体建设者鲜血和汗水的结晶,这是全体支铁人员辛勤努力的回报。铁路通了,火车开了,可我们的支铁人员们还依然奋战在铁路沿线,以铁路建设占用临时用地为重点,积极稳妥地处理铁路建设的各种遗留问题。同时,积极配合渝怀铁路总指和成都铁路局,按照区委、区政府的要求,开展铁路运输安全知识宣传,确保人民生命财产安全。

　　火车一响,黄金万两,可让沿线包括黔江在内的70余个城镇、1 300余万人受益的渝怀铁路带来的财富又岂止万两黄金？我们期待着,在不久的将来,多花了3亿元拐的一个弯,能使黔江这个山区小城一鸣惊人。

支铁模范田秀兰

张纪平　赖学军

在渝怀铁路建设工地，许多群众积极主动支持铁路建设，田秀兰就是其中之一。

田秀兰家住青冈乡长岭村6组。2001年春节前，担负渝怀铁路施工任务的中铁一局五公司20多名职工来这里建点。她见大家没地方住，便主动腾出自己的3间住房，把大家接进了她的家，连自己平时舍不得盖的4床新棉被也从柜子里抱了出来。

提起田秀兰，在她家住过的职工没有不夸她的。自从工人们住进她家，她便把大家的吃穿住全包了，照顾得比在自己家里人还周到。早上一起床，田秀兰便为大家准备好了洗脸水，晚上回来，她又端上一盆盆泡脚用的热水。

建点修便道是最艰苦的工作，工人们起早贪黑在工地上奔忙，晴天一身汗，雨天一身泥，有时晚上下班时，一个个都变成了"泥人"。田秀兰看在眼里，痛在心里，主动为大家义务洗衣服。20多人的脏衣服，每天都是一大堆。可田秀兰从不马虎，洗得特别认真。一次，她在河边洗衣服，挖掘机在上游修便道，不小心将河水给搅浑了，她就背着衣服又走了100多米，在河水清澈的地方重洗了一遍。

由于便道没有修好，各种物资要靠肩挑背扛，时常供应不上，田秀兰便主动帮着去背。一次，中饭刚做好，液化气便没了，正在炊事员着急的时候，田秀兰知道了，放下手中的农活，背起空气罐就下了山。从她家到乡上有几公里的山道，十分难走。由于走路太急，不小心脚踝也扭伤了。望着一瘸一拐的她，大家真不知说啥好，可她笑笑说："你们是给我们修幸福路来的，是来帮我们致富的，你们都不怕苦，我受这点伤算么子？"

　　田秀兰关心铁路建设，支持铁路建设。铁路建设也确确实实给她家带来了实惠。她家住的地方叫半河沟，是在一条大山沟里。这里过去只有一条羊肠小道，上县城要走十几公里山路，然后再搭汽车，若是沟里发水，要翻几座大山，那就更远了。而今，公路便道经过她家门口，她也开始做起了生意，每个月都要进城三五趟。她丈夫也在铁路上打小工，还帮搬迁户修房子，也得到了可观的收入。

金洞农民有奔头

冉家祥

牛生意做得有滋有味的陆军改行了。他而今在铁路基建工地上干出渣工程。

陆军38岁,金洞乡升旗村3组人。早年走上生意道,陆军是个路路通,挣了个衣食丰足。他的改行是从渝怀铁路建设者进驻村里开始的,走南闯北的他看到家门口发生了魔术般的变化。

家门口那条村道,圆了他们祖祖辈辈的愿望,但滑坡的威胁让他们很少听到车轮碾过的声音。铁路建设者进山,十天呼啦修通便道,滑坡处也治理得固若金汤。

陆军于是组织附近青壮年成立工程队,干起了工程。

谭女士和男友在新疆打工,被父亲的电话催了回来,在工地旁依壁开了家店,经营矿泉水、香烟、副食,工地灯火昼夜不息,就有顾客络绎而来。据了解,金洞的各施工点有30余家小卖部。

"最繁荣的要数个体运输。"个体运输户何然说,他与妻子在外打了8年工,算是个处处会找财源的老江湖。去年春节回家知道铁路从老家过,就在外停了工作学了驾驶技术。小何将历年积蓄都投入了,与人合修三间平房,然后以房租折抵,妻子开了个店,自己吆起了车。

中铁十六局韩秦生部长称,他们足迹遍及全国,热情最盛的还数金洞人民。老百姓的地被

施工便道

征用后，都自觉砍掉青绿的蔬菜作物，至今为止，未出现过工程机械遭破坏和材料失窃的现象。

"老百姓好，我们要回报。"韩说，他们都用金洞籍民工，让他们修建附属工程、干运输、打砂石，开工伊始，就有500余人在工地上干活，这在他们的工作历程中是绝无仅有的。据施工段董家富介绍，前几个月，就向工人发了近50万元工资。

乡党委副书记黄朝江称，金洞乡现已涌现20台新车，132个个体工商户，他们都是农民。乡财政年增收10万余元。金洞百姓的热情、勤劳、质朴，铁路建设者已经公认。随着铁路的开通，金洞百姓会有更多的"改行跳槽"机会。

金洞隧道　9 105米

把百姓利益挂心间

曾素芳　陈去富　曾　棣

前些日子伏旱高温，家住濯水镇柑家村的孙书生、冯本刚等农户感觉与往年十分不一样。以往遇到这样的天气，他们就会为人畜饮水发愁，为了挑一担水往往要走很长时间的路。如今他们却可以依赖在此修建渝怀铁路的中铁十五局四处修建的高位水池安心度过伏旱。为此他们十分感激铁路大军为当地百姓办的这件大好事。

中铁十五局四处承建渝怀铁路濯水段9.484公里，地跨一镇八村，包括10座桥梁、25座涵洞、3座隧道以及1个中间站（即柑家坝车站）。他们从进驻那一天起就把百姓利益挂在心间，致力于建好一条路，富裕一方百姓。他们在修柑家坝车站时，工人生活及工程施工都需要用水，可是施工现场却处在半山腰上，很难找到足够的水源，他们只好抽取阿蓬江水为工程所用。当他们得知车站附近的柑家村三、四两组居民人畜饮水困难时，毫不犹豫地答应把水池位置提高10余米，并投资4万余元建了一座规格较高的长期饮水池，用水泵把阿蓬江之水抽到高位水池中，经过沉淀过滤消毒，再引到周围的群众家中。这样既解决了施工用水，又解决了附近数十户近200人的饮水难问题。采访中，记者还了解到，中铁十五局四处此举并不是短期行为，他们打算建好渝怀铁路离开驻地时，一并把价值不菲的抽水设备赠送给村委会供村民继续使用。

铁路建好了，铁路沿线的生态环境也遭到不同程度的破坏，这是过去修铁路的一个常见问题。渝怀铁路建设指挥部提出要建环保铁路的要求，中铁十五局四处在自己所承建的路段认真执

施工单位为当地百姓修的便桥

行这一要求。濯水是我区著名的柑橘之乡,许多柑橘地被渝怀铁路征用。据了解,他们除了按政策要求对农户给予补偿外,还建议和帮助农户移栽柑橘苗,争取移栽成活收成不受太大影响。该处办公室主任张富强同志告诉记者:"这是农民几十年培养起来的致富树,我们虽然向农民给了补偿,但砍掉它们仍然觉得十分可惜,何不挖出来让农民移栽出去,多一份收入呢!"除了保护好当地已有绿化树外,他们还在铁路沿线的护墙土坡上种上适宜水土保持的多年生草种,目前已绿化完300多米长的路段,以便绿化铁路沿线,改善生态环境。他们还请来西南农大的教授研究沿线的环保问题,采取必要的如光面爆破等措施保护生态环境。

中铁十五局四处承建渝怀铁路不到10公里,就遇到了5公里软土膨胀地基,还有一些隧洞内的复杂地质。这是他们始料未及的。软土膨胀地基地质是由块状石加页岩组成,晴天地基坚硬如铁,雨天又是稀泥滑坡，不时还会碰到地下涌水。这种地质结构在濯水镇三门村段尤为突出，有100多米路基是多年积成的滑坡地带。他们采取骨架护坡和抗滑桩等施工技术防滑，安装排水系统解决地下涌水，设计清淤方案进行大量清淤。为了保证工程质量，他们不惜投入，打坑滑桩时最深挖到18米，有部分深15米。为了保证滑坡地带附近群众的长久安全，切实维护他们的利益，中铁十五局四处把三门村一、二两组47户农户纳入铁路征地搬迁，投入120多万元帮助这些农户在国道319沿线建起了崭新的房子，过上了安全幸福的生活。采访中记者看到冉光安、冉光钱等农户已住进了沿公路线的新居。

　　三门村小学也长年坐落在滑坡地附近，为了200多名孩子的安全，该处又拿出5万元钱搬迁三门村小学，为孩子们建新教室，让他们在安全舒适的环境中学习。中铁十五局四处还热心于资助贫困大学生上学，去年从区人民中学毕业考入西南农业大学的曾召鸿，因家庭贫困无法上学。该处了解到情况后，由团委组织全体职工为曾捐助学费5 000元，使他顺利地迈进了大学校门。

秀山县苗族群众到
铁路建设工地拜年

利剑戳穿"副指挥长"的真面目
——黔江警方侦破渝怀铁路诈骗案纪实

张建国

黔城，有人发包铁路工程

2000年12月，渝怀铁路将在本月底开工的喜讯传来，黔江区49万人民欢欣鼓舞！

12月12日11时30分许，一封匿名举报信摆在了区公安局政委兼局长江凌的案头。举报信称："暂住在黔江城区全兴旅社202号房间的叫雷鸿基的人，自称是成都宏业建筑有限公司法人代表，受铁道部十五工程局委托发包渝怀铁路酉阳段工程，已有人与其签订合同，雷收进场编队费达数十万元……"

看完来信，江政委的心情一下子变得沉重起来，匿名信举报的内容涉及国家西部大开发的重点工程项目之一，作为肩负打击犯罪、服务西部大开发重任的公安机关，及时查明事实真相，负有义不容辞的责任。他随即提笔批示：请刑警支队立即安排力量，由孙文羽同志负责，开展排查工作，核查雷鸿基的真实身份、资格及有关证件，专案组随后成立。

密探，明查细访初显端倪

是日中午，身着便衣的民警王贞隆和李永久来到全兴旅社202号房，这是一间双人间客房。一眼望去，木门上张贴着一张书有"成都宏业建筑有限公司临时办公室"的纸标牌。

"梆、梆、梆……"敲门许久，室内仍无人应答。民警便找到旅社老板，亮明身份后询问该办公室人员的下落。老板回答："两天前他们已经外出，不知道到哪里去了，有

利剑戳穿"副指挥长"的真面目 三

好几个人来签合同都没找到。"并提供了该办公室此前几个男、女办事员近期内也未见踪影的情况。民警称有事要找该办公室的人，一旦有消息请立即通知他们，老板点头同意。

由此看来，与雷正面接触的方案暂无法实现，雷的去向不明，必须尽快查明雷的下落，了解工程发包情况。

随后，孙文羽和王贞隆从区支援渝怀铁路办公室了解到的该工程尚未进入招标阶段的情况，进一步证明了雷鸿基有诈骗犯罪的重大嫌疑。民警又马不停蹄地来到区交通局宿舍，找到举报信中涉及到的该局某退休干部，调查其参与介绍他人与雷签订合同上当受骗的情况。其陈述：今年11月的一天，通过朋友邓某介绍与雷鸿基相识，先后从雷处见到所持有的铁道部第十五工程局聘任雷鸿基为该局第二工程指挥部副指挥长的《聘请书》，以及渝怀铁路酉阳施工段工程招标的有关文件，见到雷持有加盖"公章"的"红头文件"，又获知雷已与重庆、万州、涪陵、黔江等地建筑队签订了《工程承包合同》。于是，他也深信不疑，并分别介绍了重庆、南川、涪陵以及福建等地的多家建筑队与雷签订了承包渝怀铁路酉阳段建设工程合同。自己也与他人合伙与雷签订了两千万元的工程合同，并交纳了3万元的"进场编队费"。民警通过调查获悉，雷鸿基已于12月10日前往重庆，通过查获雷的手机号码，便以"准备交30余万元的编队费，请速回黔签订合同"为名拨通了电话，雷在电话中掩饰不住内心的激动，连说："等到起，我14号就回黔江。"

13日晚9时许，群众反映涉案人员邓某已回到雷的办公室，侦查员立即前往将邓传唤回局审查。经审理查明：邓与雷是老乡，曾在雷任供销社主任时干过商贸公司业务员。2000年7月的一天，邓与雷偶然重逢，雷了解到对方在从事个体建筑后，对其大肆吹嘘自己在发包铁路工程，并出示伪造的有关文件复印件及《聘请书》，骗取了邓的信任。后邓不仅与亲戚合伙找雷签了承包3千万元工程的合同，交了10万元编队费，还与其同吃同住，多次持雷提供的伪造文件、《聘请书》为其宣传和充当中介人。

初查情况及时反馈后，局党组经研究决定成立雷鸿基系列特大诈骗案件专案组，并要求及时抓获犯罪嫌疑人，迅速查清全案，尽最大努力追回被骗的赃款。

一张大网在黔城悄然撒开……

智捕，"副指挥长"束手就擒

12月14日，一个上午平静地过去了。随着时间的推移，侦查员们越来越感觉到焦虑不安。凭以往跟诈骗犯罪分子多次"打交道"的经验，这种人一般具有狡诈、多变等特点。雷是否会如期返黔？谁也拿不准。

"嘀嘀嘀……"时针指向下午2时，王贞隆腰间的传呼机响起，他拨通电话后，里面传来急促的声音："你们要找的人中午回来了，现在黔州宾馆楼下某发廊……"接此线索后，等候多时的孙文羽、王贞隆、李永久、尤力4人，迅速发动早已停放在区局大院一辆挂有民用牌照的小车，向黔州宾馆方向驶去。

不到5分钟，小车悄然停在距发廊30余米远的路侧。大家下车，故意有说有笑地走进发廊。发廊装潢精致，外间有近20平方米的面积，两名中年男人正在剪发。里间还有几个小按摩室，室内的男人谁是雷鸿基？大家都不认识。

洗头的李永久主动与服务小姐攀谈起来。"你们老板姓哪样？"李问道。"姓雷。"小姐边洗边回答。"是哪里的人呢？""是彭水的。""咦！我们还是老乡呢！那他在不在？"李紧接着问。"在里头。"小姐边回答边向里面喊："雷老板，你的老乡，在这里！"从里间走出一位衣着考究，40余岁的中年男子，面带笑容，随手掏出一包香烟。一边向刚洗完头的李永久递烟，一边问道："你是彭水哪里的？"李以前对桑拓的情况较为熟悉，便接过烟称是桑拓的，并问其在黔江主要做什么事，雷称在经营建筑工程。李随即与其攀谈起来。

雷老板是否就是要找的雷鸿基？为核实准确，王、尤二人起身走出门外，来到隐蔽处拨通全兴旅社老板的电话，请其立即以"有人来交款，速回办公室"为名，拨打雷鸿基的手机，进一步核实，"嘟嘟……"正与"老乡"谈得火热的雷老板手机骤然响起，他接通电话听了一会儿说："……我才回来，叫他们明天再来，我今天不回办公室。""就是他！"

"请君入瓮"，几名民警简要商议后定了行动方案，李永久走到发廊门前高声喊道：

利剑戳穿"副指挥长"的真面目 三

"老乡,出外面来吹(牛)!"雷不防有诈,走了出来,李当即上前用右手亲热地攀住其肩膀,拥着其往小车前走,一边说:"来来来,有事情给你说一下。"走到车门前,李用左手掏出警官证,以威严不可抗拒的语气,低声道:"我们是公安局的,有事情要找你了解,请你跟我们走一趟!"正在夸夸其谈的雷霎时头脑一片空白,他万万没有想到这位"老乡"竟是警察,自己随时担忧的一天终于提前来临。

深挖,穷追不舍力挽损失

下午3时许,初审在刑警支队办公室展开。

侦查员开门见山地讯问:"雷鸿基,为什么把你请到公安局来,你心里应该最清楚!"耷拉着头的雷不敢面对侦查员如炬的目光,其脸色铁青,神情木然,大口大口地吸着烟。不难看出,其内心正在进行着激烈的思想斗争。

"雷鸿基,你以成都宏业建筑有限公司的名义,在黔江与建筑工程队签订渝怀铁路酉阳施工段的工程承包合同一事,究竟是真的还是假的?你必须说清楚!"听到严厉的讯问,雷抖落了手中香烟上长长的烟灰,长长地叹了一口气,"唉……"随后有气无力地交代:"是假的。""你所持有的铁道部第十五工程局的有关渝怀铁路酉阳施工段方面的文件,是真的还是假的?""是假的。"随后,雷交待了自己一人作案,伪造文件、私刻铁道部第十五工程局和虚拟的成都宏业建筑有限公司的公章,用于诈骗并收了22万余元的工程定金的事实。在追问其存折下落时,称放在城区交西路的租房处。

雷另有租房,此情况出乎侦查员的意料。经请示局领导批准,决定对雷的租房和办公室进行搜查,依法取证。当晚18时许,专案组来到城区交西路一栋四楼一底的民宅,打开其租住在三楼的房间。侦查员从密码箱里搜出:署名为"雷鸿基"的居民身份证两个,现金 6 350 元,人造蓝宝石金戒、钻石白金戒各一枚,户名为"雷鸿基"余额 22 万余元的活期存折三个,蓝黑色相间的海尔移动电话机及黑色飞利浦移动电话机各一部。

随后,专案组驱车来到全兴旅社其临时办公室及其开办的发廊处搜查。找来见证人,打开门一看,里面除旅社原有的设施外再无其他物品。显然,其早已转移,该处仅是其设置的"空城计"。搜查结果表明,其私刻的公章、伪造的文件及签订的合同未找到,其租住处还有女式衣物等。显而易见,雷还隐瞒了一些真实情况,专案组遂将其带回公安局再审。经再三对其进行相关政策、法律教育,雷交代了租房是用来与情妇卢某同居之处,伪造的文件、公章及合同均放在自己随身携带的一个皮制文件袋里,从重庆回来后放在专门为卢某租赁的黔州宾馆下面的某发廊内,并表示一定积极配合公安机关,争取从宽处理。

"狡兔三窟",此话一点不假。事不宜迟,为了不暴露目标,专案组立即安排事前未在该发廊露面的侦查员罗顺与两名刑警,带着雷驱车前往提取文件袋。进入发廊后,雷按指令未与小姐多纠缠,直接到里间按摩室取出文件袋,罗顺寸步不离其左右。

在刑警支队办公室里,侦查员从文件袋里查获刻有"铁道部第十五工程局第二工程指挥部"、"成都宏业建筑工程有限公司"字样的印章各一枚,三联收据一本(已使用部分),入编的建筑施工队花名册,伪造的各项红头文件、通知以及已签订的"成都宏业建筑有限公司收纳工程队内部承包合同"29 份,空白合同两份和空白《聘任书》一份等物证。

为查清赃款下落,尽力挽回被骗集体和个人的损失,经请示局领导同意,12 月 26 日,专案组全体人员驱车前往彭水、涪陵、重庆等地调查取证,直至 12 月 30 日胜利归来。此次外调,共查清了雷在重庆、彭水等地嫖宿暗娼 8 名;核实了其在涪陵被盗近 10 万元赃款的情况;依法追缴了其用赃款为暗娼购买的价值两万余元人民币的手机、金项链、金戒指、耳坠等物。直至结案,专案组尽最大努力,共追回赃款、赃物总价值人民币 26 万余元。截至 2001 年 1 月 5 日专案组已将收缴的全部赃款、赃物按比例退还所有受骗者。

通过近半个月的调查,基本查清雷鸿基自 2000 年 8 月以来,自封为"成都宏业建筑有限公司法人代表",自聘为"铁道部第十五工程指挥部副指挥长",持伪造的渝怀铁路有关文件,以发包渝怀铁路酉阳施工段工程为名,相继在重庆、彭水、黔江等地从事诈骗活动,先后诈骗福建省、湖北省、重庆市及其所辖的万州区、黔江区、涪陵区、南川市、武隆县、彭水自治县等地的建筑工程队、个体户30余家（未遂17家），骗取工程定金66.6万余元的犯罪事实。2001年元月11日，经黔江区人民检察院批准，公安机关依法对涉嫌诈骗犯罪的雷鸿基执行逮捕。

剖视，贪婪酿就弥天罪

综观雷鸿基的人生轨迹，不难看出：对金钱、美色的贪得无厌，正是促使其走上犯罪道路的根本原因。

现年48岁的雷鸿基，原名雷云峰，重庆市彭水自治县人。具有高中文化的他，当过水泥厂工人，26岁后调到彭水自治县桑拓区供销社工作，后任该供销社主任。1993年，已是不惑之年的他不安于现状，眼见别人下海经商致富，也辞职下海。先后到新疆、宁夏参加修建铁路。随后，又分别在成都、广州等地的企事业单位搞过生产管理和花岗岩工程。

2000年，正处于彷徨之中的他，打听到国家实施西部大开发重点工程项目之一的渝怀铁路工程将于年底正式开工的消息，顿时喜出望外，认为发财的机会来了。决定铤而走险，利用渝怀铁路发包工程进行诈骗。他自恃"渝怀铁路的修建确有其事，具有较强的吸引力；以前参与修建兰新铁路时对铁道部第十五工程局比较了解，打他们的招牌骗人更会令人相信"。他还打算诈骗成功就去过隐居生活，不再抛头露面，一旦被公安机关发现就认罚。

在随后的时间里，他绞尽脑汁策划整个诈骗活动，相继伪造了铁道部第十五工程局有关渝怀铁路的文件、通知及承包合同、证照、收条等，专程前往成都私刻了公章。待准备齐全后便逐渐向外界透露自己在发包渝怀铁路工程的消息。然后，于同年8月开始在黔江城内的泰安旅社租下两间房间，公然打出"成都宏业建筑工程有限公司临时办公室"的招牌，开始与前来洽谈的工程队签订合同，从事诈骗活动。

"见到雷所持有的铁道部'聘书'和'红头文件',不相信有人敢造假。加之有朋友的介绍,便信以为真,受利益驱动对红头文件盲目轻信",这正是大多数受骗者轻易上当的原因。

时间进入12月后,从各种渠道反馈的渝怀铁路即将动工的消息传到雷处,此时的他犹如热锅上的蚂蚁坐立不安。12月初,真正的中铁第十五工程局架线队入住泰安旅社,雷既担心骗局被识破,又担心马上撤离会引起施工队大乱,遂于12月4日将"临时办公室"转移到全兴旅社,一边继续行骗,一边做好逃跑的准备。

12月10日,雷以到重庆开会为由,带着女秘书潘某离黔。贪婪的他在渝游玩几天后,接到黔江电话告知有人签合同、交款,决定抓住这最后机会捞一把,再外逃躲避过隐居生活,便于12月14日返黔。他万万没有想到,回黔当天便落入法网!

四　雨随青野上山来

俗语说："火车一响，黄金万两。"渝怀铁路货运、客运刚一开通，即显示出了其促进经济繁荣、改善人民生活的巨大功能。从歌乐山下的团结村，到渝黔湘交界的秀山，宛如东风吹雨，处处萌发生机。可以肯定，铁路的带动效应将长期持续下去——那是渝怀壮歌在巴渝大地上不绝的回响。

雨随青野上山来 四

雨随青野上山来

渝怀壮歌

1
2

1 乘渝怀线首列客车出行

2 兴高采烈

雨随青野上山来 四

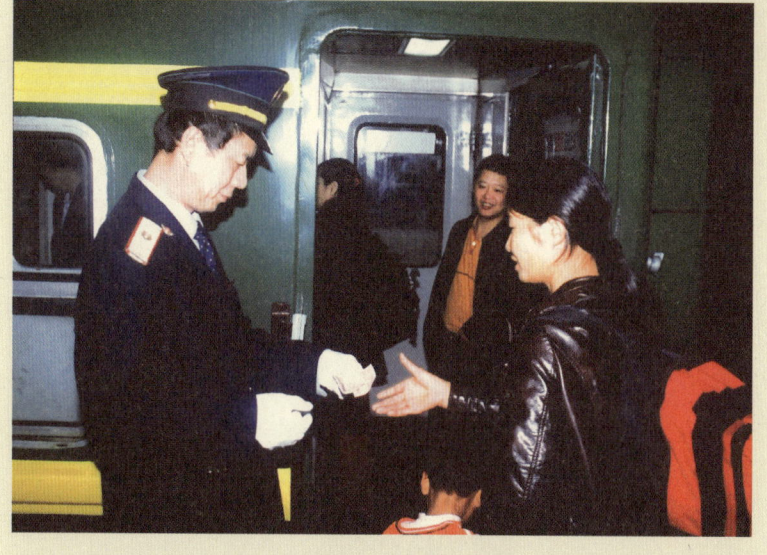

1　欢声雷动

2　喜登程

$\frac{1}{2}$

313

1 奇山

2 秀水

$\frac{1}{2}$

314

崛起的现代物流中心

应 平 雷 萍

  团结村，一个很不起眼的地名。六年前，若你询问团结村在哪里，相信很多重庆人都无法指出其所在。认真查找，它不过是沙坪坝区土主镇一个很普通的村落，襄渝铁路线上的一个四等小站。

  2005年12月28日，团结村里张灯结彩、锣鼓喧天，迎来了重庆市人民政府副市长童小平和重庆市社会各界、成都铁路局的近百名嘉宾，为重庆集装箱中心站的开工建设而欢聚一堂。团结村顿时成为重庆新闻媒体和资本猎头关注的热点，声名远扬了！

  其实早在五年前，渝怀铁路开工建设，团结村就因其是渝怀铁路的起点和铺架基地所在、襄渝铁路和渝怀铁路的交汇点而名噪一时。但当时谁也没有想到，五年后，随着渝怀铁路的建成通车和襄渝铁路增建二线，又一个拉动力和影响力巨大、功能齐全、运输效率更高的现代铁路集装箱中心站会置身于此地，力促团结村锦上添花，发展成为一个现代物流中心！

铁路集装箱中心站花落团结村

  重庆铁路集装箱中心站能落户团结村，以沙坪坝区区委、区政府的领导和该区发展计划委员会为龙头的经办部门所付诸的努力可谓：锲而不舍，苦尽甘来！

  2003年，铁道部决定在全国建设18个铁路集装箱中心站，西部地区的西安、成都、重庆、昆明四个城市榜上有名。2004年初，铁道部组织有关专家和技术人员多次来渝考察集装箱中心站的选址，初步选定了沙坪坝区的团结村和重庆东站（上桥）、北碚区的蔡家镇、江北区的唐家沱共四个地点。进行比较后，各有优劣，因而争议很大。

团结村：这里是襄渝铁路和渝怀铁路交汇点，地势平缓开阔，用地条件和交通集疏条件较好，周边经济比较发达，与粗具规模的重庆西永微电子工业园、重庆大学城和正在建设的重庆西部新城相邻，与重庆北部新区、高新技术开发区、经济技术开发区、茶园工业区等主要园区有快捷的高速公路和城市道路网络紧密连接，与空港和水运码头可形成联运优势，地理位置优越，投资小，产业互动作用大。

重庆东站：是重庆铁路集装箱主要办理点之一，具有相应的设施设备。但交通集疏条件差，无发展余地，扩建涉及的拆迁房屋数量大，无法形成物流中心。

蔡家镇：与遂渝铁路、渝合高速公路相邻，地势平缓，用地条件和交通集疏条件较好，且毗邻嘉陵江，可形成公、铁、水联运，区位优势明显。但与相关工业园区用地矛盾突出，地势不够开阔，无法满足集装箱中心站中长期发展需要。

唐家沱：渝怀铁路、渝宜高速公路、水运集装箱码头等基础设施一应俱全，交通集疏条件好，与几大工业园区和空港相邻，是集装箱联运、发展现代物流业的理想地点。但缺点如同蔡家镇，建设成本高。

在铁道部开展选址工作期

1　重庆市政府副市长童小平（女）在集装箱中心站开工动员大会上致辞

2　重庆铁路集装箱中心站奠基

间,沙坪坝区区委、区政府给予了高度的关注和重视。"四大班子"紧急行动起来,积极争取铁道部和重庆市政府及相关部门的支持,区委书记翁杰明、区长黄云亲自挂帅三上北京,并派出精兵强将无数次上北京、赴成都去汇报和争取,以锲而不舍的精神去感动每一个单位,每一个成员。市发改委以科学和实事求是的态度,支持和帮助沙区,经过不懈的努力,沙区终于笑到了最后。经过充分比选论证,2004年11月,铁道部决定将重庆铁路集装箱中心站落户团结村。2005年4月,重庆铁路集装箱中心站在北京通过可行性研究审查;2004年12月,中心站动工建设,尘埃落定。正如区长黄云所说:"重庆铁路集装箱中心站的建设,必将对重庆及周边地区的经济发展起到十分重要的作用,它是我们沙坪坝区融入全市发展大局中奋力争取到的值得骄傲的一项国家重点工程。"

一个现代化物流中心在团结村崛起

重庆铁路集装箱中心站工程占地约1.7平方公里,总投资近10亿元,根据重庆地方经济发展及铁路2020年路网发展规划,远期运量为2 110万吨/年(175TUE),可方便高效地服务、辐射重庆市辖区和吸引四川省的宜宾、自贡、内江、遂宁、广安、达州地区及湖北省的恩施、贵州省的铜仁地区和遵义地区,具有庞大的产业服务载体和物流。重庆铁路集装箱中心站在全国铁路集装箱运输网络中居于特殊位置。西距成都中心站333公里,北至西安中心站790公里,东到武汉中心站924公里,位于全国铁路"八纵八横"之一的沪汉渝蓉双层集装箱通道的中心,具有"南北交汇、承启东西"的作用。目前,铁道部已引进了德国、法国、以色列、香港以及国内等6个世界级的物流集团与中铁集装箱公司合资,按国际一级的水平建设集装箱中心站。因此,重庆铁路集装箱中心站建成后将是我市连接世界及全国各地最大、最快、最先进的物流中心。

1 坦途通新城

2 大学城重庆大学新校区

3 校园绿茵场上

重庆市政府对重庆铁路集装箱中心站项目的进展和建设情况高度重视，积极筹措了2.5亿元资金用于弥补该项目征拆迁资金的缺口，并将团结村作为重庆市重点打造的物流基地，列入市政府《关于加快现代物流业发展的意见》进行规划并实施，相关产业规划、控制性详规等全部完成。

重庆市委常委、市政府常务副市长黄奇帆在听取重庆铁路集装箱中心站的相关汇报时要求沙坪坝区全力打造三个高地：重庆大学城的教育高地；西永微电子产业园区的高科技产业高地；团结村的现代物流高地。按照这个要求，以重庆铁路集装箱中心站为依托的铁路物流园区的规划被提上议事日程。"重庆铁路集装箱中心站是一根杠杆，将激活重庆及周边，特别是主城区现代物流业的发展，促进重庆以制造业和服务业为主的产业的发展，加快重庆融入全球经济一体化的进程。"沙坪坝区区委书记翁杰明说，"为此，沙区将竭尽全力，为建好集装箱中心站做好各方面的服务工作，并抓住机遇，打造好西部新城内的物流高地。"

重庆铁路物流园区规划为占地面积约5.4平方公里，总投资25亿元，定位于服务我国西部和长江上游经济区域，聚集集装箱及货物运输、仓储、配送、加工、包装等各种增值服务功能，具有国际物流管理水平和现代化设施装备，按照现代化、信息化、国际化、综合性和多式联运为主体建设的综合物流园区和集装箱枢纽口岸。园区内将设置国际箱区、保税区和"一关一检"，以确保货物发到"轻车熟路"。同时，物流园区道路交通集疏方案已出台，确保往各方向的集装箱车流路径顺畅和快捷，构建出四通八

崛起的现代物流中心 四

达的交通网络。

随着重庆铁路集装箱中心站工程的顺利实施和重庆铁路物流园区的建设，我们有理由相信，一个现代化的物流中心已经在团结村崛起，重庆发展和壮大物流业的时机已经成熟，整个团结村乃至沙坪坝区经济社会发展再上台阶将指日可待！

北部新区：高高昂起的龙头

万开明

这是一片充满生机与活力的土地！这是一片孕育希望与未来的神奇热土！这是肩负着"建成以高新技术产业为基础的现代产业基地、都市发达经济圈的核心增长极和都市风貌展示区"神圣使命的重庆北部新区！如果说解放碑代表着重庆今日的繁华，那么北部新区无疑将引领未来的发展。而作为渝怀铁路重庆段起始点的重庆北火车站，则可以看做是一条连贯现在、通达未来的纽带。它的投入使用，标志着主城北部地区的立体交通体系雏形初现，更预示着主城区北部商机无限、潜力无限。

2001年4月25日成立伊始，北部新区就非常自信地提出：十年再造一个重庆工业！即到2010年，新区工业总产值达到1 500亿元（相当于重庆2000年的工业总产值）。北部新区的自信，源于中国

原中共重庆市委书记贺国强、市长包叙定出席北部新区挂牌仪式

北部新区：高高昂起的龙头 四

经济的持续快速健康发展，源于重庆市委、市政府的高度重视，源于全市3 100万人民的倾力支持，而如今，这种自信更源于渝怀铁路开通带来的滚滚商机。

2006年11月1日8时40分，是一个值得纪念的时刻。重庆至秀山的8609次旅客列车从重庆北火车站徐徐开出，标志着西部开发十大重点工程之一的渝怀铁路客运正式开通。

铁路的开通而受益的不仅仅是当地百姓，而是整个地区经济的大发展。专家估计，渝怀铁路带动沿线地区的经济发展效益可以达到2 060亿元，沿线地区在20～30年内将保持9%以上的经济增长速度。

在重庆北火车站还未正式开通时，周边商铺就已经引起了众多投资者的关注，俨然成为我市新的经济制高点。在10月17日重庆北火车站广场临街门面经营权拍卖会上，21个总面积仅为500余平方米的商铺的3年经营使用权，起拍总价原本为260万元，在108位买家的竞拍下，竟拍出1 008万元的高价。拍卖会上，由于"僧多粥少"，每个铺面的价码一经标出，总能引来无数买家追捧，往往要通过二三十次加价方能成交。

"此次拍卖的平均价格竟然超过了朝天门临街商铺单位价格。"据会后记录显示，拍卖会上单位价格最高的3号铺面的月租金达到了1 200余元，与核心商圈解放碑同类型商铺的租金水平相当。

如今，随着重庆北火车站客运的正式开通，"车站经济"所带来的现实利益将逐年显现。

在市民眼中，看到的是重庆北火车站的客运开通；而在企业家眼中，看到的则是重庆北火车站旁边的太平冲铁路编组站和与此毗邻的寸滩深水港码头。"铁路和水运是物流运输中成本最低廉，两者的有机结合将大大降低成本。加上江北国际机场，三种主要交通工具的汇集，将形成重叠经济圈，继而将重庆推上西部最大的物流中心的位置。"

重庆客运站人士介绍，渝怀铁路将成为川渝地区与我国中东部地区的交通大动脉，成为四川、重庆联系中南、华东和其他沿海发达地区最便捷的通道，同时还将承担川渝地区运往湖南、江西、福建等地区货运量的一半以上，从而改变原来经川黔线绕道南行，或者经襄渝线绕道北行的状况，不仅使川渝地区与东南沿海地区的客货运输途径分别缩短270公里和550公里，而且大幅降低了运输成本。

重庆北火车站的开通，带动的不仅仅是物流、商品流，还有激增的人流量，以及区位优势的显现。而这正是房地产赖以生存发展的重要前提。

据重庆北火车站前一楼盘售房部工作人员介绍，随着火车站的开通，该楼盘价格也随之节节攀升，4月份开盘时才3 000元的房价，如今已经涨到3 500元。另一楼盘负责人也表示，借助新火车站概念，今年上半年就卖了1 200套，最多时一天要卖100余套。

除了重庆北火车站、重庆汽车站新址相继落户外，规划建设中纵横交错、四通八达的18条公交线路和3条轻轨线所构成的城市快速主干道，再加上北火车站附近龙头寺公园和江北体育公园相继传出年内即将开工的消息，都将北火车站附近的生态景观和宜居价值大大提升。业内人士普遍认为，北火车站内片区，在未来极有可能成为类似广州天河那样的高尚社区。

龙头已经高高昂起，在龙头的背后，我们看到的是一条新的重庆经济发展之脊。

流光溢彩重庆北

刘建平

2006年10月,渝怀铁路十大重点单体控制性工程之一、我国西部地区技术和装备最为先进的重庆北火车站正式投入使用。这座占地面积1 400余亩,总投资7.2亿元的重庆铁路客运枢纽一期工程耸立在重庆市北部新区高新园的龙头寺区域。与之相配套的还有站前广场、轻轨3号线火车客站、公共汽车及出租车换乘站、长途汽车客运站等工程。站外五童路、五人路等城市交通干道已建成通车,可连接成渝、渝宜、渝黔、渝邻等8条高速公路;车站周边高新技术产业、服务产业、房地产产业等构筑起一个繁华的经济圈,向人们显现出新重庆的绚丽和灿烂。

以人为本的重庆北站

重庆北火车站的外观酷似航空候机楼,宽敞的双层候车厅可以同时容纳5 000人,候车室内安装了舒适的铝合金座椅和自动扶梯,大屏幕等离子电视、开水房、卫生间、医务室、警备室、吸烟室等辅助设施一应俱全。为了方便特殊旅客候车,在一楼候车厅专设有残疾人候车室和母婴候车室。旅客进站乘车,只需通过站内天桥就可抵达各站台,步行距离较短。重庆北站的整个候车厅采用中央空调确保空气流通,风力和风向可以根据需要进行调节,确保了旅客候车时的舒适。

在重庆北站出入口、候车厅、站台、天桥等重要结点,都有各种电子引导标识,十分醒目。即便是第一次来到这里,也不会担心迷路。走到站台,目前西部地区率先采用的无柱雨篷让人感到明亮、空旷；站台的高度与列车车门齐平，携带大包行李的旅客如同正常步行一般，跨出一步便可顺利进入列车内，十分方便，而不必像以往上下列车时"爬坡上坎"。铁路出站口设计得非常人性化，旅客可根据需要直达站前广场或地下交换厅转乘公交、社会车辆和轻轨，实现了近距离换乘目标。

值得一提的是重庆北站先进的消防控制系统。车站各候车室均设有消防通道以确保旅客疏散，站内消防控制室可通过电子系统监控整个候车厅的消防情况，遇险情便可启动应急设施，保障旅客生命财产安全。

做好每个细节的站前广场

作为重庆北站的配套工程，站前广场和地下交换厅的建设尽可能地做好每一个细节，为重庆北站的人性化设计锦上添花。

重庆北站站前广场采用镂空式建筑结构，分上下两层，地面上为5.5万平方米景观一流的宽大广场，广场按照现代化、人性化的空港设计方式，除提供旅客进出车站和客流集散外，还兼顾为旅客和市民提供良好的休闲环境的功能；广场地下层是3.6万平方米设有停车场、商业设施等综合功能齐全的换乘枢纽。为了方便旅客进出站，在停车场旁设有一条宽敞明亮的地下通道，旅客可通过地下交换厅乘扶梯上升至地面的广场和候车室，亦可就近换乘公交车、出租车和轻轨，非常便捷、舒适。整个站前广场的导视系统、电子监控系统统一规划设置，小到厕所，大到候车大厅、换乘线路，图标都一一指示，非常醒目。为了方便特殊旅客，站前广场地面、地下两层还设有残疾人电梯、无障碍通道和卫生间等设施，非常完善。

由重庆市高新区、铁路、轻轨三家出资修建的重庆北站地下交换厅位于铁路出站口负一层、轻轨车站三号通道和站前广场地下层之间，相互对应衔接，旅客可在通道之间直接就地换乘。在地下交换厅里，各种标识的设置与站前广场同步，格外引人注目，旅客不会为寻找换乘线路而发愁。

高新产业为重庆北增添活力

重庆北站经济圈背后还站着一个让重庆人引以自豪的高新技术开发区。高新区

四 流光溢彩重庆北

$\frac{1}{2}\frac{}{3}$

1　重庆北站候车厅

2　普通硬席候车厅

3　软席候车厅

1 重庆北站地下转换厅，火车、轻轨与城市公共汽车乘客换乘中心

2 重庆北站站前广场地下公共停车场

有四大"基地"：重庆软件产业基地、重庆光电产业基地、重庆生物医学工程产业基地和重庆仪器仪表产业基地。高新区已形成了电子信息、生物医学工程及新药、新材料及环保、电机一体化四大产业群。其中，以海扶超声聚焦刀、信威SCDMA无限用户环路系统为代表的一批拥有自主知识产权的产品已经走向世界。高新区的发展显示出巨大的魅力，格力电器、四联集团、中兴通讯等一批国内知名企业纷纷在此投以巨资，建立自己的生产和研发基地。随着渝怀铁路的开通，重庆到广州、上海等沿海经济发达区域的距离大大缩短，物资运输成本下降，迅速培养了一个新的物流中心，增强了区域优势。反过来，高新技术产业的进驻，为重庆北的发展增添了无穷的活力，带来更多的机遇和财富。

流光溢彩的重庆北

重庆北站刚一修建，市内外企事业单位就蜂拥而至。短短几年的时间，火车站区域的土地价值上涨了10倍，如今更是有价无市；站前广场的商业配套设施尤为紧俏，只租不卖，租用要事先预约并一次性缴纳三年的租金，每平方米的租价竟然与重庆解放碑商业中心的黄金门面比肩。在重庆北站周边，保利地产、和记黄浦、鲁能、金科等知名企业开发出数百万平方米的中高档住宅小区，且各楼盘销售火爆，仅鲁能星城一家在2006年秋交会上就揽金3.8亿元，夺得重庆市单盘销售冠军。一个火车站，不仅给企业发展和群众致富带来了希望，更给

经济社会的发展注入了活力和动力!

根据规划,在不久的将来,随着沪汉渝蓉客运专线(渝利)、兰渝、遂渝二线、襄渝二线、渝万城际等铁路的建设,重庆北站将迎来新的发展机遇:站内设33股道16个基本站台,车站向北延伸新建北广场与刚投入使用的南广场相呼应,每天开行列车110对,年输送旅客5 000万人次以上,辐射我国东、南、西、北、中部的所有中心城市,运输能力和服务质量大为提高。在重庆的北部,一座规模宏大、功能齐全、设施先进的现代化铁路客站将傲然屹立!

火车驮来重化城

晏春明　张明万

没有铁路就是苦

在渝怀铁路开通之前,长寿的工业企业的原材料和产品主要通过水路、公路运输。这样一来,不但运输环节多、费时长,还给企业带来较高的成本。没有铁路交通成为了长寿招商引资的障碍,也是长寿大发展的"拦路虎"。没有铁路就是苦!

化工材料和成品都需要大宗运输。一些前来考察的投资者说,长寿有长江黄金水道和高速公路,但汽车运输成本太大,走水路有很多地方不能到达。缺的,就是一条铁路。

外地企业不愿来,本地企业也受够了没有铁路的苦。中石化四

长寿化工园区

川维尼纶厂是长寿的"老居民",为解决铁路问题,他们在九龙坡西彭镇专门修一条铁路支线连通成渝线。采购原料,得通过西彭中转,再用汽车运到长寿。销售时,由于运出的是化学品,汽车运输不安全,不得不将产品运往厂区下的长江码头装船,上行120多公里转运到西彭后,再卸船上火车,运往华东华南一带。川维厂有关人士说,该厂大部分货物通过以上方式转运,浪费了大量人力物力。仅仅为维持西彭铁路专线的正常运转,该厂就养了约400来人。

而作为大型氯碱化工企业的长化公司,其大量的产品要输送到全国各地,也是用汽车或轮船运到九龙坡,再装上火车。

渝怀铁路的建设,圆了长寿人民多少年的梦。

地处渝怀铁路附近的川维厂抓住机遇与渝怀铁路建设同步修建专用铁路支线。他们在中石化、重庆市发改委和地方政府支持下,投资1.68亿元,在渝怀铁路投运之时,同步建成了一条近期运量60万吨、远期运量120万吨的铁路支线。

火车"载"来百亿投资

重庆(长寿)化工园区管委会常务副主任苟华介绍说,尽管渝怀铁路在长寿境内仅有短短的13公里,却给长寿运来了一座"重化城"。当铁路还在建设的两年多时间内,化工园区就"膨胀"到6平方公里,已经有30多家国内外知名大型企业来到长寿,向园区投了近300个亿的资金。苟主任说,园区能有今天,渝怀铁路立了头功。

也难怪这么多企业落户园区。就因为这条铁路,仅川维一个厂每年就省了7 000万。化工园区负责招商的姜振邦副主任为笔者算了一笔账:川维厂每年货物吞吐量在70万吨左右。通过铁路中转后,每吨节约费用100元左右,总计节约费用高达7 000万元!整个化工园区每年货物吞吐量约700万吨,还有晏家特色工业园区的企业和其他园外企业共计有上千万吨货物，每年节省的费用更是一个天文数字。

笔者在化工园区采访时看到，去年入园的香港建滔集团正在快马加鞭地建设。现场一负责人说，他们当初选定长寿投资，除了长寿的资源优势外，主要就是看中铁路这个大动脉。

长寿区政府副区长、重庆（长寿）化工园区开发公司董事长陈金山在接受笔者采访时说，各地的投资蜂拥而至，这除了长寿资源优势和投资软环境变好，还有很大一部分都是修建渝怀铁路所带来的影响。

陈金山副区长介绍，从2003年7月以来，国内外化工巨头相继落户到长寿化工园区，如香港建滔化工集团投资19.1亿元建75万吨/年的甲醇项目、云南云天化股份公司投资20亿元建6万吨/年的聚甲醛项目、重庆环球石化有限公司投资8亿元建60万吨/年乙醇项目、中环保水雾投资公司投资6亿元建24万吨/日给水处理项目、法国液化空气公司投资1.5亿元建设园区工业气体项目，等等。

1　四川维尼纶厂

2　四川维尼纶厂专用线

$\frac{1}{2}$

重化城蓝图辉煌

笔者在采访中获悉，英国BP公司决定增加投资，扩建位于长寿的扬子乙酰醋酸工厂，使该公司的醋酸产能扩大到85万吨/年。

这仅仅是长寿重化城中的一个小单元。据化工园区管委会常务副主任苟华介绍，化工园区以长寿晏家镇为轴心，规划面积达 16 平方公里。目前，园区内大型化工企业有 16 家，另有 12 家正在筹备建设中。

当采访车在"重化城"里行驶，不时看到英国 BP、日本三菱瓦斯、中石油、中石化等国内外知名企业的标志从车窗外掠过。

长寿区计委主任左永祥告诉笔者，渝怀铁路在长寿虽然只有 13 公里，但由于这些"巨头"的进入带来的巨额投资以及这种投资带来的拉动效应、互补效应，对长寿新型工业化腾飞所带来的影响，将是难以估量的。

渝怀铁路的贯通和铁路支线建设更加增强了投资者的信心。前不久，包括德国德固赛、美国 HV 等 13 家世界著名化工企业与园区签订了意向投资协议，预计投资额达 55 亿元。在外资巨头看好长寿的时候，区内化工企业也不甘落后。长寿区内原有的企业也看中铁路所带来的巨大效应，纷纷扩大生产能力，增加投资，以抓住这次空前的机遇。其中，中石化与川维的"百亿川维"将推出大手笔：该厂现在正在实施天然气乙炔改扩建工程（30 万吨/年醋酸乙烯项目、20 万吨/年合成氨项目）。同时，扬子乙酰也进一步扩大醋酸、醋酸酯等产品的生产规模。

此外，值得大书特书的是，继重钢集团冷轧薄板厂落户长寿晏家工业园区之后，重钢集团也将整体迁往长寿江南新城，预计迁建投资 160 亿元，这将是重庆有史以来最大的工业项目。重钢将在搬迁中实现结构升级和清洁生产，新工艺和新设备将一步到位。可以预见，重钢搬迁将吸引上下游一系列配套企业，从而带动 500～600 亿元的投资，加上长寿本来已有的 60 多亿元存量冶金工业资产，在不远的将来，一座全新的钢铁城将在长寿江南新区诞生。

长寿区不仅把发展天然气化工、石油化工、氯碱化工及生物化工四大产业定为今后工业发展的战略目标，而且要通过 15～20

年的时间，把园区建设成为生产与生态平衡、经济与环境协调发展的循环经济工业园区，建成全国一流、长江上游最大的综合性化工基地和新能源基地及世界级的天然气化工基地。与涪陵化肥、万州盐气化工相呼应，重庆三峡库区的重化工产业集群已见雏形。

笔者在川维厂修建的货运车场内看到，9组钢轨静静躺在地上，货运列车停放在钢轨上。各种冶金产品、化工原料将在这里装上货车，运往渝怀铁路长寿站，再转运到全国各地。

令当地政府领导没有想到的是，这条铁路支线刚投入营运，就已经不能满足需要了。随着众多重化企业落户长寿，扩建迫在眉睫。于是决定在9条轨道基础上再扩建20条，达到年运输能力400万吨规模。

"我们政府要为化工园区投资5亿元再建一条支线衔接渝怀线，现在发愁的是渝怀铁路干线运能可能严重不足。"陈金山说。

左永祥说，长寿化工园区倡导"五个一体化"，其中两个一体化就是指公用工程一体化、产业产品一体化，前者指我们利用交通优

新建的重钢冷轧薄板厂

势发挥聚集效应,后者指园区的资源互用。只要原材料进入车间,这里便可以完成所有化工企业对相应化工产品的利用。所以,国内外企业纷至沓来也不足为奇。

区政府领导说,渝怀铁路的建成,使长寿在新型工业化的道路上,步子迈得更大更快。

长寿重化城,你的未来不是梦!

崛起在乌江口的工业基地

李世权

2006年11月1日，对涪陵这座三峡库区腹地的古城来说，是个应该载入史册的好日子。上午8点40分，一列编组为8609次的客运列车，载着1 300多位幸运乘客从重庆火车北站始发，车头上写着"渝怀铁路首列客车开行"标识，披红挂彩，风驰电掣般朝涪陵

火树银花涪陵城

四 崛起在乌江口的工业基地

驶来了!

　　这天是农历丙戌年9月11日,距立冬日还有5天。84岁的罗雪义老太太习惯了记旧历,对农时节令记得特别清楚。她家就在涪陵火车站对面的山上,属龙桥镇沙溪村。听说今天要通火车,她早早就拄着斑竹拐杖,和乡亲们一起,欢天喜地赶到火车站站台等候。5年前,当铁路建设大军开进沙溪沟一带时,老人还有点不相信,心想:这儿山高谷深,火车怎么开得进来呢?5年间,她目睹了筑路大军逢山钻洞,遇水架桥的壮举,看惯了那些挖掘机、装载车日夜忙碌的场面,现代化的施工技术和科技威力让老人慢慢相信火车进山就要变成现实了。她家有亲人在重庆打工,她的愿望是坐火车到重庆去看看市景,看看亲人。9月11日,这天她在火车站站牌下拄着拐杖张望火车到来的形象,被《巴渝都市报》摄影师李夏摄入镜头,她的身边,还有一条蹲在地上憨态可掬的小狗。和罗雪义老人一样争睹第一列客运列车到来的,还有从涪陵城里、乡下四面八方赶来的上千人。有的天亮就出发,步行三四个小时才到达车站。当火车汽笛鸣响破空而来的时候,整个车站沸腾了!人们脸上洋溢着灿烂的阳光,心中充满了对未来的希望。涪陵市民肖素琴、夏雁北、王金莲3位老朋友为庆祝渝怀铁路通车,特地选择了搭乘8609次列车去秀山旅游观光。她们认为,过去流传的民谚"养儿不用教,酉、秀、黔、彭走一遭"从此应该改写为:"美景不用找,酉、秀、黔、彭走一遭。"火车的安全快捷,乌江画廊的绚丽多姿,苗族、土家族的淳厚民风,边陲县城的崭新面貌……都给她们留下了美好的印象。龙桥镇沙溪村的徐大爷说:"我活了70多岁,还没见过火车。如今安逸得很啰,火车就从我家门前过,天天可见那个轰隆隆的大家伙!"

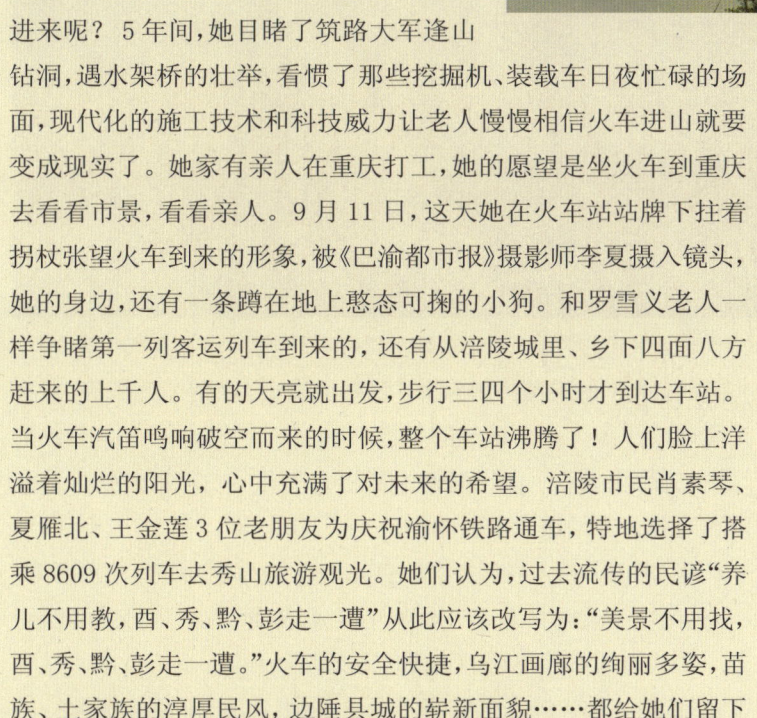

涪陵长江公路大桥

渝怀壮歌

火车站旁的
新涪食品厂

　　是的，火车的汽笛声，唤醒了沉睡的高山，唤醒了奔腾的大江，终于实现了涪陵人一个世纪的梦想！

　　渝怀铁路的通车，给涪陵带来的巨大变化是史无前例的。只有涪陵人对此才有渗透灵魂的感喟。

　　《华阳国志·巴志》描绘涪陵、彭水一带是"山险水滩，人多憨勇""讼斗必死"，其交通闭塞，环境恶劣，文化蛮野，人凶悍好斗等跃然纸上。唐代诗人贯休描绘的涪陵："遐想涪陵岸，天步正艰难。"（《晚春寄张侍郎》）唐代诗人张祜写涪陵："急滩船失次，叠嶂树无行。"（《送李长史归涪州》）宋代诗人陆游眼中的涪州是："官道近江多乱石，人家避水半危楼。"（《涪州》）宋代诗人马提干在《涪州十韵》中写道："地暖冬无雪，人贫岁不绵。"明代诗人余光描绘的涪陵是："急滩

336

崛起在乌江口的工业基地 四

交流怪石横,万山雪花势如倾"。(《涪陵八景》)现代诗人林思进写涪陵景象为:"江行如走马,岸窄且看山。"(《涪陵》)……总之,在外地人眼中,把到涪陵视为畏途,把涪陵看为蛮荒之地。

上世纪六七十年代,涪陵乘船去重庆要头晚上船,第二天下午两三点钟才能在朝天门上岸。上世纪八九十年代,涪陵至重庆水翼快艇开通后,两地航行时间为三个多小时,票价为70多元,而乘汽车翻黄草山、铁山坪,则耗时九个多小时。渝涪高速公路通车后,大大改变了交通状况,车行时间缩短为一个多小时,车票价格为38元。现在渝怀铁路通车后,客车票价为慢车7元,快车8元,铁路的优势相当明显。尤其是大宗货物的运输成本大幅度降低,将大大提升企业的竞争力。

渝怀铁路的通车,给涪陵的大小企业提供了发展动力。同时激活了铁路沿线第三产业的发展,大大地改变了涪陵交通布局和投资环境,涪陵有了除长江以外的通江达海更加快捷的陆路大通道。火车的大功率、低成本、安全快捷,是其他交通设施难以替代的。涪陵的人流物流环境得到了根本的改善,将极大地提升涪陵作为重庆六大区域性中心城市的区位优势,促进涪陵的经济、社会全面发展。

世界五百强之一的中化集团来了,准备在涪陵龙桥镇打造长江上游最大磷肥和复合肥生产基地,最终生产能力达到200万吨。年产52万吨尿素的建峰化工厂借势发力,已开工建设一套年产80万吨尿素的新装置,还将投资发展其他化工产品生产。新加坡泛联集团所属的新涪公司,是瞄准渝怀铁路新建的食用油加工厂,该厂年加工大豆几十万吨,准备启动二期建设工程。娃哈哈集团正在动工兴建年产10万吨的氮酸饮料基地。涪陵水投集团联合区外企业,正在兴建投资20亿元PTA项目。安徽国通管业、广东金锐控股、华正能源公司、重庆天源化工等企业都在用大手笔谋划新的发展蓝图。涪陵榨菜集团公司、辣妹子集团公司等企业,也在借铁路运输,寻找新的发展空间……一个以化工、建材、纺织、

食品、医药等为骨干的产业集群正在涪陵迅速崛起。据涪陵区计委几位领导测算，渝怀铁路开通即货运紧张，30万吨的设计远远滞后于实际需求，几年后涪陵站货运年吞吐量至少在500～700万吨之间，单是中化涪陵公司和建峰化工两个企业，到2010年时，年货运量就达400万吨！

大山作证，江水作证，日月作证，渝怀铁路正以自己独特的音符，奏响时代威武雄壮的乐章。110万英雄的涪陵人民正借力发展，奋发图强，创造新的辉煌！

火车一通　游客蜂拥

彭　平　汪　莉

一

　　火车在崇山峻岭间穿行，汽笛在仙女山麓长鸣，脚下已是梦幻般的武隆。车上有一批特殊的乘客——他们是武隆迎来的渝怀铁路客运开通的首个旅游团。沿途的美景已经让游客们惊叹不已，一位从来没来过武隆的游客兴奋地说，他一路都在编织着心中的梦境！地下宫殿芙蓉洞、悠游梦幻石桥湖、漫江流翠芙蓉江、南国牧原仙女山、幽涧秀水龙水峡以及雄浑伟岸的天生三桥……相信自己会不虚此行。

　　往年的11月份，由于受地理等条件的限制，武隆的旅游早已像季节一样冷清了下来，无论是令人神往的仙女山，还是鬼斧神工的芙蓉洞，各个景区都难觅到兴致勃勃的外地游客踪影。而2006年11月1日渝怀铁路重庆段客运列车的开通，为武隆旅游业插上了腾飞的翅膀，武隆旅游迎来了千载难逢的发展机遇，旅游业一反往常，为这个冬天注入了无限的生机与活力。

二

　　曾经担任武隆分管旅游的副县长李彦说过，旅游要火，四个指标缺一不可：一是本身资源品质，二是可进入性，三是可知度，四是服务。可进入性就是指交通，这一直是制约武隆旅游发展的最大"瓶颈"。现在，可进入性这一最大"瓶颈"正在随着渝怀铁路

渝怀壮歌

1
2
3

1　武隆仙女山冰雪世界

2　武隆天坑

3　武隆芙蓉江风光

客运列车的开通成为历史,摆在武隆旅游面前最迫切的问题就是要提高武隆旅游的可知度。

的确,"酒香也怕巷子深"。按照"做透重庆市场,拓展成都市场,启动珠三角、长三角和日本韩国市场"战略,一时间,四处推介武隆旅游可忙坏了武隆县的政府和行业主管部门。

投资冠名渝怀列车。武隆县旅游局局长邵建华在接受媒体采访时说:"渝怀铁路客运通车,为武隆县旅游带来了商机。重庆至武隆慢车票价仅11元,而成都至重庆的城际列车硬座车票只要51元,加上到武隆的票价,才62元,成渝两地的游客到武隆旅游的成本大幅降低。但即便是旅游成本降低了,一味坐着等客也不行,还得勤吆喝。武隆打算整体包装一列重庆至秀山的慢车,包括火车上所有的座套广告、火车车厢两端和车窗间隙以及餐车空隙位置火车上播放的广告。"

组织渝怀铁路旅游首发团。首发旅游团最初只准备在重庆主城组织50人的团队乘座客运列车体验武隆山水,没想到广告在重庆主要媒体发出后,前往旅行社报名参团的人络绎不绝,首发旅游团不得不把人员增加到150人,结果两天又满了,最后只好再增加到200人。11月11日,旅游团浩浩荡荡地开进了武隆。游客们登上仙女山,游览了天坑地缝,参观了《满城尽带黄金甲》拍摄地,并纷纷在古驿站前留影。

打"黄金甲"招牌到重庆主城、成都、湖南等地揽客。2006年12月,在武隆天坑三桥取景拍摄的电影《满城尽带黄金甲》将公映,武隆县决定,要在重庆搞一次声势浩大的首映式。同时,武隆县还将组织重庆十几家旅行社老总和20多名记者,到武隆景点踩线。

这些情况,得到了武隆县旅游局办公室负责人的证实。她说,武隆县还与湖南省旅游局进行了协商,双方达成协议,待渝怀铁路全线通车后,双方共享旅游资源,打造武隆、湖南张家界和凤凰古镇的旅游环线。因此,今年年底到明年初,将会有成都和湖南多家旅行社的老总应邀来武隆考察。

　　武隆县的政府为啥要越俎代庖,替企业宣传埋单呢?

　　知情的人都知道,当地的景区其实是被汇邦旅业和长松集团买断经营的,按说,宣传景区、推销景区这些工作应由企业负责。但在武隆,县政府不惜投入大量人力、物力和资金为景区宣传。比如,武隆景区要整体包装一列渝怀列车,一年需要18万元费用,其中很大一部分由政府埋单;重庆至武隆的铁路旅游首发团,县政府投入4万元在重庆主要媒体为此次活动打广告;花数万元在武隆火车站竖立大型广告牌和横幅广告……业内人士把这形象地比方成是武隆政府不捡芝麻抢西瓜。因为从眼前看,武隆县的政府是增加了支出,但从长远和全局看,武隆县的收益是丰厚的。

三

　　客运列车通车的当天,小小的武隆县城就有上万人自发地到武隆火车站迎送首发客运列车。这条路第一次让大山里的人们听到了火车的汽笛声,这条路将带动沿线成千上万的人们走上致富之路。接下来的十来天里,客运列车就为武隆接送乘客12 180余人,来武隆的游客,让武隆的商家百姓在这旅游淡季尝到了不少甜头。

　　义友公司名下的乌江旅行社,是武隆一家比较有名的旅行社。经理熊兴友一说起近来的旅游就眉飞色舞。他说:"渝怀开通客运以来,重庆到武隆2日游和3日游的报价比以前便宜了很多,分别为220元/人和240元/人,确实很诱人。往年这个时候基本上没有生意,可今年,单是11月15日、16日这两天,旅行社就接待了来自成都和重庆的三个旅游团队近400人。"面对铁路出游带来的既便捷又便宜的旅游新商机,下一步,乌江旅行社打算在火车站设立办事处,并添置10辆旅游专车,用于游客接送。

　　除了旅行社,各类档次的宾馆、招待所、餐馆也是赚得盆钵满溢。从火车站出来,仅200米左右长的公路边,一些有经商意识的农民早就张罗着开了七八家餐馆。在一家餐馆门前,冒着热气的豆花装在一口大锅里,另一口锅里放着各种"蒸菜",老板娘不停地跑前跑后,张罗着为满坐的顾客盛饭、上菜。老板王鱼说:"从开通火车后,这段路上又增加了不少餐馆,现在比今年初差不多多了两倍。"尽管竞争更大了,但是人来人往的,生意反而比以前好,王鱼餐馆每天的营业额至少在300元以上。

　　吃和住都是游客们必须的消费。据位于红豆超市对面的聚仙楼老板介绍,虽然现

火车一通　游客蜂拥　四

天龙桥

在是旅游淡季,但他们那儿常常是40个床位全部满住,丝毫没有以往的冷清。而在仙女山景区内,各类宾馆和农家乐生意也纷纷叫好。

　　火车客运的开通,大量游客的到来,也让更多的老百姓得到了实惠。他们有的利用农闲,在火车站附近干起了小买卖,兜售武隆特产羊角豆腐干、羊角老醋、土坎精丝苕粉和各种小商品,方便过往游客的同时，一天少说也可以赚个十多二十元钱；有的则准备像这些来武隆的游客一样，也到城里去游一游或可能的话也找个什么事做做。

巷口镇城东村付朝伦夫妇就是这样。

"我们打算到重庆去找工作，如果找不到就到处逛逛，也算出门旅游一次哟！"付朝伦说得十分轻松。因为票价十分便宜且来去又非常方便，多年前连想都不敢想的，现在在普通的农民看来，也是一件十分简单的事情。

芙蓉洞内的
珊瑚瑶池

火车一通　游客蜂拥　四

四

　　2003年,世界知名人士、香港广播电视有限公司董事长邵逸夫先生来武隆旅游,面对雄奇秀美的武隆山水,邵逸夫先生感叹道:"这是最壮美、最震撼人心的地质奇观,世界各地游客都应该一睹武隆梦幻山水!"

　　是啊,"蜀中山水奇,应推此第一"。但在客运列车开通之前,普通市民要到武隆一游还是很奢侈的。

　　现在,客运列车终于在千呼万唤中"驶"出来了。

　　武隆县旅游局局长邵建华给媒体记者算过一笔账:如今从重庆到武隆,单程大巴车票价是65元/人,而火车票价为慢车11元,快车13元,乘座时间差不多。价格上的绝对优势,将极大地带动重庆主城的周末游,普通市民也可以利用周末到武隆来游一游、看一看。

　　武隆旅游不再有贫富之分,而是一种大众消费;武隆的景区也将没有淡季旺季之别。

　　"一业兴、百业旺。"我们有理由相信,随着渝怀铁路客运的全线开通,武隆旅游将会搭上客运列车不断升温,武隆也一定会成为千里乌江画廊上的一颗璀璨明珠。

铁路承载着彭水的未来

张 波

长长的列车，前后望不到尽头

今年 71 岁的退休干部冯庆章，花一元五角钱买了一张长滩至保家的火车票，兴高采烈前来品尝第一列通过家乡的火车的滋味："以前在外头当兵时火车轮船飞机都赶（乘坐）过，现在来赶彭水的首列客运火车，图个新鲜。"

历史定格在公元 2006 年 11 月 1 日下午 1 时 40 分，一列配戴大红花的渝怀铁路首列客运班车驶入彭水县境内第一站——高谷站，一时间，掌声雷动，鞭炮齐鸣。

这是个激动人心的时刻——世代人民的愿望终于实现。

这是个标志性的时刻——彭水的渝东南黔东北水陆联运交通枢纽正式形成。

这是个划时代的时刻——彭水人通过这条西南出海通道终于可以通向外面精彩的世界。

……

"呜—呜—" 10 月 8 日下午 2 时，渝怀铁路彭水火

彭水新城

四 铁路承载着彭水的未来

建设中的彭水电站
（装机 4×35 万千瓦）

车站首趟货运列车正式开通，从此结束了彭水无火车运输的历史。当天，9 个车皮将彭水本地生产出的 500 多吨重晶石运往成都，丰富的矿产品冲出大山，走向广阔的天地去实现其在市场经济中本身应有的价值。

渝怀铁路彭水段全长 68 公里，经过彭水县境内的高谷镇、汉葭镇、长滩乡、保家镇、郁山镇、走马乡、龙溪乡等 7 个乡镇，彭水站位于距县城 10 公里的长滩坝。据彭水火车站负责人介绍，该站设计年运输吞吐总量可超过 26 万吨。货运开通后，彭水的煤炭、矿石、农产品等物资和彭水所需的生产、生活物资都将通过火车运输解决，可大大缓解彭水进出物资运输压力和降低运输成本。

新的机遇来了

渝怀铁路的通车加速了彭水经济腾飞的步伐。

曾经长时间在彭水工作过的重庆市委副书记、市长王鸿举用邓小平同志生前的一句话给彭水的领导班子和干部队伍寄以殷切希望：什么错误都可以犯，但丧失机遇的错误千万不能犯！

聪慧的彭水人把渝怀铁路作为千载难逢的机遇，从铁路开工的那天起，就开始谋划未来经济发展战略。

彭水县委、县政府的领导将仰仗因铁路形成的大交通格局，全面调整生产力布局，把丰富的资源优势变为强大的经济优势，实现彭水经济的跨越式发展。

"我活了这把年纪，还是第一次看到火车，还是在自己的家门口，好高兴啊！"高谷镇陈家居委75岁的廖运忠老人非常激动。乘坐渝怀铁路首列客运的彭水旅客谢小娅感到十分开心，她介绍："我今上午在重庆上车，没有多长时间就到了彭水，而且车票也便宜，重庆到彭水只要15元，今后到重庆就方便了哟。"

据彭水火车站负责人介绍，渝怀铁路彭水至重庆客运快车和慢车票价分别为17元和15元，彭水至秀山票价分别为14元和12元，仅为汽车票价的五分之一和近六分之一。由于价格和运量的绝对优势，铁路真正成了希望路、致富路。

是啊，铁路把山里与山外连在了一起，列车拉近了世界与我们的距离。勤劳、勇敢、聪颖的彭水人民按照发展战略开始了新的长征。

面对宏伟发展蓝图，彭水人民充满信心。全县上下一致表示，将抓住抓大项目拉动、抓大企业带动、抓小企业扩张，坚持市场导向原则，可持续发展战略原则和长短结合、抓大促小、大小并举、协调发展原则，推进新型工业化进程。

每天早上，彭水县城鼓楼社区71岁高龄的王大妈按时到新世纪广场踩着乐点跳广场舞，其喜悦心情溢于言表。"跳花"广场舞是彭水的文化人在继承传统的民族文化的基础上挖掘开发出来的，分别采用苗族民间唢呐号、乌江拖石号子为基调，突出了苗族音乐特色，整套动作反映苗族庆祝丰收的喜悦、展示苗族服饰的特色。

铁路承载着彭水的未来 四

"铁路通了,我们不仅要走出去,还要出去把外地的客人请进来,在彭水投资发财,同时也把旅游搞起来,让'乌江画廊'这颗明珠亮起来。"

彭水旅游资源十分丰富。乌江画廊景区在全市旅游资源价值综合评估中,被中科院地理科学与资源研究所专家评为一级,列入全市"十大精品"旅游工程项目。

百里乌江画廊,起于彭水自治县高谷镇,止于酉阳万木,全长100多公里,是公认的千里乌江最精彩的部分,乌江画廊旅游品牌也源于此。突出表现为山高谷深,绝壁连绵、江水深而急,峡江峡谷风光最为明显。有剑门之雄,三峡之壮,峨嵋之秀,畅游百里乌江画廊有"船在画中行,人在画幅中"之感。

鞍子苗寨位于距彭水县城54公里处的鞍子乡场镇所在地,

彭水生态旅游——森林小木屋

渝怀壮歌

土家族薅秧歌

是一个集苗街、苗歌、苗舞、苗民村落、苗文化习俗、苗乡自然山水风光于一体的民族风情旅游景区。这里是彭水县苗族聚居最多,苗寨保存最完整,苗俗习惯最浓郁的山乡。生活在这里的苗民,他们行苗礼,习苗人噎苗节,穿苗衣,唱苗歌,跳苗舞。唱进首都的著名苗歌曲调"娇阿依"以其自然、奔放的气势,优美动听的旋律而流传千古,至今久唱不衰。2000年重庆市人民政府将这里命名为苗族"民歌之乡"。苗族舞蹈"踩花山"也源自于此。随着渝怀铁路开通,彭水确定"发挥资源优势,突出生态旅游和苗族文化旅游品牌特色,建设重庆市休闲基地"为旅游发展基本思路。

在彭水县发改委有这样一组数据:2005年全县地区生产总值29.1亿元,比2000年翻一番多。2005年地方财政收入实现1.45亿元,比2000年增长1.59倍。2005年完成固定资产投资43.9亿元,是全县经济增长的主要拉动力。2005年实现社会消费品零售总额同比增长15%。在2005年度全市区县经济社会发展状况综合考评中,居三峡库区生态经济区第3位,比2001年上升了15位,进入快速发展的黄金时期。以彭水电站为代表的一批大中小型水电站建设进程加快,部分电站已建成投产,100万吨新型干法水泥生产线已点火运行,渝欣纸业日产50吨废纸脱墨生产线建成投产,烟叶复烤年复烤烟叶达90万担以上,建成了年产1.2万吨的氯化钡项目,年产5万吨电解镁项目开工建设,年产10万吨硫酸钡项目马上投产。

四 铁路承载着彭水的未来

事实证明：渝怀铁路已经让彭水站在一个新的发展起点上。

渝怀铁路，承载着彭水旅游事业的未来和希望，正缓缓掀开彭水旅游的神秘面纱。

渝怀铁路，承载着彭水加快新型工业化的希望，正徐徐拉开彭水经济的腾飞帷幕。

渝怀铁路，承载着彭水与世界和谐共荣的希望，正冉冉升起彭水明天的绚丽朝阳！

渝怀拐弯　助推黔江

龚节佑

"黔江人，真正凶，铁路掰了个弯弓弓！"关于渝怀铁路过境黔江方案在可研阶段曾有过激烈的争论，直到 2000 年 3 月才最后确定拐弯过黔江。正是这个幸运的拐弯，给黔江插上了腾飞的翅膀，它将改写黔江的历史，它将改变 50 万黔江人的生活。

一变：火车带动滚滚物流

2006 年 4 月 6 日，是渝怀铁路开通货运的日子，铁路沿线百姓奔走相告，早早地守候在火车站，沿线上万百姓共同见证了这一历史时刻。火车来了，没有太多的欢呼和掌声，他们又庄严肃穆地注视着火车缓缓离去。人们都在心里默默地数着火车车皮，"52 节车厢"，"对，52 节"，人群中这一刻才热闹起来，他们感叹：这么长长的车厢，可得装多少东西呀！

土家族长号迎宾

"火车一响，黄金万两。"这句话成了百姓中最流行的口头禅。

今年 4～9 月，黔江火车站进出货物达 28.64 万吨，其中运进货物 16.54 万吨，输出货物 12.1 万吨。已与黔江火车站签订货物运输合同、协议，需在 10～12 月运输的货物有 75.8 万吨。黔江火车站设计的最大货物吞吐量为 33 万吨，目前的货物吞吐量已处于基本饱和状态，并呈现日益紧张的态势，有关方面已着手协调火车站货场扩建工作。

火车进山，昔日养在深闺人未识的资源引起广泛关注。黔江区境内矿产资源较丰富，有 20 余种，其中铝土矿 1 250 万吨、石英砂 1.9 亿吨、石灰石 6 亿吨以上、铅锌矿 70 万吨、莹石 61 万吨、重晶石 200 万吨。以前这些资源没能被广泛利用和开发。渝怀铁路货运的开通，成功地解决了交通瓶颈，铁路运输在运输规模、安全性、抗风险和自然灾害能力等方面都具有公路运输不可比拟的优越性。随着渝怀线货运网络的不断成熟，将会有越来越多的投资商走进大山，开发资源。

火车进山，外面的货物源源不断地涌进，伊利牛奶可以直接从内蒙古发货到黔江火车站，河南的面粉也可以直接发往黔江站……渝怀铁路开通货运后，明显降低了进出成本，为黔江经济持续发展奠定了稳固的基础，老百姓也得到了实惠。

4月16日上午10时，黔江站迎来首批货物——粮行老板田维才的 120 吨面粉通过渝怀铁路到家了。田老板开粮行已有 5 年历史，以前都是厂家用铁路运输至张家界，然后公路运输至黔江，转几次车，非常麻烦，而且一次只能运 20 多吨。这次进 120 吨面粉田老板只电话联系了河南新乡和山东王楼的两个厂家，4 月 5 日左右从两个厂家开始发货，历时 11 天就安全到黔江站了。

不仅如此，正在建设的渝湘高速公路和舟白机场所需的钢材、水泥，都是通过铁路运输的。运进的面粉、牛奶、葡萄糖等货物还辐射酉阳、彭水、咸丰等地。黔江成为这些产品的集散地，也成为咸丰等地矿石产品的输出通道。

看准物流带来的商机，黔江区已规划在火车站旁边的正阳工业园区建设一个现代物流基地：建设专线铁路 3 公里，散装货场 10 万平方米、仓库 5 万平方米、配送中心 2 万平方米、公共物流管

理中心2万平方米。预计2010年本区从物流基地周转的货物总量200万吨,加上区外周转货物100万吨,共计300万吨以上。

二变:黔江成了投资热土

7月28日,对于黔江区新华乡艾子村的村民来说,绝对是个值得纪念的日子——大山里来了投资者,山里的石头要变成钱了!烈日下,新华乡艾子村小地名黑桃坝的地方,随着一台大型挖掘机深深地掘起一铲泥土,现场十多个自发赶来的吹鼓手卖力地表演起来,这是村里人最高的欢迎庆祝仪式。顿时,锣鼓喧天,唢呐齐鸣,鞭炮响彻大山深处——新华乡大理石开发投资项目正式启动!熙熙攘攘赶来的上百村民共同见证了这一刻,男女老少笑开颜。

投资开发新华乡大理石的是来自厦门的一家进出口公司,主要经营石材。投资老板陈艺林说,早在2004年考察黔江时就发现新

黔江之夜

渝怀拐弯 助推黔江 四

华乡有丰富的大理石资源,但苦于当时运输的限制,渝怀铁路货运开通后,他才决定投资办厂。截至目前,已成功开掘出优质大理石石料500多立方米,将通过渝怀铁路运往厦门深加工,产品将远销欧洲、日本、韩国等地。该项目解决了当地农村剩余劳动力100人左右,并为当地创下可观的税收,项目二期将投资700万元在正阳工业园区建深加工厂。

随着渝怀铁路建成并开通客、货运,黔江区潜在的地理优势转化为现实的交通区位优势,进一步显现黔江在铁路和公路区域路网布局中的战略支点作用,促使以黔江为中心、西连重庆主城,东出湖北、南下湖南、贵州的铁路、公路交通格局的逐渐形成。黔江变成了重庆面向东南沿海发展外向型经济的前沿阵地,成为武陵山区重要的交通枢纽、西部与中东部间重要的交流通道、川渝地区对外开放的"桥头堡"。黔江成了投资热土。

作为渝东南唯一的市级特色工业园区——正阳工业园区目前共入园项目13个。为保证新建项目的顺利实施,工业园区管委会和黔江地产集团积极做好前期准备工作,完成了纬八、纬三、经四路施工设计、正阳大道7个安置区的规划设计、站前广场建设性详规、物流园区规划并初步形成了新城20平方公里总体规划。

11月6日,中国三义集团、重庆极力服饰、重庆龙湖地产、重庆洋世达实业、重庆渝港外商投资咨询公司、重庆得力实业、重庆地产集团、香港中华煤气公司、太极集团等9家知名企业的老总到黔江进行了为期三天的考察。重庆极力服饰与黔江职教中心签订了校企联合办学合同,重庆渝港外商投资咨询公司、香港中华煤气公司的老总对黔江旅游产生了浓厚兴趣。正阳工业园物流基地、老城地产开发等项目也深深吸引了企业家的眼光。一系列合作项目正在洽谈中。

三变：火车站旁城镇兴起

"新城区，特别是工业园区的建设时间更紧、任务更重、压力也更大。"黔江新城管委会常务副主任冉启丰面对铁路开通后繁忙的客运、货运情况倍感压力。

渝怀铁路开通客运、货运后，黔江区依托黔江火车站打造的正阳、舟白两个城市组团崛起得更加迅速。正阳工业园区站前大道、南北大道一期路基完成，已通过验收，站前大道匝道段油路、泰星环路已全面完工；石油路A、B标段路基工程完工；南北大道二期目前路基已基本成型；货场连接路路基及管网已完成，正进行水稳层铺设；纬八路、纬三路、经四路已立项报批，纬八路已进场建设；正阳大道前期工作完成；站前广场场平及管网已基本完成。随着道路基础设施的不断完善，大量企业入住，围绕园区，居民楼如雨后春笋般建起来。黔江老城，新华大道正在进行"白改黑"，城区延伸扩张开发、旧城改造等多个项目齐上马，建设一派火热。

渝怀铁路黔江与彭水交界点的石子坝站，处在巍峨的二郎山脚下。二郎山远近闻名，但这里的村民却默默地坚守着贫困。由于交通不便、土地贫瘠，越来越多的青壮年村民奔出大山，加入打工的队伍。女的渴望在山外找个婆家，男的愿意在山外做"倒插门"女婿。村里的劳动力就像山里的沙坡地，越来越贫瘠。大山越来越荒凉。

渝怀铁路开通货运和客运，像春风给山村带来了生机。2005年底，沙坝乡实施了集镇整体搬迁。新集镇依托石子坝火车站而建，随着政府办公大楼的落成，集镇建设如火如荼地开展起来，目前已有近30商家前来建房落户，高山上的100余户村民也搬到铁路沿线或集镇规划区居住，新建的九年义务制学校今年秋季已投入使用，信用社、医院正在选址建设中。渝湘高速公路的一个项目部及工程队集中驻扎在集镇上，给集镇集聚了人气和商气，使集镇的房屋出租、餐饮、建材等行业迅速发展起来。居民由2000年的100余人增加到1 000余人，滩涂沙地上一座依托铁路而建的新集镇正在崛起。该乡乡长殷承宇说，沙坝乡新集镇的发展目标是2010年建成占地面积1平方公里、人口达5 000人的精致小城镇，建成黔江西大门的闪亮窗口。

黔江段是渝怀铁路沿线上站点最多的一个区段，六个乡级站点分布在境内60公里的沿线上，平均每10公里就有一个。这些站点，无论是在建设期间还是在建成通车后，都将是人流、物流、资金流、信息流相对集中的地方。黔江区依托铁路站点实施的小城镇建设得到快速推进。濯水镇在2000年铁路建设之初，集镇人口只有4 000余人，集镇面积0.8平方公里，财政收入只有300万元，到今年，集镇人口增加到9 000多人，面积扩大到1.3平方公里，财政收入有望突破500万元。偏僻的金洞集镇过去是一个只有0.8平方公里的乡政府所在地，随着渝怀铁路建成通车，该乡借助"站前"优势，使集镇规模迅速扩张，增加了0.5平方公里，被称为"火车拉来的集镇"。

伴随着火车的轰鸣声，黔江的城镇化脚步正在加快，人民的生活水平不断提高。越来越多的"铁路移民"从闭塞的山里搬出来，希望搭上致富的快车。黔江，正朝着30万人口的中等城市稳步迈进。

四变：旅游景区客流如潮

"旅客太多，忙不过来，需要马上补充工作人员。"黔江小南海景区负责人张正茂说。是什么原因让小南海景区如此红火，天天都像黄金周呢？这源于11月1日渝怀铁路重庆段开通了客运！

11月1日首列重庆发往秀山的客运列车上，大多数旅客是来轻松旅游的。九龙坡区田坝中学的杜老师组织的该校30余名退休老师旅游观光团，就称要逛遍渝东南。他们要到秀花灯广场跳舞，到黔江小南海旅游观光……

深秋时节，是小南海最美丽的时段之一。湖水潋滟，枫叶飘红，满目皆画。游客们乘船湖中，山歌互答，流连忘返。

"呜……"伴随着汽笛的长鸣，一辆火车驶进了黔江区正阳火车站。11月4日凌晨3时，64名来自重庆的驴友背着背包走下了火车，早已在正阳火车站等候多时的黔江驴友们热情地迎了上去。4日上午7时，早起前往黔江体育广场锻炼的人们惊讶地发现，晨雾中的门球场上突然出现了40多顶五颜六色的帐篷，原来是舟车劳顿的重庆驴友们在此"安营扎寨"，准备与黔江、彭水、酉阳的驴友们会合后，穿越八面山。这批重庆驴友来自重庆远行者户外俱乐部，他们在网上看到关于黔江旅游的介绍后大为心动，知道黔江火车客运开通立刻结伴前来，其中包括两名在重庆留学的法国驴友。经过了九个多小时的徒步攀行，113名驴友成功穿越八面山，抵达目的地——小南海伏龙桥。吃过晚饭，四地驴友们围着篝火跳起了摆手舞，两名法国朋友也唱起了他们家乡的歌曲，歌声、掌声、欢笑声在夜空里回荡。

11月1日以来，每天都有500人以上的游客来体验这种仙游，周末则猛增至1 000人以上。他们大多是来自重庆主城的旅游团队，及涪陵、武隆、彭水、酉阳、秀山等铁路沿线区县的散客。阿蓬江神龟峡的游客也锐增，散客络绎不绝，去细水码头的班车没有空座。黔江城区，各大宾馆应接不暇，铁路开通后12天就接待游客8 000多人次，比去年同期增长80%；遍布黔江新华大道的招待所也开始尝到旅游的甜头，很多自助旅游者都选择经济实惠的招待所下榻，让这些招待所老板们始料未及。农家乐、经营民族饰品的商店都得到了客运开通的巨大实惠。

据黔江旅游局介绍，黔江有各类旅游点200多个，重点打造的有国家级

1 武陵仙山云海

2 阿蓬江神龟峡

渝怀拐弯 助推黔江 四

小南海秋色

地震遗址保护区、4A级景区、深山明珠小南海，佛道圣地武陵仙山、百里画廊阿蓬江、媲美小三峡的神龟峡等旅游景观，神秘的灰千梁原始森林还未揭开面纱，清幽的大峡谷还期待着探险者的足迹……这些景点与渝怀沿线的白鹤梁、天生桥、芙蓉洞、乌江画廊、桃花源、龚滩古镇、边城等自然人文景观交相辉映，与张家界、九寨沟等著名风景区牵线结缘，且拥有土家、苗族的民族风情和优美的自然风光，开发潜力巨大。

据不完全统计，截至11月12日，铁路已给黔江带来游客3万人次，比去年同期增长了200%。沉心静气打造多年的黔江旅游行业全线飘红，呈现出一派欣欣向荣的景象。估计待渝怀铁路全线开通、火车提速、班次大幅增加后，黔江的旅游业还将迎来新的游客高峰，旅游产业将成为黔江的又一支柱产业。

五变：山里百姓大开眼界

"同志，求求你们，让我坐回火车吧！"2005年3月29日上午10时左右，中铁四局的周师傅开着运载建筑材料的施工列车缓缓开过黔江区濯水镇甘家坝路段时，在靠近甘家坝站200余米处的铁轨前方看见一个人跪在新铺的铁轨中央，周师傅立即采取紧急刹车，只见跪在前方铁轨上的是一位白发苍苍的老人。老人是濯水镇白杨村一组的村民李银才，今年已经90岁了，为了坐上火车，他瞒着儿孙，早晨悄悄溜出了门，挂着拐杖坐船过了河，步行2个多小时才到这里的。老人一把拉住周师傅的手激动地说："在家乡坐过一回火车，死而无憾了！"

老人的愿望感动了周师傅，他立即将情况汇报给指挥部，指挥部领导立即作出指示：为了保证安全，用职工生活用车专门满足老人的心愿。很快，职工生活专用车停在了李老的面前，车门打开了，李老两腿颤颤，工作人员将老人扶上火车，专程为老人将火车行驶了几公里路程后再返回，过了火车瘾的李老汉流着眼泪笑了。

1年又8个月后，今年11月1日，是渝怀铁路重庆段开通客运的日子，早晨8时许，黔江火车站早已是人山人海的火爆场面——售票大厅外，上百名等候买票的旅客站满了宽敞走道，虽然离售票时间还有近20分钟，但求票心切的旅客们还是团团围住紧锁的大门，很多人都想买到第一张票。拿着对讲机维护秩序的工作人员和警察几次告知旅客离正式售票还有15分钟、10分钟、5分钟……"乘第一趟车，买第一张票，图个吉利！有纪念意义嘛。"排在前面的余先生讲。

8点30分，售票大厅的大门准时打开，候门多时的旅客迫不及待地拥进售票大厅，在站长等多位工作人员的组织下排成两列长队，售票正式开始了。8点35分，黔江站第一张票售出，被服装商人车宇忠有幸买到，车老板兴奋地对同伴说："太幸运了，没想到真买到了第一张票！"车老板在黔江做男装生意多年，每月至少上重庆进货三趟，现在火车开通了，每趟可节省交通费100多元，一年可节约成本4 000多元，车老板连呼："划算！划算！太划算了！"

当日，在重庆—秀山首列8609次列车第三节车厢里，5位年逾花甲的老人指点着窗外的风景兴奋地交谈着，喜不自禁的心情写在脸上，他们是来自正阳火车站附近的龚明星、龚节余、张碧先、张光彦、张德本5位老人。客运一开通，他们就迫不及待地自

渝怀拐弯 助推黔江 四

组了一个旅游团队，要乘坐首趟列车来个秀山、重庆4日游。"第一次坐火车呢！不颠簸，不晕车，安逸！"老人们特开心，作为火车站附近的农民，他们早就盼着火车开通了，火车站的一举一动都牵动着他们的心。

坐火车，走亲戚，逛重庆，尝新鲜，渝怀铁路给黔江百姓的生活注入了新的血液，正在改变着他们的出行、消费习惯。重庆段开通客运以来，黔江老百姓争相乘坐。火车票一直处于紧俏，抢票的情形天天上演。开通客运半月以来，黔江火车站共发出旅客14 205人，日均发出旅客近1 000人，火爆之极！

好风凭借力，送我上青云。渝怀铁路的建成大大缩短黔江与沿海发达地区的距离，为黔江经济插上了腾飞的翅膀。黔江，正朝着区域性中心城市和渝东南经济中心的目标迈进！

桃花源里新华章

俞仕伟

桃花源在酉阳,这是梦幻还是现实,只有陶渊明才知道。不过酉阳的闭塞与落后,倒与陶翁的"世外桃源"很接近。

11月1日,一条特大喜讯在酉阳的土家苗寨传扬,一条钢铁巨龙从重庆火车北站缓缓驶出,百年梦圆的渝怀铁路通车了。火车满载着希望向我们驶来,翻开了桃花源的新华章。

桃花源——酉阳大酉洞

一个庆典

11月1日,渝怀铁路酉阳站沸腾了,数以万计的群众聚集在这里,共庆渝怀铁路客运列车开通。

长长的站台成了欢乐的海洋……

站台上、山坡上、房顶上……到处都挤满了前来观礼的群众,家在火车站旁边的石登卫老人激动地说,他活了70多岁了,像这么热闹的场面一生中只经历过两次:一是自治县成立,二是李鹏总理来酉阳。

17时30分,悠扬的摆手舞曲响起,庆典活动随之拉开了序幕,老人们打响了腰鼓,扭起了秧歌,年轻人跳起了欢快的土家摆手舞,迎接火车的到来。

17时37分,随着一声汽笛响,8609次旅客列车来了。

来自四面八方的群众如潮水般向火车涌过去,感受着世纪梦圆的欣慰。

"一、二……"几十双手一起伸出来,数着列车的车厢数,"好长哦……"人群中一位老奶奶双手抚摸着火车,脸上有一种说不出的兴奋。尽管她是第一次看到火车,但她的一个孙子却是一位搞火车的工程师。

离火车站不远的梅树村张富才老人今年已经80岁了,从没看到过火车,如今火车要开到家门口了,为了让他实现自己的心愿,儿子将他搀扶到站台上。

一种情结

说起张尧昌你可能不知道,但是如果说起他1951年参加抗美援朝,1952年和黄继光一起,参加过上甘岭战役,把左臂留在了朝鲜,荣立三等功,受到过金日成接见,那你肯定会油然而生敬意。

今年 77 岁的张尧昌是酉阳黑水镇大泉村人。11 月 1 日这天，他和其他 10 余名参加过抗美援朝的老人一起来到酉阳火车站，他胸前佩戴着三枚勋章，将乘坐渝怀铁路首列旅客列车到秀山。

"这是我第二次坐火车！第一次坐火车是 1951 年入朝，坐的煤炭车，到现在已经过去 55 年了！"张尧昌抑制不住内心的喜悦，激动地向周围的人讲述那段激情燃烧的岁月。

在听张老故事的人群中有一位中年人显得有点深沉，"是不是回来看小芳啊？"面对大家的玩笑，40 多岁的老知青钟生元显得有些腼腆，不置可否，他是在亲人陪伴下回第二故乡。

1975 年，钟生元来到我县钟南乡青山大队插队，成为一名知青，在那里生活劳动。1978 年，他回到了重庆！28 年了，这是第一次回到酉阳。他说，酉阳是他的第二故乡。他早就想去看看当年插队的地方了。

他说，他永远不会忘记这里的山山水水，也永远不会忘记当年的老房东陈永书。陈永书是当年的大队会计，不知道现在过得怎么样。他说这次一定要去看看他。

这次陪同钟先生来的还有他的妻子、姐姐、哥哥等 7 位亲人。他们说，如果不是列车通车，还真不知道要等到哪年哪月才能实现看看第二故乡亲人的愿望。

"来酉阳的感觉真好！"

来酉阳的感觉真好，这是旅客们共同的感觉。"酉阳人民太热情了，来酉阳的感觉真好！"63 岁的重庆客人汪先生掩饰不住内心的激动，大声感慨。在有生之年来渝东南游玩一次是他的梦想，但苦于交通不便，这个愿望直到今天才实现。这列火车所到之站都举行了欢迎仪式，他感到非常开心，看着车窗外热情的酉阳人民，他觉得这次渝东南之行值得，在接下来的时间里他将到龙潭、龚滩等地去游览。

"感动！我只能用这两个字来形容我现在的心情。"江北的张女士没来过酉阳，这次借首列列车开通之机来酉阳走一遭。在阵阵锣鼓声中，她感受到了酉阳人民的热情、质朴和亲切，她指着窗外身着民族服装的舞蹈队，直称赞土家人的衣服真漂亮。她表示此次本想到秀山玩几天，见如此好客的酉阳人民，她决定到秀山后次日马上赶往龙潭古镇，在酉阳好好游玩，要把酉阳有名的地方都参观一遍，今后还将带着家人一起来酉阳。

3号车厢的列车员,她感动得快哭了,她跑南闯北这么多年,还从未见过如此盛大热情的场面。欢声笑语的车厢里,人们纷纷谈论着此次乘车的感受。"酉阳人很好,我们一定要好好游玩,要到酉阳人家里再次去感受你们的盛情。"客人们纷纷向记者打听酉阳的名胜古迹,都表示一定要去游玩。

"老革命"回家寻根

20来岁就离开家乡的何宴清老人看着车窗外不断后退的树木,陷入了回忆。离开家乡30多年了,如今已是白发苍苍的他一直挂念着家乡的亲人。由于自己身体不好,坐汽车吃不消,回家探亲的心愿一直未能实现,留给他的只是儿时的回忆。渝怀铁路开工以来他日夜都期盼着早日通车,当11月1日开通客运的消息传来,他立即赶往火车站买了一张回乡的车票。30多年了,都不知道当年自己的亲人和儿时的伙伴如今怎么样。见到家乡今天的景象他感慨不已。

当年酉阳军分区一团政治部的冉左之今年已年过八旬,他说,他是麻旺人,当年他们去一趟重庆要花6天,由于交通不方便,整整一个团仅30几个人到过重庆。现在可好了,火车一通回来一趟就方便了。他很早以前就想来寻找当年的战友,这个愿望直到今天才实现。

渝怀铁路,承载着多少人的梦想。叶落归根,每个人都对家有着一种特殊的感情。数十年前离家的青年们如今已是白发苍苍,多少年来他们都梦想着有一天能回到故里与自己的亲人团聚,然而武陵山区特殊的地形和交通条件一直让他们不能了却这桩心愿,而今,一声汽笛让他们多年来的梦想终于成真。

1
—
2

1　龙潭古镇

2　龚滩古镇

沉睡的大山被火车"吼"醒

渝怀铁路的建设,给酉阳带来了千载难逢的发展机遇,铁路沿线的龙潭、麻旺、泔溪、毛坝4个乡镇各出劲招,抢占发展先机。

龙潭古镇是中国历史文化名镇,距今已有1 700多年的历史,这里历来商贾云集,是酉阳的经济核心区。鼎盛时,该镇居住人口达5万余人,有"货龙潭"之美誉。龙潭,有革命先驱赵世炎同志和老革命家刘仁同志的故居。渝怀铁路开通后,该镇党委、政府抓住机遇,以旅游业为基础,以工业发展为先导,以教育为拓展,立足古镇的保护与开发,把古镇旅游与红色旅游有机结合。

龚滩古镇以"旅游兴镇、旅游强镇"为发展目标,全力打造龚滩旅游品牌,促进库区旅游产业发展。以乌江画廊为主轴,以土家文化为灵魂,以土家吊脚楼风格为基调,使古镇"更具古韵,更具历史内涵,更让人流连忘返"。

把旅游业作为库区第一经济来抓。渝怀铁路的建设给麻旺镇注入了新的发展活力。2004年该镇党委、政府科学规划了兴清大道,全长10余公里,目前一期工程的2.8公里已建成投入使用,成为全县城建工作的一面旗帜。

泔溪是撤区并乡成立的新镇。通过政府引导、市场运作,目前已硬化了主街道,安装了路灯,保障了街道的畅通。先后建起了规范化的农贸市场、畜牧市场,使市场体系得到完善。其中畜牧交易市场成为酉东片区最大的交易市场,吸引了湖南、湖北、广东、深圳、福建的客商。

毛坝乡坐落在海拔1 200多米的毛坝大盖,处于沅江水系和乌江水系的分水岭上,属于大坂营原始森林保护区。这里既有高山流水,又有森林草原;既有云海日出,古树盘根,又有天池映月,洞穴神秘;冬可赏雪,夏可避暑。渝怀铁路从该乡细沙村通过后,该乡正在全力打造金色旅游(以天元寺、金佛台为重点)、蓝色旅

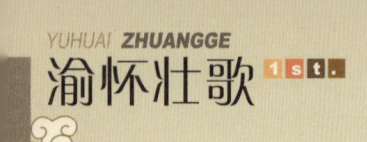

游（以细沙河漂流和毛坝天池避暑山庄为重点）、绿色旅游（以高山草场、森林、珍奇稀有树种为重点）的三大生态旅游品牌。

铁路承载着工业腾飞梦

酉阳火车站货运业务今年9月20日正式开通，10月8日开始装卸车，不到半月时间就已装卸货物152个车皮，装卸量9 000多吨。这个还不算全面的数据表明，渝怀铁路的开通让企业充满了发展信心。

桃花源广场

酉阳华西非金属制品有限公司是酉阳县2005年3月引进的一家民营股份制企业,该公司生产的碳酸钙、硫酸钡产品广泛用于塑料、橡胶、造纸、涂料等各种行业,市场前景十分广阔。该厂分管生产的姚副总经理告诉记者,渝怀铁路货运开通后,该厂已通过火车站发送产品1 000余吨。随着渝怀铁路的开通,该厂到2010年底前可建成年产重质超细碳酸钙、硫酸钡50万吨,同时兴建油漆厂、塑料制品厂,延伸产业链,提高产品附加值。

重庆天雄锰业有限责任公司,是由湖南天雄实业有限公司和美国EL分公司合资兴建。采访中该公司副总经理赵先生说,酉阳缺乏锰矿。天雄锰业的矿源一直依靠外地购买,产品大多数销往国际市场,渝怀铁路的开通将减少运输成本,扩大对外交流,酉阳的工业经济迎来了跨越式发展时期,天雄锰业有信心,有能力争做冶金龙头企业。

地处龙潭镇的酉州复合肥厂,是酉阳外出务工人员冉某回乡创办的民营企业。随着渝怀铁路的开通,该厂今年已投资200多万元,用于扩大生产能力。该厂负责人冉某说,渝怀铁路的开通,打开了酉阳厚重的山门,酉州复合肥要立足酉阳,走向武陵山区各区县,他要把酉州复合肥做成武陵山知名品牌,为农民发家致富提供优质的肥料。

对接大市场　促进大发展

毛坝乡细沙河村民委员会主任曾照华说,渝怀铁路穿过旗号岭、圆梁山,穿越细沙河,铁路修建这几年,已经给村民带来了财富,多数村民建起了小洋楼,老百姓的生活水平有了显著提高,他自己投资40万多元,在火车站旁的街道内建起了五层楼的楼房。渝怀铁路建设以来酉阳的经济拉动十分明显,其固定资产投入带动了农业和第三产业的发展,建设期间蔬菜价格上涨了3倍多,使用地方劳动力15万,刺激了沙石、水泥等建材和运输业的发展。

"铁路每向前推进一米,贫困就减少一米",铁路通车后对酉阳经济的带动那是长久的、不可限量的。县长李方宇说:"铁路让老区人民看到了振兴经济,改变生存环境的希望。"

渝怀铁路所经过酉阳沿途的地方,自然资源、劳动力资源和历史文化等人文资源十分丰富。有美丽的峡谷风光、历史文化古镇、神秘的世外桃源、地球同纬度少见的大坂营原始森林,有古朴自然的土家风情的旅游资源,还有全世界质量最好的青蒿素(青蒿素,治疗疟疾的一种特效药,从当地一种植物苦蒿中提取)、走俏广东的黑山羊等生物资源。这些资源都由于交通不便,物流不畅,未能与外界的大市场实现对接。

渝怀铁路通车后,制约酉阳发展的交通瓶颈已被火车"打"破。经初步估算,在酉阳境内投资开发总成本平均降低10%到20%。特别是以铁路为中轴,配套开展高等级公路网络建设改造,铁路的辐射功能将大为增强。酉阳连接湖南龙山、贵州沿河、湖北来凤等3条2级公路建成通车后,3个地区到渝怀铁路的时间不到两小时。一进一出活市场,渝怀铁路的贯通,可使酉阳成为两头对接的大市场,为酉阳创造了新的发展机遇。

商机无限在秀山

邱绍安

2006年11月1日,重庆北至秀山客运首次列车开行,划破了武陵山的宁静,滚滚人流为地处渝鄂湘黔交汇地区的秀山旅游发展带来了新的历史机遇。

秀山县委、县政府未雨绸缪,审时度势,早已提出了积极发展旅游经济,加快"旅游中转地"建设的目标。火车开通,游客蜂拥而至,凸显了秀山作为旅游中转地的地位,增强了对湖南凤凰、张家界,秀山边城,贵州梵净山、沿河乌江三峡,酉阳龚滩、龙潭古镇的辐射。

重庆至秀山火车客运开通,秀山客流陡增。秀山火车站数据显示,截至8日,火车发送旅客量突破2万人次。

火车客流,为秀山做大"旅游经济"带来了历史机遇。

8日上午8点30分,记者来到边贸车站,车站内,操重庆口音的三四百游客正在等洪安车,他们以退休老人居多,目的是领略边城风采。

"从朝天门打的到杨家坪去来车费就是四五十元,现在到渝东南最边远的秀山也只要这点车费,想来看一看农村,更想看看大作家沈从文先生的边城究竟怎样!"家住南岸区的曹女士告诉记者。

"秀山是我的第二故乡。"家在渝中区的51岁的张如美回忆当年在秀山当知青时的情景,感慨万千。

"1972年,我到秀山的路特别漫长,先要去朝天门坐船到涪陵,再坐车到酉阳的龚滩古镇,最后辗转来到秀山,路上要花去两天的时间。"张如美说,自己对秀山的记忆虽然逐渐模糊,但她依然对秀山充满了无限的眷念。这次,张如美和当年5个知青乘坐列车,想重回旧地,"看看以前劳动的地方,看看留在那里的战友"。

游客多,带来的变化实实在在,商机无限在眼前。

在边贸车站,湖南省保靖县一位老太正在卖风干的葫芦瓜,大的2元1个,小的1元一个。这位老太叫林翠芳,今年75岁。听说秀山火车客运通车,4日,她与老伴一起,将挂在自家屋檐上风干的葫芦取下来,坐客车来到秀山,租一间房屋住宿,每天到火车站、汽车站卖。她告诉记者,大城市的人就爱这些土货,她每天都要卖100个左右,现在已收入600多元,比做菜卖强,只是可惜家里没有了。

在洪安镇拉拉渡,渝北区吴女士从游船上下来。刚才,她与10个同伴一起,划船到上游连心坝游玩时,看见岸边一片香柚林特别惹人喜爱,靠岸品尝口感好,她们一行人纷纷到果园里,选中意的香柚摘下来,以3元一个的价格,买二三十个,带回家给家里人品尝。

清水江上,游船来回穿梭,游客有的唱歌,有的说笑话,有的拿桨划船,有的忙着照相、录像,其乐融融。记者问刚送吴女士靠岸的船老板阳印秀生意怎样时,她笑着说,生意比原来好些,原来是按轮子排,三四天才轮开一次船,一天大概收入三四十元钱,现在天天都有生意,但人很累。她一边说,一边张开手,让记者看摇船时打起的手泡。

据船老板杨登大介绍,现在边城洪安共有小游船近40只,每天生意不错,收入几十元上百元不等。

"翠翠居"里,卖《边城》等书籍和土

1 秀山花灯广场

2 秀山凤凰山传灯寺

家苗族服饰和小工艺品的石晓云高兴地说："现在来游玩的人很多，每天都像赶集一样闹热，不像以前，有时整天都没有生意，现在旅游兴起，每天总有生意。"

"以前住满的日子少得很，现在生意好，天天爆满，一接电话就是几个或上十个客人来住宿，一个标间房有时甚至住三四个人，没有办法，别人一个团队，不能这人住下，那人又住不下啊！"洪安信合大酒店经理肖红告诉记者，为了让客人住得满意，酒店还加强服务员的职业教育，提高服务水平，为树好边城形象做贡献。

洪安镇上，4家卖米豆腐、油粑粑、油红苕片的小摊点生意特别好。据一家姓龚的摊主介绍，以前，整天卖2斤油红苕片都卖不出去，现在每天要卖20斤左右，另外几家卖油粑粑、米豆腐的摊点，原来每天只推20来斤米做都难卖完，现在每天推50斤米做的油粑粑、米豆腐还不够卖。

下午3时，记者正准备离开洪安时，只见10多名游客围在洪安居委会居民杨代秀家，杨代秀年近六旬，儿子媳妇都外出，只有她与老伴在家。这些游客是来"忆苦思甜"——吃红苕稀饭，价格是20元。来自南岸区的陆媛女士正在灶台上与杨代秀一边拉家常，一边将红苕砍细，淘米下锅。陆媛说，看倦了城市的高楼林立，车水马龙，很想到农村来感受一下当年知青的生活，呼吸一下清新的空气，看看逶迤的大山，清清的河流。火车一通，太方便了。

生意火爆，不仅仅只在洪安。7日晚11时许，记者以要住宿为名对湘平、东城、秀和等宾馆旅社进行一次暗访发现，房间都已爆满。湘平宾馆服务人员说，太晚啦，火车通客运后，9点钟之前就全住满了，比以前生意好多了。

记者发现，最近东大街上的几家宾馆旅社，下午六七点钟常常有人上门讲生意，最低铺位也从原来的一二十元涨到三四十元，但生意照样好。

这么多人来，餐馆生意自然好。边贸车站石堤餐馆梁老板说："以前是愁没人吃，现在是愁忙不过来，生意好，人累点也值得。"

火车开进了山门,突然这么多客人涌入秀山,许多干部群众始料不及,工作还是暴露出一些问题。服务有待跟上。这里面实际蕴含着无限商机。

渝怀铁路最直接的拉动效应是在旅游、运输、物流等行业,使秀山等渝东南少数民族地区成为西部地区的重要出海通道,成为我国成渝大经济区、长江经济带向南沟通北部湾省际经济区,向东沟通武汉经济区的过渡地带。有专家曾指出,渝怀铁路营运后,沿线 70 余个城镇的 1 300 多万人口受益,拉动沿线地区的经济发展效益可以达到 2 060 亿元,沿线地区在 20～30 年内将保持 9%以上的经济增长速度。

秀山只是铁路线上的一个点,与其他点有竞争,是不争的事实。过往客人可以留下来经商、旅游、发展、生财,也可以到沿线的其他点上去发展。秀山要抓紧做好配套工作,争取把客人留下来。

秀山地处渝鄂湘黔交汇地区,地理位置特殊,历来就是这一地区的物资集散地。"买武陵卖全国,卖全国买武陵"便是对秀山商贸地位的浓缩和概括。

秀山是渝东南"门户",省(市)边界线长达 321 公里,边界集镇 10 个,地理位置特殊,境内资源丰富。随着渝怀铁路正式运营及渝湘高速公路建设,秀山将成为重庆、广东两大地区的商品交汇点。

铁路开通后,秀山货物运输量日益增加,到 11 月上旬已经突破 17 万吨,而秀山货运站设计规模近期 12 万吨,中期 14 万吨,远期 20 万吨,远远不能满足现实需要。正点运输公司负责人张中华告诉记者,由于站场规模小,很多货物运不进来,也造成很多货物运不出去,大量的货物在仓库滞留。

记者在火车站货运场看到,两辆火车正等候着装货,两辆叉车正在忙碌地来回装货。工作人员说,现在从秀山发出的货车一天大概 5 个车皮到 7 个车皮不等,每车皮 60 吨,主要货物就是金属锰和二氧化锰,发往上海和广东等沿海地带。而每天从广西等方向运进秀山的货物大概在 8 个车皮左右,主要是二氧化锰、粮食、化肥、建材等。

秀山天雄锰业公司运输业务负责人石国安告诉记者:"火车货运开通后,一吨金属锰的运输成本减少了 40 块钱左右。"他解释说:"货运开通前,一吨金属锰用汽车运输到吉首大概 100 元左右,货运开通后,从膏田厂里运输到县城一吨 32 元,从秀山用火车运输到怀化一吨才 30 元,加起来成本就是 60 元左右,一吨运输成本就减少了 40 元,货运开通后,该公司运输方式就靠铁路,运输的货物一年在 8 万吨左右,一年成本可节约 300 万元。

货运开通后，大大小小的物流运输公司入住秀山。据了解，现在秀山大小物流运输公司 20 余家，业务红火。

据了解，为了满足该县货运，成都铁路局已经批准在秀山县建设一个 100 万吨级的货场，届时将大大改善秀山县货运拥挤的场面。

县委、县政府确立了打造渝东南商贸中心和武陵山区经济高地目标。县政府分管副县长介绍，渝怀铁路运营，为秀山县带来了前所未有的发展机遇，秀山县将分三步走，积极打造渝东南商贸中心和物资集散地。

第一步是搭建平台。将投资 14 亿元建设占地 2 平方公里的渝东南现代物流基地。基地内包括七座大型仓库（万吨级石油储运库、万吨级粮食储备库、天然气库、万吨级化工原料库、工副食品库、农资库、建材库）、三个中心（物流配送中心、物流加工中心、电子商务中心）和两个大型批发市场（武陵山农副产品批发市场、渝东南边贸综合批发市场），该项目建成后，储存的商品物资可辐射周边 20 个区县（自治县、市）、60 多个乡镇，预计年销售额可达 80 亿元，税利 1.2 亿元，提供就业岗位 4 000 多个。

第二步是区位协作。建立以花灯广场为中心的中央商务圈，以综合百货、书店、医药、金融、电信为主，以精品、名品、新品、高档品为特征，加强和边区区县协作，本着互惠互利原则，把秀山花灯广场商务圈逐步建设成为四省市边区最大、最具活力的一流区域城市商业圈。

第三步将是走出武陵，走向全国。秀山县远期目标是把渝东南现代物流基地建设成为武陵山区规模最大的，以矿产资源为主要特色的流通加工现代物流基地、武陵山区物资集散地和商贸流通中心。

铁路应当唱主角

苗福生　童加跃　罗　晶　邓　勇

渝怀铁路作为我国"十五"期间又一条区域性的经济大动脉,它的开通将对我国中西部地区产生重要而深远的影响。同时,我们也深深认识到,在"十一五"以及更长远的一段时期内,国家投资修建铁路等基础设施在我国西部大开发中所具有的重大意义。

开发西部,缩小东西部差距,加大对基础设施的投入应是一个很好的切入点。事实上,投资近200亿元的渝怀铁路,其价值正在显现出来。

这是一条加速当地工业化发展进程的经济线。渝怀铁路穿越渝、贵、湘山区,这里矿藏丰富,有锰、铝土、煤炭、天然气、铜等重要矿产资源。随着这条铁路线的修建与开通,上千亿元的资金正在不断涌入,一股投资热潮已经形成。据我们所知,这几年,当地许多区县一年吸引的外来投资就相当于建国以来历年外来投资的总和。更重要的是,这里作为资源大区,却没有走粗放型开采资源的路,而是通过深加工,提高产品的附加值,延长产业链的方式,高起点地选择了新型工业化的道路。因此,渝怀铁路绝不是一条人们印象中的扶贫路。在它的周边,一定会在不久的将来形成一个中西部地区异常活跃的经济带。

这是一条风景独特、环境优美的旅游线。由于长年交通不便,这里有许多令人震撼的独特风光不为外人所知。彭水县,有堪与长江三峡相媲美的乌江百里画廊;武隆县有让导演张艺谋在瓢泼大雨中流连忘返的天坑地缝,以及号称天下第一洞的芙蓉洞;酉阳县有龙潭古镇、龚滩古镇和桃花源;黔江有小南海。铁路沿线还是土家族、苗族聚居区,至今仍保留着独特的民族风情和文化,这里还有许多旅游资源有待开发……同时,随着铁路的开通,这里将和长江三峡、张家界等著名景点连成一片,形成一个潜力巨大的黄金旅游线。

这是一条生态环保线。渝怀铁路沿线,一路山青水秀。当地人说,如果早几年开发,恐怕环境就遭到破坏了,而现在人们的环保意识增强了,开发资源、保护环境的能力也大大提高了。我们注意到,沿线大多数区县的政府,不但发展经济劲头很足,而且环保的意识也毫不含糊。当地在制定外来投资的政策中,环境保护往往是一条硬杠杠。

然而,通过在第一线的采访,我们也看到了这条铁路线留下的遗憾与不足。第一,由于在修建铁路时没有充分考虑到地方的实际需求,沿线各站点的货运设计能力远远低于实际吞吐能力,因此当地干部抱怨说,铁路开通之日,便是落后之时;第二,由于条条管理的体制缺陷,铁路部门与铁路所经站点的地方政府不能形成合力。对于地方政府而言,希望火车站能够成为当地标志性建筑。而铁路部门却根据车站的级别设计车站的大小,车站的设计样式几十年不变,仍然停留在上世纪50年代的水平,与当地经济的发展水平很不一致;第三,修建铁路与其他交通基础设施比,占地少,能耗小,成本低,因此,火车应是我国优先发展的交通工具,但是由于铁路行业投资渠道的相对单一,与其他交通相比,铁路的发展速度已经滞后。

后 记

  本书由重庆市支援铁路建设办公室和铁道部渝怀铁路建设总指挥部共同策划、组稿，由重庆市发展和改革学会、重庆市支援铁路建设办公室承担具体编辑任务。在本书编辑出版过程中，铁道各工程局、铁路沿线各区县政府及支铁办等部门对文稿和图片收集给予了大力支持，重庆市发展和改革委员会政策法规处邹杨同志在图文处理方面付出了辛勤劳动，重庆出版社文艺出版中心为本书的出版做了大量工作，在此一并致谢。

  需要说明的是，本书涉及的资料、图片时间跨度较长，受技术条件的限制，疏漏之处在所难免，敬请各位读者批评指正。

编 者
2007 年 1 月